国家社科基金项目"国际货币体系改革视角下金砖国家金融合作机制研究（15CJL047）"资助成果

U0652818

国际货币体系改革视角下
金砖国家金融合作机制研究

叶芳　著

中国金融出版社

责任编辑：贾　真
责任校对：张志文
责任印制：张也男

图书在版编目（CIP）数据

国际货币体系改革视角下金砖国家金融合作机制研究/叶芳著. —北京：中国金融出版社，2019. 10

ISBN 978 - 7 - 5220 - 0223 - 1

Ⅰ. ①国⋯　Ⅱ. ①叶⋯　Ⅲ. ①国际金融—国际合作—研究　Ⅳ. ①F831.6

中国版本图书馆CIP数据核字（2019）第167152号

国际货币体系改革视角下金砖国家金融合作机制研究
Guoji Huobi Tixi Gaige Shijiao Xia Jinzhuan Guojia Jinrong Hezuo Jizhi Yanjiu

出版
发行　**中国金融出版社**

社址　北京市丰台区益泽路2号
市场开发部　（010）63266347，63805472，63439533（传真）
网 上 书 店　http://www.chinafph.com
　　　　　　　（010）63286832，63365686（传真）
读者服务部　（010）66070833，62568380
邮编　100071
经销　新华书店
印刷　保利达印务有限公司
尺寸　169毫米×239毫米
印张　15.75
字数　254千
版次　2019年10月第1版
印次　2019年10月第1次印刷
定价　56.00元
ISBN 978 - 7 - 5220 - 0223 - 1
如出现印装错误本社负责调换　联系电话（010）63263947

摘 要
abstract

　　参与和推动国际货币体系改革，是金砖国家提升在国际货币体系中的地位和影响力、实现自身利益诉求的重要途径。而加强金融领域的合作将是金砖国家参与国际货币体系改革的有益探索。2017年9月，厦门峰会的召开标志着金砖国家金融合作及其在推动国际货币体系改革方面进入新的十年重要发展阶段。本书从国际货币体系改革视角，研究金砖国家金融合作机制问题具有重要的理论与现实意义。

　　从在国际货币体系中的地位来看，金砖国家经济实力不断提升，金融力量不断增强，但依旧缺乏国际竞争力并面临国际金融话语权严重缺失的现象。金砖国家金融合作的本质是一种跨区域的特殊的国际区域金融合作，并具有制度属性和制度变迁特征。金砖国家小集团性质及成员间较强的身份认同感，有利于缓解国际货币体系改革过程中的集体行动困境，从而金砖国家金融合作成为国际货币体系改革的有益探索；同时，作为一种跨区域国际公共产品，金砖国家金融合作过程也面临集体行动困境问题，其破解关键在于其合理的成本分担和利益共享的机制设计及开放、包容、非对抗的金砖精神。此外，金砖国家在参与国际货币体系改革过程中，因为身份逐渐转变而面临与原体系内主要发达国家、体系外其他国家同时博弈的"挤车困境"，通过"身份融合"战略，处理好与发达国家的关系，同时保持好与其他发展中国家的关系，可以化解这一困境。

　　金砖银行与应急储备安排是金砖国家金融合作机制的重要组成部分。其中，金砖银行发展已顺利迈过其初创阶段，但也面临如业务经验缺乏及如何获得更高的国际信用评级以实现低成本融资等方面的问题。超主权信用评级框架下，金砖银行要获得更高的国际信用评级，在资本充足性、流动性、风险管理等方面仍有待进一步提升和完善，长远之计在于争取国际信用评级话语权。此外，金砖银行还需要借鉴已有多边开发银行在基础设施项目投资方面的经验并加强相关合作，同时结合自身实际情况，选择投资的国家和领域，实现与之错位发展和补充。对应急储备而言，其在制度设计上有着鲜明的特点与合理的方面，但仍存在较大的发展与完善空间，可充分借鉴已有应急储备机制的经验和教训，完善相关机制建设；在现有框架下，救助资金依附于国际货币基金组织贷款、承诺式的出资模式、救助资金可能无法收回等方面的问题，会降低各成员国参与 CRA 的收益，但金砖国家整体仍能从参与 CRA 中获益。

金砖国家金融合作机制对国际货币体系改革具有推进作用，体现为金砖银行与应急储备安排和现有国际金融机构的互补性竞争关系，这种关系是动态发展的，现阶段以互补为主，未来以竞争为主，无论哪个阶段，互补与竞争均体现为互融互促的关系；国际货币体系改革将伴随着这种互补性竞争关系的发展而不断推进。基于社会网络分析法实证分析金砖银行对多边开发性金融体系的影响，结果表明，金砖银行对当前多边开发性金融体系的影响仍然有限，但也成为金砖国家及其他新兴经济体、发展中国家提升在多边开发性金融体系中影响力的有益探索。

除进一步完善金砖银行和应急储备安排外，金砖国家还应在本币结算、金融市场互联互通及能源、信用评级、金融监管、文化等方面展开更广泛与深入的合作，从而推动金砖国家货币国际化形成国际货币权力，同时提升国际金融话语权，最终携手共进、共同发声推进国际货币体系改革。中国作为金砖国家金融合作的倡议者和金砖国家内部的引擎，推进人民币国际化，增强人民币国际货币权力，同时积极争取国际金融话语权，是其推动金砖国家金融合作深化和实现国际货币体系多元化的重要方略。

目　录
contents

第一章 >>>

导　论

第一节　选题的背景和意义

一、选题的背景

2008 年国际金融危机后，发达国家主导的国际货币体系的弊端更加凸显，改革国际货币体系成为当务之急。与此同时，世界经济格局发生了重大变化，金砖国家表现出了极快的经济增长态势，中国、印度更是全球经济增长的引领者，同时金砖国家的金融实力也在不断提升。然而，金砖国家在当前国际货币体系中的地位却与其经济实力变化极不匹配。参与和推动国际货币体系改革，成为金砖国家提升在国际货币体系中的地位和影响力、实现自身利益诉求的重要途径。而加强金融领域的合作将是金砖国家参与国际货币体系改革的有益探索。从现实来看，国际金融危机后，由于发达国家经济复苏缓慢、国际资本市场动荡，金砖国家因此面临较大的经济下行压力、货币出现大幅贬值等诸多相似问题，因此，加强经济金融合作的诉求日益凸显。

在过去十年的"黄金合作"期中，金砖国家建立了包括领导人峰会在内的多层次常态化的合作机制，达成了《三亚宣言》《德里宣言》《德班宣言》《福塔莱萨宣言》《乌法宣言》《厦门宣言》等多个重要性的成果，合作领域包括经济、金融、人文、政治等领域，尤其是在金融合作领域取得了丰硕的成果。其中，金砖国家领导人在 2011 年第三次会晤中第一次提出金砖国家在金融领域的合作意向；在 2012 年第四次会晤上，金砖国家金融合作则是主要会议议题，会晤提出成立金砖国家开发银行的构想，同时五国还签署《金砖国家银行合作机制多边本币授信总协议》《多边信用证保兑服务协议》，意味着金砖国家在金融领域的合作进入务实性阶段；2014 年第六次会晤，金砖国家开发银行（The New Development Bank，NDB）和应急储备安排（Contingent Reserve Arrangement，CRA）正式成立，这标志着金砖国家金融合作进入实质性发展阶段；2015 年 7 月金砖国家新开发银行①正式开业、应急储备安排正式启动，这意味着金砖国家金融合作进入机制化、常态化的阶段；2016 年第八次会晤，金砖五国在推动保险与再保险市场合作方面达成协议，并探讨设立金砖国家评级机构的可能性；2017 年厦门峰会围绕"深化金砖伙伴关系，开辟更加光明未来"主题，主张"金砖 +"倡议，提出"金砖国家未来十年将致力于推动全球经济金融体系改革，力争构建一个更加开放、高效、公正的国际经济金融新秩序，让所有国家与人民能够在新型全球化进程中分享到实惠"，标志着金砖国家金融合作及其在推动国际经济金融体系改革方面进入新的十年重要发展阶段。

二、选题的意义

在前述背景下，本书从国际货币体系改革的视角出发，研究金砖国家金融合作机制问题，具有重大的理论意义和实践价值。首先，既深化了对现行国际货币体系改革的探究，也丰富了金砖国家金融合作相关的理论及实践研究。其次，基于金砖国家的新兴经济体身份及其与广大发展中国家的天然关系，研究其金融合作机制及其发展，有助于理解在国际货币体系改革过程中包括发达国家和新兴经济体及其他发展中国家等主要利益集团之间博弈的实质和困境，推动建立更加公平、公正的国际货币体系新秩序。再次，为进一步完善金砖银行、应急储备安排等金融合作机制的建设，深化金砖国家金融合作，从而为推进国际货币体系改革提供对策建议。最后，为中国未来的经济金融政策，尤其在推动人民币国际化提升国际货币权力、争取国际金融话语权等国家战略方面提供理论依据和重要参考。

---

① 关于金砖银行名称，《福塔莱萨宣言》英文版名称为 The New Development Bank，但中文版名称仍为金砖国家开发银行（以下简称金砖银行），2015 年 7 月正式更名为新开发银行。在不引起混淆的情况下，本书仍主要沿用金砖银行。

第二节　相关研究回顾

金砖国家的概念由奥尼尔于 2001 年首次提出，并在高盛公司 2003 年报告中作为世界新兴经济体受到关注。2008 年国际金融危机促进了金砖国家的密切合作，此后关于金砖国家合作机制问题成为研究的热点，尤其是从全球治理角度研究金砖国家的共同利益诉求和作为新的政治经济力量进行合作的前景等问题（黄仁伟，2011；倪建军，2011；杨鲁慧，2011；樊勇明，2013；蔡春林等，2013；徐秀军，2013；牛海彬，2014）。作为合作的重要领域之一，金砖国家金融合作相关研究也在逐渐增多，主要集中于金砖国家金融合作现状和问题及对策、金砖国家本币结算、金砖银行、金砖国家应急储备安排、金砖国家金融合作与全球治理的关系、成员国的金砖国家战略等方面。

一、金砖国家金融合作的现状、问题及对策相关研究

大部分学者梳理了自 2009 年以来历届峰会框架下金砖国家金融合作的历程，指出金砖国家作为一个整体有着共同的利益诉求，并具备一定的现实基础，因此合作空间和潜力巨大（马岩，2011；李向阳，2011；张茉楠，2012；邢凯旋，2014；张晓涛，2014；王凯和倪建军，2014 等）。但金砖国家在金融合作上仍有诸多限制性因素，如发达国家主导国际货币体系、成员国在对外贸易等领域存在冲突（陈叶婷和周晗，2012）、金砖集团还比较松散、政策协调程度不高、仍存在利益分歧（张茉楠，2012）、金砖各国金融市场功能还不完善且面临短期外部资本冲击（马岩，2011）、各自面临不同经济发展困境（张晓涛和杜萌，2014）等，可以说金砖国家金融合作之路"曲折光明"（张茉楠，2012）。因此，有必要通过加快各国国内金融体系建设、推动金融部门有序开放、逐步推进本币可兑换提升本国金融实力（张茉楠，2012），短期内深化不同领域金融合作、长期内合理调整经济增长模式、保持稳定增长（张晓涛，2014），进一步挖掘合作各方利益汇聚点、加快建设对话协商机制、建立和完善金融监管制度、出台金融合作机制的管理制度、建设区域性金融合作相关信息交流机制（邢凯旋，2014）等措施，深化金融合作。

二、金砖国家本币结算相关研究

金砖国家本币结算可便利各成员国间贸易和投资,密切经贸往来与合作(林跃勤,2012;刘文革和林跃勤,2012);以双边货币互换为基础,建立多边货币互换是金砖国家金融合作的重要途径(郑慧和陈炳才,2010);金砖四国货币最具成为国际货币的潜力,因此,采用本币结算,使美元在金砖国家的储备职能将逐渐被金砖国家本币所取代,有助于撼动美元霸权与改变发达国家对国际金融格局的垄断局面(Maziad et al.,2011)。黄凌云和黄秀霞(2012)研究表明,金砖国家本币结算对五国经济产生正向影响,有利于各国福利水平的提升,但对其他国家或地区的经济与福利产生负面影响。尽管本币结算意义重大,但现实合作却困难重重,除中俄本币结算起步较早且具一定的规模外,其他金砖国家间的本币结算尚处于起步阶段(林跃勤,2012)。通过增强互信与理解、完善制度与基础设施、扩大贸易规模及优化贸易结构、增加各国以本币结算的直接投资、增强各国本币币值的稳定性、建立金砖货币篮子等,有利于推动金砖国家的本币结算(林跃勤,2012)。陆前进(2012)也提出构建金砖五国一揽子货币作为贸易投资结算货币。

中国与其他金砖国家本币结算相关研究主要集中于中国和俄罗斯的本币结算方面。李中海(2011)指出,中俄贸易本币结算既是经济、金融问题,也是一个政治、外交问题,中俄本币结算是两国金融深化合作的突破口,是两国货币国际化的重要组成部分,但对中俄经济合作的促进作用有限。尽管中俄两国本币结算取得了很大进展,但仍处于初级阶段,仍存在诸多制约因素、本币结算发展有待推进(赵振宁,2010;郭晓琼,2017)。张远军(2011)则从理论和实证两个方面对中俄人民币跨境流通进行分析,并提出相应的对策建议。孙少岩和石洪双(2015)研究表明,在推动卢布国际化情况下,俄罗斯对人民币的接受程度较低;美欧制裁俄罗斯增加了中俄货币互换的风险,同时也将影响人民币在俄离岸市场的发展,但也为中俄能源领域的本币结算、中国向俄提供人民币贷款和直接投资提供了机遇。

三、金砖银行相关研究

（一）金砖银行设立的必要性与可行性

金砖银行的倡议最早由 Stiglitz 和 Stern（2012）提出。他们认为，新兴经济体和发展中国家需要建立相应的金融机构，可以集中部分新兴市场国家大量的闲散资金，用于满足另一部分新兴市场国家较大的资金需求，从而实现金融资源的有效配置[①]。而巴西中央银行前行长 Franco（2013）则认为，没有必要建立金砖银行，因为已有世界银行、亚洲开发银行、欧洲开发银行等多个全球性的或区域性的多边开发银行，且包括巴西在内的金砖国家已是多个多边开发银行的成员国，同时运作一个多边开发银行的机构和人员成本将非常高[②]。印度政府规划委员会副主席 Ahluwalia（2012）则认为，世界需要更多的银行，提议建立金砖银行[③]；世界银行高级副总裁巴苏（2013）也表示，有必要建立金砖银行，但其筹建工作将十分复杂[④]；金砖银行的计划非常艰难并在长期内难以实现，即使该银行成功建立，但要具备类似世界银行的功能，也需要很长的路要走（阿兰·弗亚，2012）。

（二）金砖银行成立的背景、意义及其前景

金砖银行主要是基于新兴经济体及发展中国家巨额的基础设施需求的背景产生的（汤凌霄等，2014；Singh 和 Mukamba，2015）；当前融资渠道无法满足金砖国家基础设施的资金需求、各国庞大的外汇储备无法有效利用及各国封闭式的外汇管理成本过于高昂等因素，促成了金砖银行的成立（汤凌霄等，2014）。

在成立的意义方面，丁振辉（2014）认为金砖银行有利于金砖国家协作、促进世界经济复苏与企稳，是对当前国际金融秩序改革迟缓的一种回应、对现有国际金融机构低效的一种补充、对国际金融体系中发展中国家话语权缺失的

[①] 安国俊. 金砖国家金融合作的突破 [J]. 中国金融，2014（16）：55.

[②] 巴西中央银行前行长. 金砖开发银行与外交官的大富翁游戏 [EB/OL].http：//other.caixin.com/2013−06−24/100545278.html.

[③] 印度提议设立金砖国家银行 [EB/OL].http：//finance.sina.com.cn/roll/20120328/103011699239.shtml.

[④] 世界银行高级副总裁. 设立金砖国家银行具有必要性 [EB/OL].http：//www.chinadaily.com.cn/hqgj/jryw/2013−03−06/content_8421614.html.

一种伸张、对国际金融改革路径的一种探索；庞珣（2014）指出，金砖银行不仅在经济层面上代表国际货币基金组织和世界银行之外的替代方案成为现实，还在政治层面上展现了新兴大国通过对权力的自我控制促进不同实力地位国家的平等合作。此外，金砖银行投入的资金对各个成员国意义重大，同时还将促进其他由于西方国家采取扩张性货币政策而导致经济不稳定的发展中国家发展，有利于加强金砖国家在其他发展中国家的政治经济方面的影响力；其中，对于中国，金砖银行的成立不仅可以吸引投资，还是其在国际市场上分配资源和提高世界影响力的平台（玛纳斯德尔申，2015）[①]。金砖银行的成立有利于促进中国金融外交发展和多元化、加强中国参与全球经济金融治理力度、舒缓外汇储备管理的巨大压力（丁振辉，2014），为人民币国际化带来了难得的机遇（丁振辉，2014；赵继臣，2015），同时对推动上海国际金融中心建设具有重要的意义（丁振辉，2014；任再萍等，2015）。

从发展前景来看，金砖银行仍面临不少困难和挑战，如面临经验不足、人才匮乏和国际环境不明朗等制约（郭红玉和任玮玮，2014）、基础融资如何兼顾平等与效率（毕吉耀和唐寅，2014）等。由于金砖成员国国内存在社会、经济等方面的矛盾，成员国间也存在利益冲突，金砖银行在国际上扮演的角色还取决于前述问题的解决程度（Qobo，2015）。只有发展中国家对何为发展、如何发展具备高度共识，金砖银行的运作才能兼顾"平等""高效""合规"（朱杰进，2014）。

（三）金砖银行的运行机制及其创新

一些学者从国际公共产品角度分析金砖银行的运行机制。杨伊和苏凯荣（2015）通过演化博弈模型，论证金砖银行作为小集团联盟在国际公共产品供给中出现的必然性，并指出金砖银行作为金砖国家合作机制的重要实体，其建立和运作可为中国提供全球经济金融治理方面的经验，也是中国参与国际货币体系改革的着力点，国际公共产品提供可以借助该平台达成更多共识。Cooper和Farooq（2015）分析了金砖国家集团的俱乐部特征，指出金砖国家通过非正

---

① 俄罗斯银行家.金砖国家开发银行将成"最大玩家"[EB/OL].http：//intl.ce.cn/specials/zxxx/201507/07/t20150707_5863471.shtml.

式的俱乐部模式，可以减少彼此间的摩擦，并通过创新的方式进行合作，这也是金砖银行短期内得以成立的原因，但这并不意味着可以低估金砖银行建立过程中的集体行动问题。李娟娟和樊丽明（2015）指出，国际公共产品的属性使金砖银行在成立过程中也面临集体行动困境问题；金砖银行通过成本分担与收益分享的制度设计克服了相应的集体行动困境。任再萍和张欢（2015）也认为金砖银行与其他多边开发银行及世贸组织等机构一样具有公共产品属性。王飞（2017）指出，金砖银行作为全球性公共产品，有利于推动金砖国家的货币国际化、便利各国间的贸易往来、减少对发达国家的依赖、缓解中心国的对外负债程度。刘洪钟和周帅（2017）基于国际公共产品消费、决策、收益的公共性三角结构的分析结果表明金砖银行具有较强的排他性。

对金砖银行的创新性，潘庆中等（2015）认为金砖银行的新意体现在：植根于当前世界经济新格局，呼唤与重塑全球金融治理新秩序，开启了南南合作的新时代及推广了开发性金融的新模式。张海冰（2015）从主体身份、治理原则、发展角色、合作纽带方面分析金砖银行的发展创新，即金砖国家这一新主体，为南南合作提供了更多和更具创新性的发展理念与资源；平等共治的新原则，有利于改变国际发展融资体系中存在的长期不平等格局；金砖银行在国际发展融资体系中将扮演补充者、竞争者和变革者的新角色；以共同发展使命的合作新纽带代替了以价值观为基础的合作纽带，更注重发展实效。朱杰进（2016）指出，相对现有国际金融机构，金砖银行在治理结构、股权分配、贷款政策、环境和社会框架等决策和运行方面，以及如何向包括各成员国在内的发展中国家提供更有效的服务等方面进行了机制体制创新，同时其平权的治理结构是国际关系民主化于国际金融领域的一次特殊尝试。陈燕鸿和郑建军（2017）认为，金砖银行治理结构的创新之处在于：以行长及副行长领导下的管理层为治理核心避免了常驻董事的弊端；制度设计凸显金砖国家主导地位，有利于新兴经济体在国际融资体系中整体地位的提升，增强业务对象归属感和精简行政结构；平权决策机制，有利于弱小发展中国家在国际发展融资规则中"发声"。

一些学者进一步对金砖银行的平权决策机制进行了分析。潘庆忠等（2015）指出，金砖国家平权的决策模式在注重公平的同时，可能加剧成员国间的博弈，增加决策难度，从而导致部分效率损失，因此，金砖国家在制定金砖银行章程、治理架构与内部工作流程时，要注重对决策效率的考量，进一步优化机制设计。

刘刚等（2015）指出，平权决策机制可能导致各成员国在金砖银行贷款项目上的激烈博弈，要促使成员国在平权决策模式下采取合作策略，需要强有力的外部激励约束机制。计小青和乔越（2017）认为，金砖银行的平权决策方式可有效促进成员国的信任与合作，但在成员国存在利益冲突和意见分歧、经济发展水平存在差异性的情况下，平权决策机制可能会导致效率损失；可通过在金砖银行框架内设立由各个成员国主导的多样化的投融资机构，缓解各国间的利益冲突与意见分歧，提高金砖银行的决策效率。

（四）金砖银行的贷款能力

金砖银行成立后，一些学者对其可以提供的贷款规模进行了估算，Griffith-Jones（2014）估算了发展中国家基础设施建设的资金需求，并基于不同假设计算了金砖银行能够提供的贷款水平，其结论强调金砖银行在国际融资体系中将发挥重要的作用；Reisen（2015）基于当前多边开发性金融机构的杠杆比率，估计了金砖银行实缴资本全部实现情况下的贷款组合，指出金砖银行和亚投行共同提供的贷款组合可以达到亚洲开发银行和国际复兴开发银行的规模；但两者的估计均过于乐观，Humphrey（2015）通过情景分析法估算了不同情景下金砖银行的贷款规模，所得结果相对更加合理，但与金砖银行运行过程中的规模相比，仍然偏高。Kasahara（2016）指出，金砖银行运营规模和范围将不断拓展，但其增长之路是缓慢而不平稳的。

（五）金砖银行与现有国际金融机构的关系

金砖银行与世界银行、国际货币基金组织（IMF）等现有国际金融机构的关系分析大致可分为挑战论、补充论及平行和互动论。

1.挑战论。坎贝尔（2014）认为，金砖银行是金砖国家为寻求新的国际金融体系以摆脱美元的"过度特权"背景下产生的，其为贫穷国家提供了贷款的金融平台，对世界银行在当前国货币体系中的地位构成了挑战，金砖银行和应急储备基金、能源联盟及交易所联盟四个机构将成为陈旧的布雷顿森林体系的真正替代者，其他新兴国家期望摆脱 IMF 条件限制，并从金砖银行与应急储备基金中获益，将成为美元所面临的更大威胁。Voorhout 和 Wetzling（2013）研究认为，金砖银行加入已包括世界银行和其他15家银行在内的开发性银行队伍，使全球开发性金融体系变得更加复杂，金砖银行可能伤害当前已经过度多样化的国际体系；同时，金砖国家的做法还可能激励 MIST 国家（墨西哥、印度尼西亚、韩国和土耳其）采取类似行动，从而使全球治理由当前的 IMF 和世界银行等治理机制向不同国家联盟共同参与的新治理机制转移。拉美开发银行官员 Miralles（2014）认为，金砖银行成立对过时的 IMF 和世界银行制度将形成直接的挑战①。一些西方媒体指出金砖银行和应急储备的建立，对第二次世界大战后由西方国家主导的国际金融秩序构成了挑战；南非《独立报》报道称，刚刚建立的金砖银行和应急储备无法像 IMF 和世界银行那样完善，但两者的出现将使 IMF 和世界银行闻一闻竞争之味，同时也减少了金砖国家对 IMF 的依赖，增加了这些国家的政治自主权；《印度时报》则称，尽管金砖银行相对世界银行可调用的资金规模要"穷得多"，但金砖银行的出现对世界银行已构成了象征性的挑战②。

2. 补充论。世界银行发展经济学局高级顾问奥塔维亚诺·卡努托（2014）指出，不同的多边开发性金融机构将在多极复杂的世界经济中共存，旨在帮助发展中国家的世界银行和金砖银行的合作将成为大势所趋，两机构之间的合作范围十分广泛，两者的关系不是竞争而是互补③。Griffith-Jones（2014）认为，现有的多边性和地区性的开发银行在基础设施方面没有多大作为，最主要的原因是国家层面的开发性银行与多边性金融机构间缺乏配合，而金砖银行的优势在于它是基于五国国家层面的开发银行之间的紧密互动，从而弥补了世界银行及其他地区开发银行存在的不足，是对现有体系的重要补充。Stobdan 和 Singh（2015）认为，金砖银行短期内不可能超越在国际货币体系中仍处于主导位置的世界银行和 IMF，因此，金砖银行与世界银行和 IMF 的关系是互补而非对抗。Qobo 和 Soko（2015）指出，金砖国家和金砖银行的兴起是对西方主导的国际秩序的挑战，但没有证据表明金砖国家有意推翻现有的国际秩序，同时新机构的建立也不必然是对布雷顿森林体系下机构的替代。国内大部分学者也强调金砖银行对当前国际金融架构的补充作用，如徐秀军（2014）指出，金砖银行并

---

① 金砖国开银行.寻求全球经济秩序新平衡 [EB/OL].http：//finance.qq.com/zt2014/focus/jzwg.html.

② 金砖银行让世行和 IMF 颤抖了吗 [EB/OL].http：//finance.china.com.cn/money/special/jzwg/20140717/2546662.shtml.

③ 世行与金砖银行的合作是大势所趋 [EB/OL].http：//finance.ifeng.com/a/20140716/12730579_0.shtmlhttp：//finance.ifeng.com/a/20140716/12730579_0.shtml.

不是对当前国际金融架构的背离或挑战，其建立的宗旨是作为已有多边开发机构的有效补充，同时为满足金砖国家及其他发展中国家特定的投资需求提供新的选择；张恒龙和赵一帆（2016）指出，由于对经济发展的关注点不同，金砖银行和世界银行实际上可达成相互补充的分工合作，而不是摩擦对抗或是非此即彼的取代关系。

3. 平行和互动论。Watson 等（2013）认为，金砖银行不一定是对现有国际货币体系的补充或是辅助，而可能是一个与之平行的机构，因为金砖银行建成之后资金体量将超世界银行，实际是一个与世界银行不挂钩的扩大版清迈协议，甚至可能成为第一个覆盖全球的区域协议。Karackattu（2013）则强调金砖银行与现有国际组织或集团间的交流和联系，认为金砖银行将是金砖国家参与联合国、G20、世界贸易组织（WTO）及其他多边机构的杠杆。

四、金砖国家应急储备安排相关研究

（一）金砖国家应急储备安排成立的意义

Kralikova（2014）等认为，金砖国家应急储备安排的成立体现了金砖国家希望打破西方国家对全球金融体系的主导局面，并在国际经济金融事务中获得更多的话语权。曼莫汉·阿加瓦尔（2015）指出，金砖国家应急储备安排可视为打破布雷顿森林体系的垄断地位的一种有益尝试，但 CRA 还不会对当前国际货币体系造成较大的冲击。Eichengreen（2014）、Cattaneo 等（2015）也指出，CRA 是金砖国家在金融合作过程中的一种探索，其象征意义大于实际意义，无法对 IMF 形成挑战和替代。金砖国家建立应急储备安排，是对当前国际金融治理机制的有益补充，也对久拖不决的 IMF 改革起到了刺激作用（张嘉明，2014）；是对防范系统性风险的跨境传播和全球金融安全网建设的积极贡献，也是促进国际金融体系改革的有益尝试（关雪凌和丁振辉，2013；李仁真和李菁，2014；郭树勇和史明涛，2015）。从金砖五国来看，该机制的建设可为五国应对短期的流动性压力提供支持，强化其集体抵御外部不确定性风险及可能冲击的能力，为维护各国国内的金融稳定提供制度性保障（李仁真和李菁，2014；丁振辉，2014）。金砖国家应急储备安排和清迈协议一样本质都是以多边货币互换为基础的货币合作框架，属于帮助纾困的集体承诺（孙丹，2014）。

（二）金砖国家应急储备安排机制的缺陷及其对策

在出资模式上，汤凌霄等（2016）指出 CRA 当前承诺式出资模式具有容易发起、在非危机时期节约大量运营成本等方面的优势，但该模式在金砖各国经济协动性不断增强的情况下容易导致资金救助的时滞性与不确定性问题，因此，他们主张嵌入式的运行模式，而在长期内适合采用实体式模式。张礼卿和粘书婷（2016）也指出，CRA 完全依赖于成员国承诺的出资模式限制了 CRA 最终的救助能力和灵活性。与此同时，CRA 作为一种多边互换协议框架，并不具备法人地位，因而当借款国发生问题时无法提出诉讼，也无法独立与其他机构签订协议进行合作，这将进一步影响 CRA 的救助效率与能力。

在贷款条件方面，孙丹（2014）认为，CRA 出资与 IMF 贷款安排高达 70% 的联动比例已成为 CRA 想要实现去美元化的最大制约。叶玉（2014）、陈奉先（2015）指出，CRA 将成员国资金的提取与 IMF 直接挂钩意味着将其资金实际使用权交给 IMF，其创始意义会被贬损。通过在成员国之间设立区域性经济监测机构、政策协调机制及相关研究机构，可使 CRA 更加独立于 IMF，提高其危机的预警能力，防范金融危机（李仁真和李菁，2014；Cattaneo 等，2015）；可逐渐降低 IMF 贷款条件挂钩比例，其中一个过渡方案是考虑以 IMF 的灵活信贷、预防性和流动性额度标准代替直接仿照清迈协议中与 IMF 挂钩的方案，从而缓解对 IMF 的不信任问题，同时保证救助资金安全（Volz，2012），最终甚至可以彻底取消与 IMF 挂钩（张礼卿和粘书婷，2016）；或者借鉴欧洲稳定基金在与 IMF 共同救助希腊模式中，IMF 作为欧洲稳定基金引入的外部实施机制（Pisaniferry 等，2013），CRA 和 CMIM 可以非正式形式与 IMF 建立更平等、平衡的合作关系。

（三）金砖国家应急储备安排的成本和收益

朱孟楠和侯哲（2014）构造比例可变的准备金指数模型，分析金砖各成员国的危机应对能力和各国潜在福利改进情况，以验证 CRA 建设的有效性。陈奉先（2015）也应用保险指数测度了金砖各国参与 CAR 建设的动力及各方的成本—收益问题，结果发现，金砖国家参与 CRA 建设过程具有阶段性与危机驱动性的特点，各国在 CRA 建设中获得的收益存在明显的差异。汤凌霄等（2016）进一步修正保险指数模型，全面考量不同情况下各国参与的成本和收益，结果表明，除个别时段、个别国家外，长期而言，CRA 设立对金砖各成员国、金砖国家整体均具有正的经济效益。刘刚等（2017）运用保险指数模型分析 CRA 的危机防范能力，结果发现，除俄罗斯外，CRA 有利于提高金砖国家的危机应对能力；保险指数模型测算结果中 CRA 对俄罗斯体现为负效应。

五、 金砖国家与全球治理体系改革相关研究

除前述金砖银行、应急储备与现有国际金融机构关系的相关研究外，一些学者还从全球治理角度探讨金砖国家合作对全球经济金融治理体系改革的作用。国际舆论尤其是西方的一些主流媒体大肆鼓吹"金砖褪色论""金砖分化论"（樊勇明，2014），否定金砖国家及其合作机制在全球治理体系中的作用；Sharma（2012）认为，金砖国家经济发展不稳定、联合国安理会改革立场等方面存在分歧，尤其是中国和印度在边境问题上存在严重的领土分歧，这些因素决定了金砖国家间的合作缺乏基础，不会产生战略性的影响。但大部分学者认为，金砖国家包括金融在内的各领域合作有利于推动全球经济金融治理体系改革。俄罗斯学者叶夫根尼·亚辛、米哈伊尔·季塔连科（2010）指出，金砖国家的金融合作有利于各国合力撼动当前不合理的美元霸权及发达国家主导的国际金融格局[①]。Castro（2012）分析了金砖国家作为一个联盟在 IMF 改革和 G20 机制中的作用。Saran（2013）指出，金砖国家参与全球金融治理合作，有助于提升当前金融治理体系管理的民主化程度。科尔杜诺娃（2014）认为，金砖国家合作是一种跨区域合作，在参与全球治理方面具有较高的潜力，同时在全球治理体系中发挥的作用程度与成员国特点有关；从国际关系构建角度来看，所有金砖国家均为大国，其参与全球治理并未如一些观点所言是挑衅，它们希望在国际体系中占有更为公平的位置，而不是非此即彼。"新兴国家"集体身份的认同和全球金融安全治理中的共同利益纽带，为金砖国家制度化进程提供了双重基础保障；金砖机制的出现是国际金融安全治理的重大福音，也是全球金融体系格局即将重塑的预兆（孙忆和李巍，2015）；金砖国家在全球经济治理体系中的影响力已初步显现，尽管存在各种挑战和不确定因素，但随着金砖国家经济实力的提升及合作机制的不断深化，其在全球经济治理体系变革中将扮

---

① 俄罗斯专家.IMF 改革是"金砖四国"共同诉求 [EB/OL].http://news.sohu.com/20101011/n275538333.shtml.

演更加重要的角色（徐秀军，2014；王厚双等，2015）；未来金砖合作的两个维度为参与全球治理和相互务实合作（樊勇明，2014）。张立（2017）指出，金砖机制是中国与印度等新兴经济体联合参与当前全球经济治理体系改革的一种新路径，金砖机制的功能不应过于夸大或者泛化，其核心定位应是变革全球经济治理。

金砖国家参与全球经济金融治理的问题及应对战略方面，权衡和虞坷（2013）指出，金砖国家经济模式的内在缺陷及其决定的不可持续发展，影响和制约了金砖国家参与全球经济治理的进程与实际效果；金砖国家只有转变经济发展模式，才能在全球经济治理中真正发挥重要作用，在世界舞台中发挥正能量，从而推进全球经济治理的历史性和突破性进展。金砖国家在参与完善全球金融治理上已经取得了一定的成绩，但也面临着一系列问题，如成员国在经济领域的竞争、集体认同度不高、政治互信程度较低等，影响了其参与全球治理的能力提升，制约了其合作机制转型和发展（马景瑶，2016），因而需要在合作、包容、有效、平等、责任等理念原则下，进一步推进金融合作（王浩，2014）；通过经济方面的互补合作、政治方面构建交流机制、身份方面加强认同感，提升金砖国家参与全球经济治理的能力（马景瑶，2016）。黎兵（2015）指出，通过积极推行金砖国家结构性改革、保持经济持续稳定增长，增强自主性、降低对发达经济体依赖、深化协调合作、夯实合作的经济社会基础，稳步推进机制建设等，以可持续推动全球治理由国际体系向世界体系转型。关雪凌等（2017）提出，金砖国家参与全球经济治理的战略，包括立足本国发展要求和做实金砖合作，在 G20 框架内加强与发达国家合作并弘扬"共商共建共享"全球经济治理理念，同时存量改革和增量创新并重，坚持渐进式思路推动全球治理体系改革。杨娜（2016）则分析了金砖合作机制下中国参与全球治理面临的挑战，指出中国在金砖框架下需要通过次级跨区域的合作模式、中心合作模式、重合机制模式及渐进式治理模式对全球治理进行探索，通过促进金砖国家经贸合作、力促金砖与欧盟合作、促成合作共赢与开放、包容的全球治理新理念等应对挑战。

六、成员国的金砖国家战略相关研究

关于成员国的金砖国家战略，已有研究主要从外交战略的视角进行分析。

关于俄罗斯的金砖战略，肖辉忠（2012）分析了俄罗斯对其自身及在金砖国家中的定位，并从内政和外交的关系、俄罗斯的大国协调、俄罗斯的智慧外交等方面分析俄罗斯的金砖外交政策；周洪涛（2012）从经贸合作的角度分析俄罗斯与其他金砖国家间的关系；盛世良（2012）分析了金砖各成员国的优势与劣势，并提出俄罗斯和其他成员国的合作基础[①]；刘航（2014）对金砖国家在俄罗斯外交战略中的定位、俄罗斯金砖国家战略的目标及合作内容、实施途径与制约因素及预期成果等进行了系统的分析。关于巴西的金砖战略，牛海彬（2014）指出，巴西有选择地支持金砖国家合作机制关于国际政治安全的议题及反映其经济关系与优势的发展议题；同时巴西通过积极推动金砖国家和南美国家领导人对话，以加强巴西在南美地区的影响力。总体而言，巴西的金砖战略对金砖合作的作用是正面和积极的，但其内部对金砖国家合作意见存在分歧，则对金砖国家合作可能产生消极影响。关于印度的金砖战略，李冠杰（2014）认为是一种综合性战略，这一战略随着金砖机制的不断深化而发展。从表面上看，印度的金砖战略诉求是印度经济发展所需；从深层次看，金砖战略则是印度大国崛起的布局谋划。关于中国的金砖战略，赵可金（2014）指出，金砖合作是中国在新时期对发展中国家外交的重要实现形式，也是其多边外交的实现形式；随着中国经济实力的增强，金砖国家合作在中国外交战略中的地位不断凸显；中国应坚持正确的义利观，积极推动金砖合作，促进金砖合作的体制机制创新，增强金砖国家战略影响力；张忠祥（2015）则分析了中国在金砖国家与非洲合作中的战略选择。对于南非而言，加入金砖合作机制，则是其民主转型以来积极追求大国地位的外交战略体现和其参与南南合作战略重要组成部分；南非参与金砖治理的战略考虑与利益诉求是利用该机制谋求国家利益、促进非洲议程实现及推动全球治理体系转型（徐乐，2017）。

综上所述，已有研究对金砖国家金融合作现状、问题及对策、金砖国家本币结算、金砖银行、应急储备安排、金砖国家金融合作和全球治理的关系、成员国的金砖国家战略等方面进行了较为系统的分析，尤其是从不同角度分析了

---

① 盛世良. 俄罗斯重视金砖国家关系 [EB/OL]. http://finance.sina.com.cn/review/hgds/20120321/110911642554.shtml.

作为金砖国家金融合作机制重要实体的金砖银行与应急储备安排的运行机制、治理结构的优缺点；关于金砖银行及应急储备安排与已有国际金融机构的关系，金砖国家金融合作与全球经济金融治理的关系仍存在一定的争议，但大部分观点认为金砖银行和应急储备安排是对现有国际金融机构的补充、金砖国家金融合作有利于推进全球经济金融治理体系改革；在成员国的金砖战略方面，主要从外交战略角度，提出各成员国参与金砖国家合作机制的战略考虑。

总之，前人研究对本书进一步研究具有重要的指导意义，但从国际货币体系改革的角度系统、深入研究金砖国家金融合作的文献较少，研究方法主要为定性分析和宏观分析，因此，相关研究还可在如下四个方面深入推进：一是金砖国家金融合作作为推进国际货币体系改革的重要途径之一，其理论基础是什么，金砖国家在当前国际货币体系中的地位如何，其参与国际货币体系改革过程中会面临怎样的困境，如何破解。二是如何动态、全面地分析金砖银行与世界银行、应急储备安排与IMF的关系，其理论基础是什么，如何构建微观博弈模型进行分析。三是如何量化分析当前金砖国家金融合作机制对国际货币体系改革的推进效应。四是金砖国家面对各种挑战，如何深化金融合作，建立更加完善的金融合作机制；对于中国而言，作为金砖国家合作的倡议者及金砖国家内部的引擎者，如何推进金砖国家金融合作深化和促进国际货币体系多元化发展。本书尝试从前述几个方面综合考虑经济、政治、文化等因素，使用理论与实证、宏观与微观、静态与动态相结合的方法，对金砖国家金融合作机制进行较为系统、深入的研究。

第三节 研究思路和方法、结构安排及创新之处

一、研究思路

本书沿着"提出问题—分析问题—解决问题"的逻辑展开研究，研究的核心在于分析金砖国家在国际货币体系中的地位及金砖国家参与国际货币体系改革的困境、金砖国家金融合作机制的现状及其对国际货币体系改革的影响，并提出完善金砖国家金融合作机制相关的对策建议（见图1-1）。

研究方法	技术路线	研究思路

理论与实证分析相结合
宏观与微观分析相结合
动态与静态分析相结合

背景分析与研究回顾

金砖国家金融合作——国际货币体系改革的路径探索

提出问题

对比分析
博弈模型分析

金砖国家在国际货币体系中的地位研究

➢对外经济金融发展现状

➢国际金融话语权现状

金砖国家参与国际货币体系改革的困境及其破解之道

➢金融合作本质：国际区域金融合作；区域间国际公共产品

➢困境：集体行动困境；"挤车困境"

对比分析
Probit模型
保险指数模型

金砖国家金融合作机制运行现状及问题

➢多边开发银行参与基础设施项目投资空间分布的影响因素

➢超主权信用评级下金砖银行如何获得更高国际信用评级

➢应急储备安排的运行模式及其成本–收益分析

分析问题

Hotelling模型
社会网络分析

金砖国家金融合作机制对国际货币体系改革的影响

➢金砖国家金融合作机制与国际金融机构互补性竞争关系分析

➢金砖银行对多边开发性金融体系的影响

目标：提升国际货币权力和国际金融话语权，深化金砖国家金融合作，促进国际货币体系改革

归纳分析
面板模型

完善金砖国家金融合作机制的策略

➢完善金砖银行与应急储备安排相关建议

➢完善金砖国家金融合作机制的其他措施

中国参与金砖国家金融合作的方略

➢增强人民币国际货币权力

➢提升中国国际金融话语权

解决问题

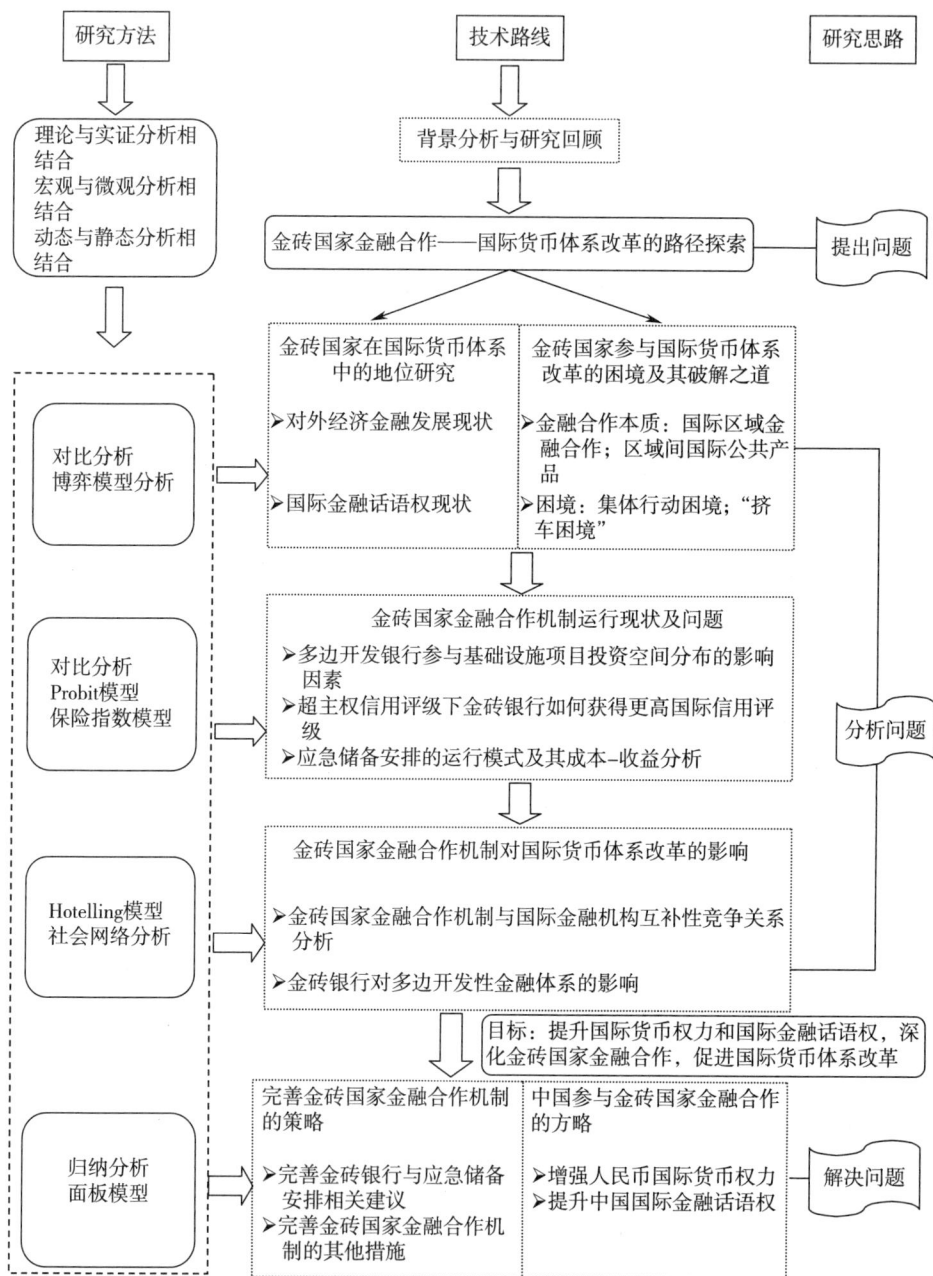

图 1-1　研究思路及研究方法

二、研究方法

本书在国际金融学、新制度经济学、宏观经济学、微观经济学、博弈论等理论基础上，采用定性分析与定量分析相结合、宏观分析与微观分析相结合、静态分析与动态分析相结合，以及对比归纳分析等研究方法，分析金砖国家在当前国际货币体系中的地位、金砖国家金融合作的本质、金砖国家参与国际货币体系改革的困境、金砖国家金融合作机制的运行现状、金砖国家金融合作机制对国际货币体系改革的影响、完善金砖国家金融合作机制的策略及中国参与金砖国家金融合作的方略等问题（见图 1-1）。

（一）定性分析与定量分析相结合

运用新制度经济学理论、区域间国际公共产品理论、"挤车困境"理论定性分析金砖国家金融合作的本质及其集体行动逻辑、金砖国家参与国际货币体系改革的"挤车困境"；采用货币权力理论、话语权理论分析金砖国家在国际货币体系的地位及其在国际货币体系改革中的作用、提出包括中国在内的金砖国家参与金砖国家金融合作机制的策略；使用互补性竞争理论分析金砖银行和应急储备安排与现有国际金融机构的关系。同时，采用二元选择模型分析多边开发银行参与基础设施项目投资空间分布的影响因素，采用面板模型分析国际货币及人民币境外交易空间分布的影响因素，采用保险指数模型模拟分析金砖各国参与应急储备安排的成本与收益，采用社会网络分析法量化分析金砖银行对多边开发性金融体系的影响。

（二）宏观分析与微观分析相结合

从宏观角度分析金砖国家参与国际货币体系改革的动因、金砖国家经济金融发展现状、金砖银行和应急储备安排等合作机制成立的背景及意义等；同时基于微观经济学中的经典模型——Hotelling 模型分析金砖银行与现有国际金融机构互补性竞争关系的动态性，基于相关博弈模型分析金砖国家金融合作过程中集体行动困境得以解决的原因等。

（三）静态分析与动态分析相结合

从静态角度分析金砖国家金融合作的制度属性，从动态角度分析金砖国家金融合作的制度变迁属性；分析金砖银行与已有国际金融机构现阶段互补性竞争关系具体体现的同时分析这种互补性竞争关系的动态发展性；分析金砖银行成立对多边开发金融体系影响的同时考虑其未来扩容对多边开发性金融体系的影响。

（四）对比归纳分析

对比分析金砖国家经济金融发展现状，归纳非洲开发银行获得国际信用评级经验，比较欧洲金融稳定基金和欧洲稳定机制、清迈协议、欧亚稳定和发展基金等区域性金融安全建设实践，以期为金砖国家金融合作及机制的完善提供经验借鉴。

三、结构安排

本书总共分为八章：

第一章为导论。主要对选题背景和意义进行阐述，在相关研究回顾的基础上，介绍本书的研究思路、研究方法、结构安排、创新之处及进一步研究的方向。

第二章为金砖国家在国际货币体系中的地位。金砖国家在国际货币体系中的地位主要体现在其对外经济、金融发展情况及国际金融话语权情况。本章首先分析金砖国家对外经济发展情况，包括金砖国家在全球经济中的地位、对外贸易和外商直接投资发展等方面；其次分析金砖国家国际储备、对外直接投资、金融开放度、金融机构国际化水平、金融市场国际影响力、货币国际化程度等金融发展情况；最后分析金砖国家在国际金融机构、国际信用评级体系及国际金融产品定价等方面的话语权情况。

第三章为金砖国家参与国际货币体系改革的困境及破解之道。金砖国家金融合作的本质是一种国际区域金融合作，并且是一种跨越地理范围的特殊的区域金融合作；金砖国家金融合作也是一种区域间国际公共产品，因此面临集体行动困境；与此同时，金砖国家在参与国际货币体系改革过程中，因为身份逐渐转变而面临与原体系内主要发达国家、体系外其他国家同时博弈的困境，即"挤车困境"。本章首先对金砖国家金融合作的本质进行理论分析，即分析其作为国际区域金融合作的制度属性和制度变迁属性及其区域间国际公共产品的特征；其次分析金砖国家金融合作在推动国际货币改革方面的集体行动逻辑及合作机制形成过程中的集体行动困境及其解决之道；最后分析金砖国际参与国际货币体系改革中面临"挤车困境"的原因及其破解之道。

第四章为金砖银行运行现状及其国际信用评级问题。从设想到正式成立再到运行，金砖银行实现了跨越式的发展，但运行初期，金砖银行仍面临基础设施及可持续发展项目相关业务经验缺乏、如何获得更高的国际信用评级以实现国际资本市场上低成本融资等方面的挑战。本章从金砖银行运行现状出发，分析现有多边开发银行参与基础设施项目投资空间分布的影响因素，以期为金砖银行业务顺利开展提供有益的启示；同时分析金砖银行在当前超主权信用评级框架下获得国际信用评级的优势和劣势，借鉴非洲开发银行获得高国际信用评级的经验，提出相应的对策建议。

第五章为应急储备安排的运行模式及其成本—收益分析。金砖国家应急储备安排实质是一项跨区域的多边救助机制和金融安全网建设实践。本章首先分析应急储备安排的成立及其意义，分析欧洲金融稳定基金和欧洲稳定机制、欧亚稳定和发展基金、清迈倡议多边化协议等现有区域金融安网建设实践的经验，并结合应急储备安排的特点，提出完善应急储备安排的对策建议；其次结合金砖各国参与CRA建设过程中的成本和收益情况，通过修正保险指数模型，测算不同情况下金砖国家参与CRA的保险指数及其盈亏情况，从而论证建立CRA的合理性。

第六章为金砖国家金融合作机制对国际货币体系改革的影响。本章从金砖国家金融合作机制与已有国际金融机构关系、金砖银行对多边开发性金融体系的影响两个方面分析金砖国家金融合作机制对国际货币体系改革的影响。首先基于互补性竞争理论分析金砖银行与现有国际金融机构的关系，同时构建市场未完全覆盖的分阶段Hotelling模型分析这种互补性竞争关系的动态性；其次分析应急储备安排与IMF的互补性竞争关系体现；最后使用社会网络分析法，实证分析金砖银行成立及其未来扩容对多边开发性金融体系的影响。

第七章为完善金砖国家金融合作机制的策略。本章首先提出进一步完善金砖银行和应急储备安排的建议，包括加强与现有国际金融机构的合作与错位发展、进一步完善内部运行机制、建立有效的风险控制体系、寻求多渠道资金来源、推动知识银行功能建设等方面；其次从推进金砖国家货币国际化、提升金砖国家金融话语权两个角度，分别提出推动金砖国家本币结算、金融市场互联互通，推动金砖能源联盟、金砖国家信用评级机构的建立，加强金融监管合作和文化领域合作，完善相关配套机制，最终携手共进、共同发声推进国际货币体系改革等方面的具体措施。

第八章为中国参与金砖国家金融合作的方略。金砖国家金融合作是中国参与维护发展中国家权益和推动国际货币改革的重要国家战略。本章首先从中国在金砖国家金融合作中的作用出发，分析推进人民币国际化以增强人民币国际货币权力及提升中国国际金融话语权与金砖国家金融合作的关系；其次在人民币国际化现状基础上，分析国际货币及人民币境外交易空间分布的影响因素，并基于当前国内金融深化改革、金砖国家金融合作及"一带一路"倡议背景，提出进一步推动人民币国际化的具体措施；最后在当前国际金融话语权格局下，提出提升中国国际金融话语权的策略。

四、创新之处

（一）学术观点方面

一是使用国际区域金融合作理论、新制度经济学理论、区域间国际公共产品理论、"挤车困境"理论分析金砖国家金融合作的本质和金砖国家参与国际货币体系改革的困境，指出金砖国家金融合作作为一种特殊的跨区域性国际金融合作，具有制度属性和制度变迁属性；金砖国家的小集团性质及成员间较强的身份认同感，使其区域间的金融合作成为缓解当前国际货币体系改革中集体行动困境问题的重要途径之一，从而金砖国家金融合作成为国际货币体系改革的有益探索；金砖国家金融合作作为一种区域间国际公共产品同样面临集体行动困境问题，其破解关键在于其合理的成本分担和利益共享的机制设计及开放、包容、非对抗的金砖精神；金砖国家在参与国际货币体系改革过程中，因为身份逐渐转变而面临与原体系内主要发达国家、体系外其他国家同时博弈的困境，即"挤车困境"，其破解之道在于既要处理好与体系内发达国家尤其是主导国家美国的关系，又要保持与体系外其他国家的联系，以实现"身份融合"。

二是基于互补性竞争理论分析金砖银行、应急储备安排与现有国际金融机构的关系，指出金砖银行、应急储备安排与现有国际金融机构是一种互补性竞争关系，而且这种关系是动态发展的，现阶段以互补为主导，未来以竞争为主导，无论哪个阶段，互补与竞争均体现为互融互促的关系。国际货币体系改革将伴随着这种互补性竞争关系的发展而不断推进。

三是分析超主权信用评级框架下金砖银行国际信用评级的优势和挑战，指出要获得较高的信用评级，从而以较低的成本获得国际融资，实现可持续发展，金砖银行在资本充足性、流动性、风险管理等方面仍有待进一步提升和完善，长远之计在于推动金砖成员国本土信用评级机构的国际化，联合建立金砖国家的信用评级机构和评级体系，争取国际信用评级话语权，推动当前国际信用评级体系改革。

（二）研究视角方面

本书将金砖国家金融合作机制的研究置于国际货币体系改革分析框架下，从金砖国家在国际货币体系中的地位出发，分析金砖国家参与国际货币体系改革、形成合作机制过程中的集体行动逻辑及金砖国家参与国际货币体系改革过程中由于身份转变而面临的博弈困境；在金砖国家金融合作机制运行现状基础上，分析金砖国家金融合作机制与已有国际金融机构的互补性竞争关系；量化分析金砖国家金融合作机制对国际货币体系改革的推进效应。另外，以深化金砖国家金融合作、推进国际货币体系改革为目标，基于国际货币权力和国际金融话语权理论，提出完善金砖国家金融合作机制的策略及中国参与金砖国家金融合作的方略。

（三）应用模型方法方面

本书使用保险指数模型、二元选择模型、社会网络分析、面板模型等方法分别对金砖国家参与应急储备安排的成本与收益、多边开发银行参与基础设施项目投资空间分布的影响因素、金砖银行对多边开发性金融体系的影响、国际货币及人民币境外交易空间分布影响因素等相关问题进行定量分析。同时，本书从微观方面，使用相关博弈模型对国家行为、金砖国家金融合作机制与国际金融机构的关系进行分析。

五、 进一步研究方向

一是本书并未考虑金砖五国在政治、经济、文化制度等方面的差异对金砖国家金融合作影响的具体机制是什么及如何进行量化分析，本书并未对此展开分析，未来相关研究可考虑进一步详细分析。二是本书所使用的各种理论模型，包括涉及的合作博弈模型、"挤车困境"模型、保险指数模型、Hotelling 模型，尽管结合实际情况进行一定的修正和拓展，但仍基于一定假设，假设情境与现实仍存差距，因此可进一步对这些模型进行修正和改进。三是本书使用社会网络分析法量化分析金砖银行对多边开发性金融体系的影响，随着合作机制的推进，是否有更好的方法动态和量化分析这种推进效应，这也是未来研究需作出的努力。

第二章 >>>

金砖国家在国际货币体系中的地位

金砖国家作为新兴经济体的主要代表国家，近十几年来表现出极强的经济增长态势，其中中国保持了 30 多年的经济持续快速发展，俄罗斯、巴西、印度和南非也实现了较为稳定的经济增长，中国和印度在 2008 年国际金融危机后在全球经济增长中更是发挥了引擎的作用。从经济规模来看，金砖五国经济对世界经济的贡献也在逐渐提高。同时，金砖各国的金融体制在不断完善，金融实力不断提升，但金砖国家的国际金融竞争力仍不足，五国在国际货币体系中的地位仍无法反映其经济实力的变化。本章结构安排如下：第一节分析金砖国家对外经济发展情况，包括金砖国家在全球经济中的地位、对外贸易和外商直接投资发展等方面；第二节分析金砖国家国际储备、对外直接投资、金融开放度、金融机构国际化水平、金融市场国际影响力、货币国际化程度等国际金融发展情况；第三节分析金砖国家在国际金融机构、国际信用评级体系及国际金融产品定价等方面的话语权情况。

第一节　金砖国家对外经济发展情况

一、金砖国家经济在全球经济中的地位

一是金砖国家总体经济增长率快于世界经济增长率及发达国家增长率。由表 2-1 可知，金砖五国经济增长率明显高于世界经济增长率。在国际金融危机之后，发达国家经济遭受重创并处于衰退状态，2008 年全球经济也因发达经济

体拖累而出现负增长。此时,金砖国家的经济也遭遇下滑,但总体仍保持正增长,尤其是中国和印度,2009 年分别以 9.40% 和 8.48% 的高增长率拉动了金砖五国的经济增长率和世界经济增长率,之后持续引领金砖国家整体和世界经济增长。近年来,中国、印度等国家由于经济转型,经济增长呈现放缓趋势,从而导致金砖国家及新兴经济体经济增长放缓。南非经济也在 2012 年之后呈现放缓趋势,俄罗斯和巴西经济近年均遭遇了增长放缓甚至衰退。其中,由于原油价格走低和受到西方制裁,依赖原油与天然气出口的俄罗斯经济呈现疲软趋势,2015 年经济出现负增长,2016 年仍负增长但有所缓解,2017 年则得益于国际能源价格上涨和俄罗斯政府采取的经济调整和改革政策,经济开始复苏,但仍表现脆弱;巴西经济在 2010 年增速高达 7.54% 之后呈现大幅下滑,2014 年经济增长率仅为 0.51%,2015 年和 2016 年则出现了严重的经济衰退,2017 年经济开始复苏,但增长率仅为 0.98%。

表 2-1　　　　　　　　　　　金砖五国及世界经济增长率

单位：%

年份 \ 国家	巴西	中国	印度	俄罗斯	南非	世界
2004	5.76	10.11	7.92	7.18	4.55	4.37
2005	3.20	11.40	9.28	6.38	5.28	3.84
2006	3.96	12.72	9.26	8.15	5.60	4.29
2007	6.06	14.23	9.80	8.54	5.36	4.22
2008	5.09	9.65	3.89	5.25	3.19	1.82
2009	−0.13	9.40	8.48	−7.82	−1.54	−1.73
2010	7.54	10.64	10.26	4.50	3.04	4.32
2011	3.99	9.54	6.64	5.28	3.28	3.18
2012	1.93	7.86	5.46	3.66	2.21	2.51
2013	3.01	7.76	6.39	1.79	2.49	2.62
2014	0.51	7.30	7.41	0.74	1.85	2.86
2015	−3.55	6.90	8.15	−2.83	1.28	2.86
2016	−3.47	6.70	7.11	−0.22	0.57	2.51
2017	0.98	6.90	6.68	1.55	1.32	3.14

数据来源：世界银行。

　　二是金砖国家经济总量占世界经济的比重在不断提高。金砖五国作为一个整体,其经济总量占世界经济的份额由 2004 年的 9.45% 上升到 2017 年的 23.31%,

其中中国经济总量占全球经济的份额则从 2004 年的 4.46% 上升到了 2017 年的 15.16%（见表 2-2）。目前，中国的经济总量约为五国总量的一半，因此也决定了中国经济增长速度将直接影响金砖五国乃至新兴经济体总体的增长速度。

三是金砖国家人均国民收入不断增加。近年来，随着经济的增长，金砖国家人均国民收入也在不断增加，2007~2017 年，中国人均收入增加了 2 倍以上，印度 2017 年人均国民收入是 2007 年的 1.96 倍，巴西、俄罗斯则分别为 1.4 倍和 1.22 倍，南非 2012 年人均国民收入是 2007 年的 1.3 倍，但 2013 年之后开始下降（见表 2-3）。

从世界银行按人均国民收入对国家等级划分的 2018 年 7 月初核定标准来看①，目前，金砖国家中，除印度是中低收入国家外，其他四个国家均为中高收入国家；其中俄罗斯在 2013~2015 年根据相应标准曾进入高收入国家行列。

表 2-2　　　　　　　　　　金砖五国 GDP 占世界 GDP 的比值

单位：%

年份＼国家	巴西	中国	印度	俄罗斯	南非	金砖五国
2004	1.53	4.46	1.60	1.35	0.52	9.45
2005	1.88	4.81	1.70	1.61	0.54	10.55
2006	2.15	5.35	1.79	1.92	0.53	11.74
2007	2.41	6.13	2.07	2.24	0.52	13.37
2008	2.67	7.23	1.87	2.61	0.45	14.83
2009	2.77	8.48	2.20	2.03	0.49	15.96
2010	3.35	9.25	2.51	2.31	0.57	17.99
2011	3.57	10.33	2.49	2.80	0.57	19.75
2012	3.29	11.42	2.44	2.95	0.53	20.62
2013	3.21	12.46	2.41	2.98	0.48	21.53
2014	3.10	13.24	2.58	2.61	0.44	21.96
2015	2.41	14.77	2.81	1.83	0.42	22.23

---

① 世界银行根据人均国民收入的不同，将所有国家划分为低收入国家、中低收入国家、中高收入国家和高收入国家四类，并于每年 7 月初核定标准。根据 2018 年 7 月初的标准，人均国民收入小于等于 995 美元的国家属于低收入国家；中低收入国家人均国民收入在 996~3895 美元；中高收入国家人均国民收入在 3896~12055 美元；高收入国家人均国民收入则大于等于 12056 美元。数据来源：https：//datahelpdesk.worldbank.org/knowledgebase/articles/906519。

续表

年份 \ 国家	巴西	中国	印度	俄罗斯	南非	金砖五国
2016	2.36	14.73	2.99	1.69	0.39	22.16
2017	2.55	15.16	3.22	1.95	0.43	23.31

数据来源：世界银行。

表 2-3　　　　　　　　　　　　金砖国家人均国民收入

单位：美元

年份 \ 国家	巴西	中国	印度	俄罗斯	南非
2007	6160	2510	920	7560	5820
2008	7580	3100	1000	9590	5910
2009	8280	3690	1110	9230	5800
2010	9610	4340	1220	9980	6150
2011	11010	5060	1380	11150	6950
2012	12280	5940	1480	13520	7540
2013	12730	6800	1520	15200	7330
2014	12020	7520	1560	14660	6750
2015	10090	7950	1600	11760	6060
2016	8850	8250	1680	9720	5490
2017	8600	8690	1800	9230	5430

数据来源：世界银行。

二、金砖国家对外贸易情况

随着金砖国家整体经济的迅速发展，其在全球贸易中也扮演着越来越重要的角色。

首先，从全球范围来看，金砖五国对外贸易迅速增长。1994~2018 年，金砖五国商品出口总额、进口总额、进出口总额增加了近 9 倍。在对世界贸易总额的贡献方面，金砖五国商品出口贸易占世界商品出口贸易的比重由 1994 年的 5.66% 增长到 2018 年的 14.99%，商品进口贸易占比由 8.15% 增长到 19.5%，商品进出口总额占比则由 6.91% 增长到 17.25%。尽管在国际金融危机的冲击下，2009 年金砖国家商品贸易额一度下滑，但该占比仍呈递增态势，2015 年和 2016 年出现下降趋势，但 2017 年和 2018 年又开始回升（见图 2-1 至图 2-4）。在金砖五国中，中国对外贸易表现最佳，其商品总额占金砖五国总体贸易总额的比重 1994 年为 52.8%，2002 年之后保持在 60% 以上，2018 年达 67.72%。

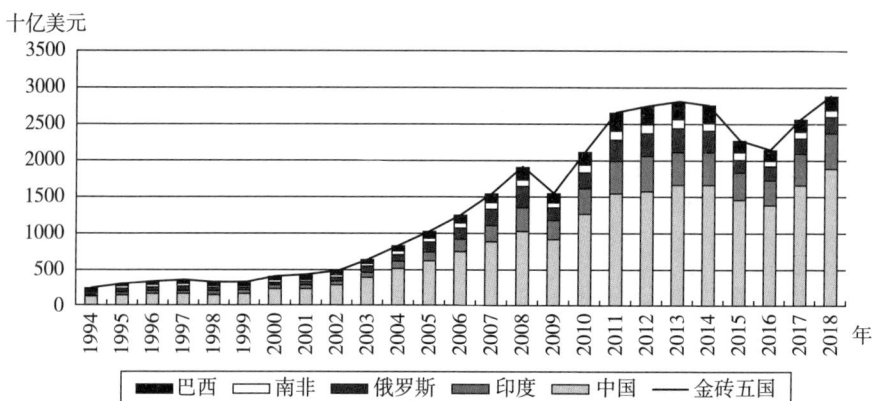

数据来源：IMF DOT 数据库。

图 2-1　1994~2018 年金砖国家商品出口总额

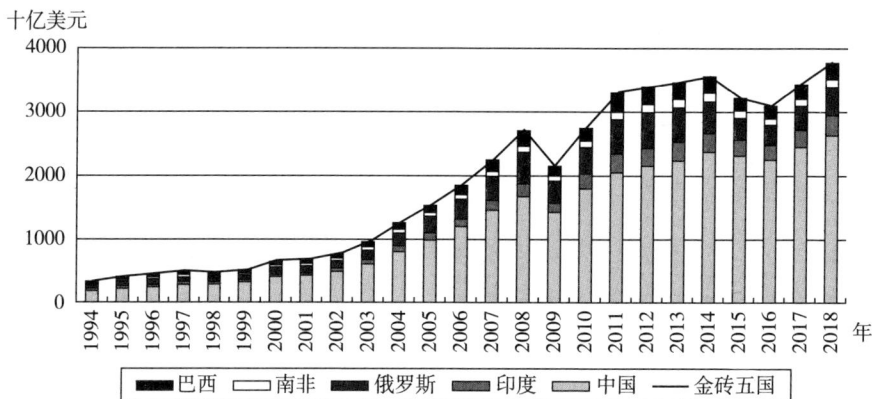

数据来源：IMF DOT 数据库。

图 2-2　1994~2018 年金砖国家商品进口总额

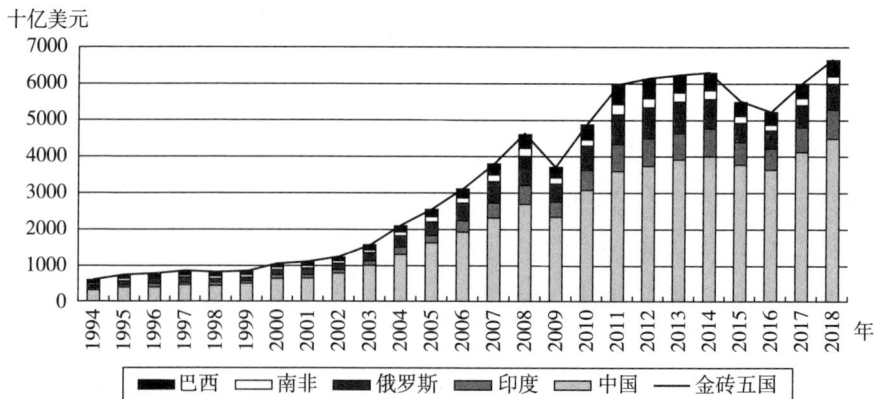

数据来源：IMF DOT 数据库。

图 2-3　1994~2018 年金砖国家商品贸易总额

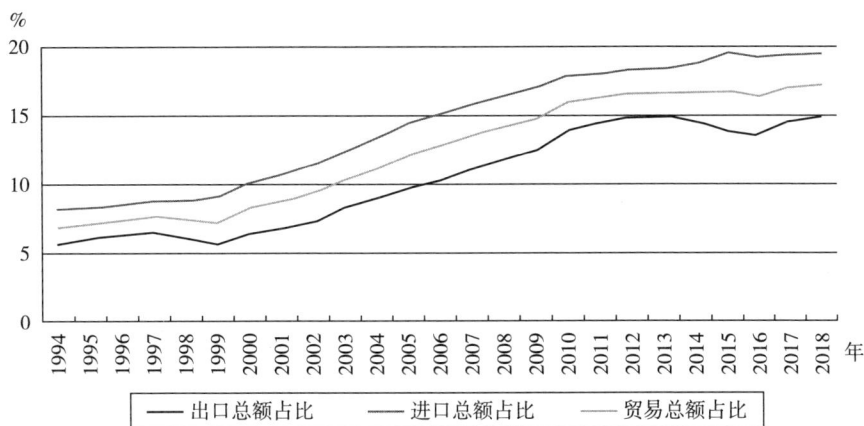

数据来源：IMF DOT 数据库。

图 2-4　1994~2018 年金砖五国商品贸易与世界商品贸易比值

　　其次，在区域贸易方面，金砖国家贸易增长迅速。金砖国家同非洲之间的贸易不断增长，2002 年金砖五国与非洲之间的贸易额为 342.93 亿美元，2014 年达到了最高值 2882.18 亿美元，是 2002 年的 8 倍左右，除 2009 年外，2003~2011 年，金砖国家同非洲贸易增长迅速；其中，中非贸易占金砖国家与非洲之间贸易总额比例在 2006 年之后达 40% 以上，2017~2018 年该比例上升超过 50%。同时，金砖五国贸易在非洲对外贸易中也具有重要的作用，2008 年之后，非洲与金砖国家贸易占其对外贸易总额的比值均超过 20%，2018 年达28.62%。金砖国家与欧元区贸易的绝对额较大，2003~2008 年增长迅速，2011 年达到最高值 9679.22 亿美元，是 2002 年的 4.6 倍左右；中国和欧元区贸易占金砖国家与欧元区贸易总额比例基本在 40% 以上，2016 年该比例接近 60%；欧元区与金砖国家贸易占其对外贸易总额也不断增长，2011~2013 年该比例均超过 10%，2014 年之后在 9% 以上（见表 2-4）。

表 2-4　　　　　　　　　金砖国家与欧元区、非洲贸易情况

年份	欧元区				非洲			
	金砖国家总额(亿美元)	同比增长（%）	金砖国家占比（%）	中国占比（%）	金砖国家总额(亿美元)	同比增长（%）	金砖国家占比（%）	中国占比（%）
2002	2106.59	—	5.22	41.89	342.93	—	13.85	22.88
2003	2825.25	34.11	5.78	44.65	464.05	35.32	15.04	32.15
2004	3727.12	31.92	6.39	45.13	655.25	41.20	17.04	36.18

续表

年份	欧元区				非洲			
	金砖国家总额(亿美元)	同比增长(%)	金砖国家占比(%)	中国占比(%)	金砖国家总额(亿美元)	同比增长(%)	金砖国家占比(%)	中国占比(%)
2005	4554.04	22.19	7.20	44.44	840.34	28.25	17.71	39.68
2006	5657.52	24.23	7.93	44.46	982.54	16.92	17.65	40.90
2007	7060.52	24.80	8.40	45.59	1226.21	24.80	18.31	42.30
2008	8417.54	19.22	8.96	43.90	1826.67	48.97	21.00	41.68
2009	6345.51	−24.62	8.81	50.26	1555.13	−14.87	23.20	45.14
2010	7981.75	25.79	9.92	50.92	1948.95	25.32	23.40	43.89
2011	9679.22	21.27	10.28	48.17	2503.65	28.46	23.91	43.01
2012	9083.47	−6.15	10.22	47.41	2683.05	7.17	25.89	44.79
2013	9117.71	0.38	10.02	47.57	2760.67	2.89	26.36	46.58
2014	8986.32	−1.44	9.74	51.78	2882.18	4.40	27.71	46.28
2015	7266.99	−19.13	9.11	58.17	2304.94	−20.03	27.70	47.09
2016	7215.16	−0.71	9.02	59.91	1980.93	−14.06	27.04	49.12
2017	8294.66	14.96	9.39	59.02	2280.53	15.12	27.98	50.92
2018	9148.30	10.29	9.41	58.55	2692.28	18.05	28.62	50.61

注：表中中国占比数据为中国与相关区域贸易占金砖国家与相关区域贸易总额比例。

数据来源：IMF DOT 数据库。

再次，在国别贸易方面，金砖国家与发达国家贸易绝对额较大，与新兴经济体及其他发展中国家贸易增长迅速。金砖国家与发达国家贸易，除2009年外，2002~2011年增长较快，增速在15%以上，2012年以后增速放缓，2015年和2016年出现负增长，但2017年和2018年又恢复增长；中国仍是金砖国家中的贸易大国，其同发达国家贸易额占金砖国家对发达国家贸易的比例在66%以上，最高达77%；发达国家与金砖国家贸易额占其贸易总额比例在2010年之后均在16%以上。金砖国家与其他新兴经济体及其他发展中国家贸易增长迅速，同比增长率除2009年外，2011年之前均在27%以上，2015年和2016年出现负增长，但2017年和2018年又恢复较高增长；而中国同新兴经济体及其他发展中国家贸易占金砖国家总体相应比例基本在40%以上，最高达55.6%；新兴经济体及其他发展中国家与金砖国家贸易总额占其对其贸易总额的比例2010年之后均在15%以上（见表2-5）。

表 2-5　　　金砖国家与发达国家、新兴经济体及其他发展中国家贸易情况

年份	发达国家				新兴经济体及其他发展中国家			
	金砖国家总额（亿美元）	同比增长（%）	金砖国家占比（%）	中国占比（%）	金砖国家总额（亿美元）	同比增长（%）	金砖国家占比（%）	中国占比（%）
2002	9398.06	—	9.52	69.29	2964.34	—	9.11	38.70
2003	11864.95	26.25	10.41	70.52	3960.62	33.61	10.10	41.35
2004	15326.63	29.18	11.31	70.46	5512.01	39.17	10.91	41.10
2005	18425.24	20.22	12.30	70.07	7054.41	27.98	11.51	43.16
2006	22000.63	19.40	13.02	69.56	8984.05	27.35	12.12	43.71
2007	26111.81	18.69	13.67	68.80	11806.64	31.42	13.16	43.99
2008	29975.99	14.80	14.07	66.10	16037.34	35.83	14.23	43.52
2009	24461.83	-18.40	14.90	71.20	12549.71	-21.75	14.54	46.94
2010	31633.03	29.32	16.30	70.83	17078.77	36.09	15.34	47.65
2011	36822.72	16.41	16.30	68.72	22567.01	32.13	16.25	46.97
2012	36935.00	0.30	16.54	69.09	24247.47	7.45	16.71	47.79
2013	37582.21	1.75	16.66	70.39	24866.40	2.55	16.63	49.82
2014	37889.88	0.82	16.66	72.20	25031.60	0.66	16.73	51.24
2015	34570.86	-8.76	17.10	76.45	20349.89	-18.70	15.97	54.39
2016	33113.52	-4.22	16.65	77.16	19203.38	-5.63	15.90	55.56
2017	37021.24	11.80	17.10	76.10	22946.71	19.49	16.86	55.61
2018	39869.58	7.69	17.14	75.84	26665.98	16.21	17.42	55.56

数据来源：IMF DOT 数据库。

　　最后，金砖五国之间贸易日益紧密。国际金融危机之后，在发达国家经济复苏缓慢、需求疲软的情况下，金砖五国之间的贸易联系更加紧密，2012 年五国之间的贸易额约为 3100 亿美元，是 2002 年的 11 倍以上[①]；2017 年五国的贸易总额为 3120 亿美元[②]。中国在五国之间的贸易中也扮演着重要的角色，如表 2-6 所示，自 2004 年以来，中国和其他金砖国家商品贸易额均保持较快的增长，与巴西的贸易额 2008 年的同比增长率高达 62.88%；2012 年之后，中国与其他金砖国家贸易增速下降，甚至出现负增长，但也维持在一个较为稳定的状态，2017 年、2018 年又实现了较快增长，2018 年中国与其他四国贸易额均达到了

① 标准银行 . 金砖国家间贸易繁荣显示关系紧密 [N]. 金融时报，2013-02-20.

② 倪杰瑞 . 全球保护主义抬头给金砖合作带来机遇 [EB/OL].http://www.21jingji.com/2018/7-28/1MMDEzNzlfMTQOMTc1Mw.html.

历年最高值。目前,中国是俄罗斯、印度和南非的第一大进口来源国,是巴西的第二大进口来源国;同时中国也是巴西和南非的第一大出口市场,是俄罗斯的第二大出口市场,是印度的第四大出口市场[①]。

表 2-6 中国与其他金砖四国贸易情况

单位:亿美元

年份	印度		俄罗斯		南非		巴西	
	贸易总额	同比增长(%)	贸易总额	同比增长(%)	贸易总额	同比增长(%)	贸易总额	同比增长(%)
2003	75.98	—	157.68	—	38.73	—	79.91	—
2004	135.98	78.97	211.59	34.19	59.07	52.50	123.31	54.31
2005	187.17	37.64	290.97	37.52	72.70	23.06	148.11	20.11
2006	250.58	33.88	333.68	14.68	98.64	35.69	202.88	36.98
2007	386.95	54.42	481.14	44.19	140.37	42.30	297.19	46.49
2008	518.58	34.02	567.95	18.04	178.02	26.82	484.07	62.88
2009	434.07	−16.30	386.21	−32.00	160.42	−9.89	424.37	−12.33
2010	617.36	42.22	554.03	43.45	222.31	38.58	625.02	47.28
2011	739.01	19.71	779.29	40.66	454.35	104.38	845.03	35.20
2012	665.66	−9.93	880.25	12.96	599.50	31.95	854.85	1.16
2013	654.92	−1.61	891.73	1.30	651.47	8.67	898.56	5.11
2014	706.50	7.88	952.44	6.81	603.75	−7.32	869.01	−3.29
2015	716.54	1.42	679.55	−28.65	312.34	−48.27	718.09	−17.37
2016	711.95	−0.64	697.55	2.65	355.70	13.88	675.83	−5.88
2017	844.99	18.69	844.36	21.05	382.12	7.43	875.61	29.56
2018	958.71	13.46	1066.53	26.31	438.11	14.65	1106.60	26.38

数据来源:IMF DOT 数据库。

三、金砖国家外商直接投资流入情况

2008 年国际金融危机之后,发达国家外商直接投资流入量下降,金砖国家等新兴经济体和发展中国家的外商直接投资流入量却保持增长状态。外资利用总额为全球前 20 位的经济体中,有一半是新兴经济体和发展中国家。这和新兴经济体宏观经济环境相对稳定及其对外商直接投资的一系列鼓励政策有关。

---

① 王维伟.金砖合作机制参与"一带一路"建设的问题与对策分析 [EB/OL]. http://www.aisixiang.com/data/107745.html.

实际上，外商直接投资在金砖国家等新兴经济体经济增长过程中发挥着非常重要的作用。巴西在 20 世纪 80 年代受益于较早的工业化进程和较完善的经济体制，吸引外商直接投资额居五国之首。而中国自 1992 年以来，外商直接投资净流入增长迅速，占金砖五国整体外商直接净流入的一半以上，为五国外商直接投资流入最多的国家，同时占世界外商投资净流入总额（大多年份）均在 10% 以上，并于 2000 年在外商直接投资存量上超过了巴西。俄罗斯在向市场经济转型后，外商直接投资增长较快，位列五国第三，印度次之，南非吸引外商直接投资规模最小（见图 2-5 和图 2-6）。具体而言，金砖各国历年吸引外商直接投资情况如下。

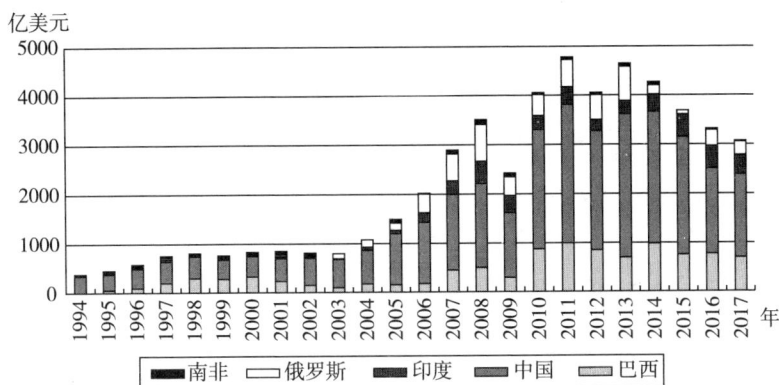

数据来源：世界银行。

图 2-5　1994~2017 年金砖五国外商直接投资净流入情况

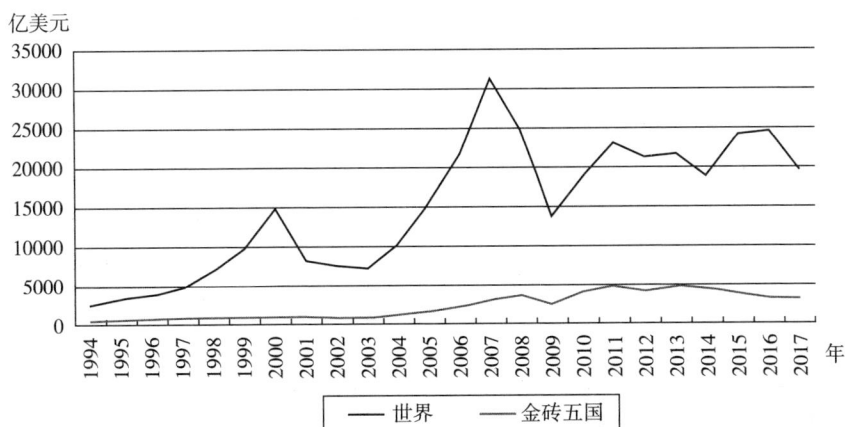

数据来源：世界银行。

图 2-6　1994~2017 年金砖五国整体及世界整体 FDI 净流入情况

1. 对于巴西来说，外资经济在其经济中占据了非常重要的地位，并在其工业化与现代化进程的推进中发挥了重要的作用。1990 年，巴西实施了"新巴西计划"[①]，吸引外商直接投资，此后其外商直接投资基本维持稳定增长。1990 年巴西的外商直接投资净流入仅为 9.89 亿美元，2000 年达 329.95 亿美元；2016 年，巴西外商直接投资净流入达 777.94 亿美元；2017 年有所下降，为 706.85 亿美元。

2. 俄罗斯外商直接投资经历了 2004 年之前的较少阶段和 2004 年之后的快速增长阶段。20 世纪 90 年代俄罗斯在实现经济改革后，外商直接投资开始流入，但主要以 IMF 的贷款及国际商业银行贷款为主，数额并不大，1994 年外商直接投资净流入量仅为 6.9 亿美元，之后在 20 亿~40 亿美元，直到 2004 年才首次突破 100 亿美元，达到 154.03 亿美元。之后，俄罗斯的经济发展态势较好，同时国际能源价格不断上涨，在俄罗斯"能源外交"政策的推动下，以能源为导向的跨国公司也纷纷投资俄罗斯，俄罗斯外商直接投资额快速增加，2008 年达到 747.83 亿美元的历史新高，2009 年在国际金融危机的影响下，外商直接投资净流入较 2008 年大幅下降，但仍维持在 365.83 亿美元，之后呈现增长态势，但 2014 年后开始下降，2015 年因为经济危机一度降到了 68.53 亿美元，2016 年上升到 325.39 亿美元，2017 年为 285.57 亿美元。

3. 1991 年实行经济改革后，印度逐步放宽了对外商直接投资领域的限制，使得其利用外商直接投资的数量实现了快速增长。印度的外商直接投资净流入量从 1994 年的 9.73 亿美元增长到 2008 年的 434.06 亿美元，2009 年之后外商投资净流入量开始下降，2013 年之后又呈现增长趋势，2016 年达 444.59 亿美元，2017 年则下降为 399.66 亿美元。

4. 中国自 1992 年以来一直为吸引外资最多的发展中国家，外资经济在中国的进出口贸易、就业机会的提供、产业结构的升级等方面发挥了较大的作用，从而成为中国经济增长过程中的重要推动力量之一。1994 年中国的外商投资净流入量为 337.87 亿美元，即使在 2009 年，外商净流入量也达到 1310.57 亿美元，

---

① 巴西经济经历了 20 世纪 70 年代的"增长奇迹"后，遭遇了 80 年代"失去的十年"，为了重振经济，1990 年巴西政府提出了"新巴西计划"，即通过开放国内市场、私有化国有企业、吸引外商直接投资等措施推动经济的发展（徐海杰，2011）。

2014 年开始下降，2016 年为 1747.50 亿美元，2017 年为 1682.24 亿美元。

5. 和其他金砖国家相比，南非历年的外商直接投资净流入要小得多，且波动较大，如 2005 年外商直接投资净流入为 65.22 亿美元，2006 年降到 6.23 亿美元，2007 年又上升到 65.87 亿美元。2008 年达到历史最高值为 98.85 亿美元，之后几年又下降，但保持在 40 亿美元以上，2017 年降到 13.72 亿美元。

6. 就金砖五国总体而言，其外商投资净流入量一直呈增长趋势，在世界外商投资净流入总额下降的年份里仍保持平稳或增长状态，国际金融危机期间外商直接投资也呈下降趋势，但较世界总体水平下降幅度要小。五国整体外商直接投资净流入占世界净流入总额的比例，除 1999 年和 2000 年之外，其他年份均在 10% 以上，2010 年之后超过 20%，2014 年高达 23.87%，2015 年后又降到 15% 左右，2017 年比例为 15.84%。

第二节　金砖国家国际金融发展情况

在金砖国家经济规模不断提高、对外贸易迅速发展的同时，这些国家或地区的金融体制也在不断完善，金融力量不断增强；而在经济金融全球化的形势下，金砖国家也在积极参与国际金融竞争，其整体的国际金融力量也在不断增强，但发展过程中仍存在诸多问题。

一、国际储备规模巨大，但潜在风险较大

近年来，金砖国家国际储备规模迅速增长，2013 年金砖五国国际储备总额达到最高值 5.097 万亿美元，2014 年之后有所下降，规模为 5.02 万亿美元，2016 年进一步降至 4.25 万亿美元，2017 年升至 4.51 万亿美元。其中，中国国际储备总额最大，占金砖五国国际储备总额比重在 2009 年之后超过 70%，2014 年占比达 77.63%，之后有所下降，截至 2017 年，中国国际储备总额为 3.24 万亿美元，占金砖五国的国际储备总额的比重达 71.8%（见图 2-7）。外汇储备是国际储备的主体，五国中，中国是全球外汇储备规模最大的国家，俄罗斯、印度的外汇储备规模同样较为庞大。一般而言，持有充足的外汇储备有利于一国防范和抵御外汇市场的投机风险，稳定市场信心，有利于支持本国货币汇率的稳定，提高本国货币的国际地位；而作为国际清偿力的主要组成部分，充足

的外汇储备也有利于提高一国的偿债能力和对外资信，维护和提高本国的信誉，从而提高一国的国际金融实力和国际地位。目前，金砖国家持有巨额的外汇储备，虽然可以发挥上述作用，但过多的外汇储备，一方面给这些国家带来风险，如储备资产投资时面临的汇率风险、利率风险、操作风险、环境风险等，以及投资收益低、影响国内货币政策的效果等；另一方面也反映了金砖国家经济增长模式和经济结构存在的问题，如中国以其在制造业、出口加工等方面的比较优势成为"世界工厂"，俄罗斯依赖于资源的出口，巴西和南非主要以制造业、矿业和农业作为经济支柱，印度主要靠服务外包，这种以制造业和自然资源为主的国际分工，使金砖国家经济在较短的时期内取得了较快的增长。然而，在这种低附加值、高消耗的粗放型增长模式下，这些国家的实际收益却十分有限，且其经济很容易受制于发达国家和国际市场的变动，尤其是金融危机时期，从而对这些国家的经济转型提出了要求。

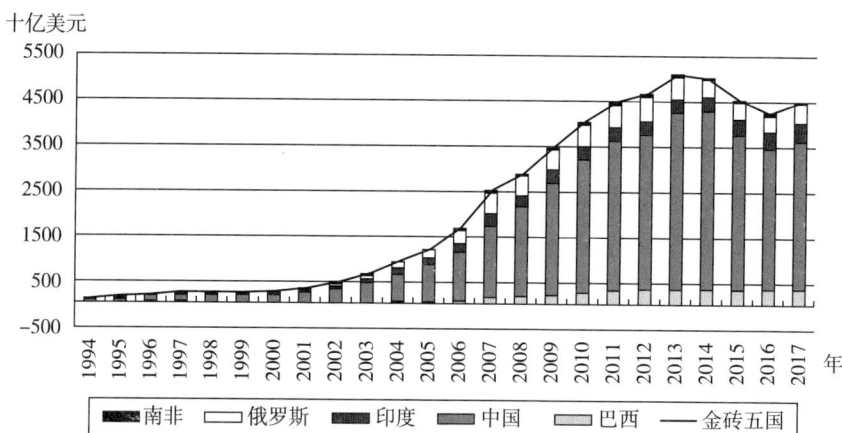

注：总储备包括一国持有的货币黄金、在 IMF 的储备头寸、特别提款权、外汇储备，并以外汇储备为主体。

数据来源：世界银行。

图 2-7　1994~2017 年金砖各国国际储备增长情况

二、对外直接投资增长较快，但规模依旧较小

近年来，金砖国家对外直接投资也取得了较快的增长（见表 2-7），其对外投资起点较低，但 2005 年之后增长迅速，2016 年对外直接投资规模达 2610.93 亿美元，占世界对外直接投资总额的 12.76%，2017 年同比下降了

37.4%，占世界对外直接投资总额的比重下降为8.54%。从单个国家来看，2007年及之前，俄罗斯对外直接投资规模最大；2005年后，中国对外直接投资增长迅速，除2011年和2013年外，中国2008年以后超过俄罗斯，成为金砖五国中对外直接投资规模最大的国家；印度对外直接投资净流出量在2009年之后呈下降趋势，2013年降到17.65亿美元，为2009年的10%左右，之后波动较大；巴西同样在2009年之后波动较大，并出现负的对外投资情况。与其吸引的外商直接投资规模相比，金砖国家的对外直接投资规模仍然偏小。从绝对规模来看，金砖国家的对外直接投资与发达国家相去甚远，如2017年美国外商直接投资净流出为3792.21亿美元，为金砖五国总额的2.32倍。

表2-7　　　　　　　　金砖国家外商直接投资净流出量情况

单位：亿美元

国家 年份	巴西	中国	印度	俄罗斯	南非	世界	金砖五国	金砖五国占 世界比（%）
1980	3.67	—	0.04	—	7.55	558.80	—	—
1990	6.65	8.30	0.06	—	0.28	2779.25	—	—
2000	24.97	46.12	5.10	31.79	2.77	14043.40	110.75	0.79
2001	−14.89	96.96	10.54	25.41	−35.15	7399.76	82.87	1.12
2002	24.79	62.84	12.61	35.33	−4.02	6579.14	131.54	2.00
2003	2.29	84.56	12.38	97.24	5.53	7252.27	201.99	2.79
2004	94.86	79.73	18.37	137.82	13.05	11974.80	343.83	2.87
2005	29.10	137.30	26.41	178.80	9.09	14022.41	380.70	2.71
2006	287.98	239.32	140.37	299.93	59.29	21545.02	1026.89	4.77
2007	170.61	171.55	170.26	448.01	29.82	31952.17	990.25	3.10
2008	261.15	567.42	192.57	556.63	−21.20	25968.39	1556.57	5.99
2009	−45.52	438.90	160.96	432.81	13.11	12820.88	1000.26	7.80
2010	267.63	579.54	159.68	526.16	−1.61	17517.15	1531.40	8.74
2011	160.67	484.21	126.08	668.51	−1.53	21270.12	1437.93	6.76
2012	52.08	649.63	85.53	488.22	28.99	17644.80	1304.45	7.39
2013	149.42	729.71	17.65	865.07	65.20	19349.01	1827.04	9.44
2014	260.40	1231.30	116.86	570.82	76.92	17441.03	2256.30	12.94
2015	135.18	1743.91	75.14	220.85	55.15	20247.83	2230.23	11.01
2016	128.16	2164.24	50.47	223.14	44.90	20459.80	2610.93	12.76
2017	62.68	1019.14	110.90	367.57	74.41	19130.75	1634.70	8.54

注：外商直接投资（FDI）包括股权资本、利润再投资和公司内部贷款，年净流出量为负，说明以上三项内容中至少有一项为负，且规模超过了为正的数量，此时也称投资逆转或负投资。

数据来源：世界银行WDI数据库。

三、金融开放度呈上升趋势，但仍偏低

金融开放度代表一国金融全球化、一体化的程度，是一国国际金融实力的外在表现和先决条件。从对外金融资产、金融负债之和与 GDP 的比值来看，近年来，金砖国家金融开放度呈上升趋势（见表 2-8）。2004~2005 年俄罗斯的对外金融资产、负债之和与 GDP 之比最高，2006 年之后，南非超过俄罗斯为五国最高，印度的金融开放度则一直处于较低的状态。从金融市场开放度指数来看（见表 2-9），金砖国家中，2004~2009 年巴西的金融开放度最高，2010 年之后俄罗斯超过巴西，成为五国中金融市场开放度最高的国家；中国、印度、南非金融市场开放度相同且较低。总体而言，金砖国家金融对外开放度仍然偏低，尤其是印度、巴西和中国，其国际金融一体化的程度仍有待提高。此外，由于对外金融资产包括一国储备资产，因此，作为一国国际储备主要组成部分的外汇储备如果增加，该国对外金融资产也将增加，从而金融开放度提高，但这并不一定表明该国对外投资能力的增强和资本项目管制的放松；相反，一国储备资产占对外金融资产的比重越高，恰恰表明该国资本管制较为严格，投资渠道较为有限（王信，2011）。因此，在金砖国家尤其是中国外汇储备资产规模较大的情况下，如果扣除外汇储备部分，由此计算得到的金融开放度将会更低。

表 2-8　　　　　　　　　　金砖国家金融对外开放度

单位：%

年份＼国家	巴西	中国	印度	俄罗斯	南非
2004	90	81	54	140	131
2005	74	89	53	139	140
2006	77	100	57	154	157
2007	92	103	62	180	182
2008	64	96	64	106	156
2009	91	105	68	170	200
2010	93	107	64	152	200
2011	81	103	60	114	172
2012	92	100	65	118	204
2013	91	104	67	120	219
2014	96	108	66	109	236

年份 \ 国家	巴西	中国	印度	俄罗斯	南非
2015	110	96	68	147	238
2016	124	99	64	175	279
2017	117	98	64	153	314

注：表中金融对外开放度 =（对外金融资产 + 对外金融负债）/GDP。

数据来源：IMF 的 BOP/IIP 数据库。

表 2-9　　　　　　　　　金砖国家金融市场开放度指数

年份 \ 国家	巴西	中国	印度	俄罗斯	南非
2004	0.415630519	0.165808752	0.165808752	0.415630519	0.165808752
2005	0.475880593	0.165808752	0.165808752	0.415630519	0.165808752
2006	0.536130667	0.165808752	0.165808752	0.415630519	0.165808752
2007	0.536130667	0.165808752	0.165808752	0.415630519	0.165808752
2008	0.536130667	0.165808752	0.165808752	0.415630519	0.165808752
2009	0.536130667	0.165808752	0.165808752	0.475880593	0.165808752
2010	0.475880593	0.165808752	0.165808752	0.536130667	0.165808752
2011	0.415630519	0.165808752	0.165808752	0.59638077	0.165808752
2012	0.415630519	0.165808752	0.165808752	0.656630814	0.165808752
2013	0.415630519	0.165808752	0.165808752	0.716880858	0.165808752
2014	0.415630519	0.165808752	0.165808752	0.716880858	0.165808752
2015	0.165808752	0.165808752	0.165808752	0.716880858	0.165808752
2016	0.165808752	0.165808752	0.165808752	0.656630814	0.165808752

数据来源：Chinn-Ito 指数，http：//web.pdx.edu/~ito/Chinn-Ito_website.htm。

四、金融机构国际化经营水平有所提高，但国际影响力依然较小

随着金砖国家经济的快速发展，其金融机构的国际化水平也逐渐提升。

一是金融机构国际化步伐明显加快。2017 年末，在中国对外金融类直接投资中，投资流量为 187.9 亿美元，投资存量达 2017.9 亿美元，包括对外货币金融服务类直接投资 1182.5 亿美元、保险业 59.2 亿美元、资本市场服务（原证券业）87.2 亿美元、其他金融业 699 亿美元；截至 2017 年末，中国银行、中国农业银行、中国工商银行、中国建设银行和交通银行在美国、英国、日本等 46 个国家和地区共开设 88 家分行和 57 家附属机构，员工人数为 5.1 万人，外方员工占比

达 92.2%；境外设立保险机构共 9 家[1]。此外，根据中国人民大学国际货币研究所发布的银行国际化指数（Bank Internationalization Index，BII），2016 年，金砖国家中，俄罗斯有两家银行参评，BII 值为 15.4；南非参评的 3 家 BII 值为 14.76；中国四大行的 BII 值为 14.05，参评的 10 家银行总体 BII 值为 7.63；印度有四家银行参评，BII 值为 13.11；巴西参评的 1 家银行 BII 值为 3.75；金砖国家平均 BII 值为 10.38。2016 年发展中国家 BII 排名前十位的银行中，印度、南非各 3 家，中国、俄罗斯各 2 家；2017 年发展中国家 BII 排名前十位的银行则只有中国和印度各 2 家。[2]2016 年中国银行在全球 BII 值（26.62）排第 21 位，2017 年则降为全球第 26 位；2016 年南非标准银行、印度巴罗达银行、俄罗斯外贸银行及中国工商银行进入前 30 位，2017 年仅有中国银行和中国工商银行进入前 30 位，印度的巴罗达银行排名全球第 31 位。2017 年发展中国家 BII 值前十名中，仅阿拉伯银行 BII 数值达 50 分以上，仅有 5 家银行 BII 数值超过 20 分，发展中国家 BII 均值为 10.81，整体水平较低。在境外经营规模方面，2017 年 35 家发展中国家银行中有 15 家为金砖国家银行，其境外营收总规模约为 530 亿美元，约为 35 家发展中国家银行境外营收总规模的 88%，从而引领发展中国家银行的国际化发展。[3]

二是金融机构的国际品牌知名度逐渐提升。根据全球银行业权威杂志英国《银行家》发布的 2018 年全球银行品牌 500 强报告，共有 15 家中资银行进入前百强榜单，中国工商银行、中国建设银行、中国银行和中国农业银行进入前 10 名，排名分别为第 1、第 2、第 4 和第 6。前 100 强名单中，俄罗斯联邦储蓄银行排名第 21，巴西伊塔乌联合银行和巴拉德斯科银行、巴西银行、巴西联邦储蓄银行分别排名第 34、第 55、第 63 和第 92，印度国家银行、HDFC 银行、印度工业信贷投资银行分别排名第 56、第 68、第 84[4]。

三是金融机构国际投资资产和负债头寸总体呈现增长趋势。从金融机构国际投资头寸来看（见表 2–10 和表 2–11），巴西金融机构国际投资资产头寸从

---

① 2017 年度中国对外直接投资统计公报。

② 商业银行国际化发展战略，http://www.sohu.com/a/209743974_481495。

③ 本土化还是国际化？——2018 全球银行国际化报告，http://www.sohu.com/a/256548534_674079。

④ https://www.maigoo.com/news/498442.html。

2004 年的 85.59 亿美元增加到了 2018 年第三季度的 175.39 亿美元，国际投资负债头寸由 2004 年的 395.56 亿美元增加到了 2018 年第三季度的 1218.19 亿美元，增长速度快于资产头寸，其国际投资净头寸为负；俄罗斯金融机构国际投资资产头寸是四个金砖国家中最高的，2006 年之后呈现较快的增长趋势，2018 年第三季度规模达 15462.30 亿美元，是 2004 年的 58 倍，国际投资负债头寸增长率小于资产头寸，2018 年第三季度负债头寸达 1259.79 亿美元，国际投资净头寸 2006 年之后为正；印度金融机构国际投资资产头寸 2018 年第三季度是 2004 年的 2.8 倍，国际投资负债头寸 2018 年第三季度是 2004 年的 4.4 倍，国际投资净头寸同样为负；南非金融机构国际投资资产头寸远大于负债头寸，净头寸为正。[①]

表 2-10　　　　　部分金砖国家及部分发达国家金融机构国际投资资产头寸

单位：亿美元

时间＼国家	巴西	俄罗斯	印度	南非	美国	英国	日本
2004	85.59	264.26	104.92	696.96	12158.98	23576.70	9722.29
2005	142.69	392.04	126.56	905.25	13814.96	27754.81	10453.01
2006	172.11	8253.54	210.60	1015.49	16410.95	35603.60	10318.71
2007	291.69	12005.66	112.09	1119.60	20249.63	39956.91	12854.82
2008	265.32	11851.89	142.19	928.15	18374.26	26132.81	15514.78
2009	278.65	12621.07	147.69	1275.37	20311.10	29419.21	14637.93
2010	274.52	13485.44	184.00	1687.82	22195.44	32405.30	17955.22
2011	247.76	14672.12	186.43	1663.96	63611.16	31195.15	19916.55
2012	256.60	16393.14	180.86	1903.83	68163.62	34042.64	20246.15
2013	279.54	17628.79	270.75	1981.55	76669.41	37748.36	19605.31
2014	263.42	15459.21	237.15	1881.84	79061.87	37140.77	42741.48
2015	247.27	14131.63	279.26	1762.54	78467.45	34531.35	44167.83
2016	199.08	14548.21	255.77	1864.00	82229.68	32904.47	48378.90
2017	156.10	15550.76	322.00	2144.20	100618.97	38458.70	51375.01
2018Q3	175.39	15462.30	283.15	2016.04	98883.03	—	54165.45

注：表中金融机构包括存款性金融机构和其他金融机构，表 2-11 同。

数据来源：IMF 的 BOP/IIP 数据库。

[①]　国际清算银行关于银行外部资产和负债统计至 2015 年，故本书仅探讨至 2015 年。

表2-11　　　　部分金砖国家及部分发达国家金融机构国际投资负债头寸

单位：亿美元

时间＼国家	巴西	俄罗斯	印度	南非	美国	英国	日本
2004	395.56	362.71	406.00	171.13	20336.31	11116.60	7847.96
2005	392.15	639.12	379.90	218.48	22251.90	12532.66	8242.28
2006	445.30	1265.49	433.20	291.34	18875.36	15694.50	7818.24
2007	752.31	2355.59	459.93	331.00	22436.72	18086.53	7725.39
2008	744.53	2011.74	435.42	298.47	25194.47	10251.05	9559.43
2009	638.70	1792.16	507.50	342.54	23447.03	10294.08	10212.38
2010	1039.99	2059.31	546.12	381.40	24466.98	11463.33	12565.91
2011	1391.01	2123.35	581.81	329.07	41648.19	10750.73	12833.36
2012	1405.63	2614.15	753.80	423.12	39144.13	11549.15	13861.92
2013	1306.39	2614.15	1090.59	386.57	43839.62	11733.60	13656.46
2014	1574.62	2038.36	1209.43	549.74	48061.63	12051.23	19004.64
2015	1481.34	1592.66	1329.12	401.13	46280.95	8682.90	19915.12
2016	1381.61	1590.84	1519.13	452.11	48044.96	7803.06	22886.16
2017	1347.36	1483.79	1692.86	535.37	54783.69	10192.41	22869.02
2018Q3	1218.19	1259.79	1783.19	450.94	53777.52	—	25666.33

数据来源：IMF 的 BOP/IIP 数据库。

尽管金砖国家加快了金融机构国际化的速度，并取得了一定的进展，但与发达国家金融机构相比，其目前的国际业务水平和国际影响力仍然处于较低的状态，具体表现为：一方面，金砖国家的国际业务仍处于初步发展的阶段，国际竞争力较为缺乏，即使是那些进入《银行家》评选的全球银行品牌100强的银行，如中国工商银行，其国际化程度与发达国家的银行（如花旗银行、汇丰银行、德意志银行等）相比仍然很低（王信，2011）；从银行国际化指数来看，2016年欧洲银行业平均的 BII 值是44.63，金砖国家平均值仅为10.38，其中分值最高的中国银行也仅为26.62。另一方面，金砖国家金融机构国际投资头寸与美国、英国、日本等主要发达国家相比仍存在很大的差距。2018年第三季度，美国、日本金融机构国际投资资产头寸分别是金砖四国中规模最大的俄罗斯的6.4倍和3.5倍，分别是金砖四国规模最小的印度的563倍和308倍；美国、日本国际投资负债头寸则分别是南非的119倍和57倍，分别是印度的30倍和14倍。

五、金融市场国际影响力提升，但竞争力仍有限

近年来，金砖国家金融市场发展取得了较大的成就，体现于各国在国际金融中心的培育上获得一定进展。2019年3月发布的第25期《全球金融中心指数》报告（GFCI 25）显示，排名前10位的全球金融中心依次为纽约、伦敦、香港、新加坡、上海、东京、多伦多、苏黎世、北京和法兰克福。上海跻身为全球第五大金融中心，北京为全球第九大金融中心。中国内地还有深圳、广州、青岛、天津、成都、杭州、大连等城市进入榜单；其中深圳排名全球第14、广州排名第24。其他金砖国家中，巴西的里约热内卢、圣保罗分别为第65位、第66位；俄罗斯的圣彼得堡和莫斯科分别排名第73和第88；印度孟买排名第92；南非约翰内斯堡位列第48。

然而，从国际金融中心实际竞争力来看，金砖国家和发达国家相比仍存在较大的差距，这种差距主要体现在国际金融中心金融服务的区域性及金融服务的深度和广度两个方面。GFCI报告从区域维度及金融服务的深度和广度对进入排名的国际金融中心进行分类（见表2-12），从区域维度来看，国际金融中心包括全球型、跨国型和本地型；从金融服务的深度和广度看，国际金融中心包括金融服务广泛和深入类型、多元化类型、专业化类型及新兴金融中心。由表2-13可知，发达国家的国际金融中心大都属于金融服务无论是从广度和深度看都达到较高水平的全球型国际金融中心，而金砖国家的国际金融中心大都属于本地型，除中国的北京和上海已成为全球型国际金融中心外，其他城市在广度和深度上均有待提高。总体而言，金砖各国金融服务实力和国际影响力仍有待提高。

表2-12　　　　　　　　　　　GFCI 25 国际金融中心分类

	广而深的金融服务	多元化的金融服务	专业化金融服务	新兴金融中心
全球型	阿布扎比、**北京**、芝加哥、迪拜、香港、伦敦、洛杉矶、纽约、上海、新加坡、悉尼、东京、多伦多、苏黎世	阿姆斯特丹、布鲁塞尔、法兰克福、都柏林、米兰、巴黎、旧金山	卢森堡、阿斯塔纳、**深圳**、**青岛**、华盛顿	**成都、莫斯科**
跨国型	波士顿、卡尔加里、日内瓦、汉堡、吉隆坡、马德里、慕尼黑、墨尔本、蒙特利尔、首尔、斯图加特、温哥华	雅典、曼谷、哥本哈根、爱丁堡、伊斯坦布尔、**约翰内斯堡**、罗马、斯德哥尔摩、维也纳	阿拉木图、百慕大群岛、釜山、卡萨布兰卡、开曼群岛、**古吉拉特邦国际金融科技城**、**广州**、根西岛、里约热内卢、台北	英属维尔京群岛、布宜诺斯艾利斯、**大连**、多哈、**杭州**、雅加达、马耳他、新德里

续表

	广而深的金融服务	多元化的金融服务	专业化金融服务	新兴金融中心
本地型	布达佩斯、墨西哥城、大阪、布拉格、惠林顿	格拉斯哥、赫尔辛基、里斯本、奥斯陆、特拉维夫、华沙	巴哈马群岛、巴库、开普敦、百慕大群岛、**成都**、马恩岛、科威特、列支敦士登、摩纳哥、巴拿马、里加、**圣保罗**、索非亚、**圣彼得堡**	巴林、塞浦路斯、直布罗陀、马尼拉、毛里求斯、**孟买**、内罗比、雷克雅未克、利雅得、塔林、**天津**

注：加粗部分城市为金砖国家入选城市，未包括香港地区和台湾地区。

资料来源：Global Financial Center Index25，https：//www.longfinance.net/media/documents/GFCI_25_Report.pdf。

六、货币国际化取得了一定进展，但仍处于起步阶段

随着金砖国家对外贸易的不断增长，其交易对手国为降低成本和汇率风险，将寻求使用贸易额占比较大的金砖国家货币，从而增加了对这些国家货币跨境流通的需求。同时，国际金融危机后，美国量化宽松货币政策及美国巨额债务导致市场对美元币值的担心，使美元贬值预期强化；欧元区主权债务危机使市场对持有欧元也存在疑虑，因而不少国家开始考虑持有美元、欧元之外的货币，从而为新兴经济体尤其是金砖国家货币境外流通的增加及国际化提供了契机。金砖国家也采取一系列措施，积极推进各自货币的国际化。其中，中国在 2009 年之后，通过推动货币互换、跨境人民币结算业务、加强金融体制改革、金砖国国家金融合作、"一带一路"倡议等一系列措施，加快了人民币国际化的步伐（详见第八章）。作为能源大国的俄罗斯，在当前国际大宗商品定价货币均采用发达国家货币尤其是美元的情况下，其能源的出口必然受制于美元汇率的变动，因此，为了争取国际大宗商品定价话语权，俄罗斯也采取了一系列措施，推动卢布国际化，如取消外汇领域的全部限制、实现卢布的完全可兑换、推动卢布在周边国家的使用等。印度货币国际化道路与中国具有相似之处，其经常账户在 1994 年 8 月实现了可兑换，之后在对资本账户开放方面则持谨慎的态度。目前，印度也在加大力度推动卢比的国际化：2010 年 7 月卢比采用了新的符号，标志着该货币也加入了像美元、英镑等具有明确标识的货币行列，并向世界宣告卢比将成为强势货币的信号；2013 年 10 月印度与世界银行合作以期推出首个离岸卢比债券项目，从而成为印度推动卢比国际化的一个较为重大的步骤。南非政府也表现了推进兰特走向国际化的决心，例如，2004 年 10 月取消了南

非企业到国外直接投资的限额，并废除了国外所获红利汇回国内的限制等。巴西政府也希望将雷亚尔推向世界，例如，2010 年 5 月，巴西财政部部长曼特加向 IMF 建议，应该将人民币与雷亚尔纳入特别提款权一揽子货币中。

表 2-13 显示了金砖国家及主要发达国家货币在外汇市场交易中被使用的占比，该指标可以在一定程度上反映一国货币的国际化程度。对金砖五国整体而言，其货币在外汇市场交易中被使用的份额，从 1998 年的 1.0% 上升到 2016 年的 8.0%，表明金砖国家货币国际化进程在不断推进，尤其是从 2010~2013 年四年间，上升了 2.8%，其他年份上升的幅度则相对较小。对于金砖各国而言，首先，变化最为明显的是人民币在外汇交易中的份额，2004 年之前为零，2004 年仅为 0.1%，2016 年上升到了 4%，成为金砖国家中份额最高的国家，其在全球外汇市场交易的所有货币中排名由 2004 年的第 29 位上升到了第 8 位，由此也反映了近年来人民币国际化取得了较大的进展。其次，俄罗斯卢布在外汇市场交易中的份额也在不断上升，2013 年达到了其历史最高值 1.6%，是金砖国家中份额排名第二的国家，但由于经济危机影响，2016 年降为 1%。2016 年南非兰特、巴西雷亚尔、印度卢比份额均为 1%。

表 2-13　　　金砖国家及主要发达国家货币在全球外汇市场交易占比

单位：%

货币	符号	1998 年		2001 年		2004 年		2007 年		2010 年		2013 年		2016 年	
		份额	排名	份额	排名	份额	排名	份额	排名	份额	排名	份额	排名	份额	排名
人民币	CNY	0.0	30	0.0	35	0.1	29	0.5	20	0.9	17	2.2	9	4	8
俄罗斯卢布	RUB	0.3	12	0.3	19	0.6	17	0.7	18	0.9	16	1.6	12	1	18
南非兰特	ZAR	0.4	10	0.9	13	0.7	16	0.9	15	0.7	20	1.1	18	1	20
巴西雷亚尔	BRL	0.2	16	0.5	17	0.3	21	0.4	21	0.7	21	1.1	19	1	19
印度卢比	INR	0.1	22	0.2	21	0.3	20	0.7	19	1.0	15	1.0	20	1	17
金砖五国货币	—	1.0		2.0		2.0		3.2		4.2		7.0		8.0	
美元	USD	86.8	1	89.9	1	88.0	1	85.6	1	84.9	1	87.0	1	88	1
欧元	EUR	—	32	37.9	2	37.4	2	37.0	2	39.1	2	33.4	2	31	2
日元	JPY	21.7	2	23.5	3	20.8	3	17.2	3	19.0	3	23.0	3	22	3

注：每笔交易中涉及两种货币，因此所有货币比重总和为 200%。

数据来源：国际清算银行。

此外，如果考虑一国经济规模的影响，可用一国货币在国际外汇市场中份额与该国 GDP 在世界 GDP 中份额的比来衡量货币国际化程度（见表 2-14）。近年来，金砖五国整体货币的国际化程度在提升，尤其是 2013 年较 2010 年提升的幅度要大于其他时期的上升幅度。其中，南非兰特在全球外汇交易中份额与其 GDP 占世界份额的比值在五国中是最高的，每年均大于 100%，2016 年高达 256.22%，可见，相比金砖其他国家货币，南非兰特在国际上的认可度更高，其国际化程度相对最高；而与其形成鲜明对比的是，金砖五国中外汇市场份额占比最高的中国，该指标数值是最低的，也就是说人民币在外汇市场交易中被使用的比例远低于中国 GDP 占世界 GDP 的比重，从而表明人民币国际化程度与中国经济实力的不对称性，但 2016 年较 2010 年有较大幅度的提升，也表明中国在推进人民币国际化上取得了较大的成效。

表 2-14　　　金砖国家货币外汇市场份额与其 GDP 占世界份额的比值

单位：%

国家 \ 年份	2004	2007	2010	2013	2016
金砖五国	20.81	26.85	27.98	38.72	35.89
中国	2.13	7.33	9.39	18.13	26.98
俄罗斯	45.76	32.72	38.24	57.05	58.87
南非	141.90	182.26	126.66	237.18	256.22
巴西	17.16	16.35	20.64	36.90	42.06
印度	19.27	32.60	35.85	39.33	33.37

数据来源：根据表 2-2 和表 2-14 计算所得。

从金砖各国货币国际债券发行余额来看（见图 2-8），巴西雷亚尔、俄罗斯卢布和南非兰特国际债券发行余额 2004~2012 年均呈上升趋势，2012 年分别达 478.81 亿美元、358.92 亿美元和 352 亿美元，但 2013 年之后均呈下降趋势，2018 年发行余额分别降至 245.5 亿美元、126.8 亿美元、244.49 亿美元；人民币和印度卢比国际债券余额总体呈现上升趋势，尤其是人民币在 2010 年之后呈现迅速增长趋势，成为金砖五国中国家债券余额最多的国家，2016 年、2017 年有所下降，但 2018 年开始回升；2018 年人民币和印度卢比国际债券发行余额分别为 1075.49 亿美元和 198 亿美元。各国货币国际债券发行余额占比变化趋势与绝对值变化趋势类似（见表 2-15），截至 2018 年末，巴西雷亚尔和南非兰特国际债券发行余额与所有货币国际债券发行余额的比值均为 0.1%，俄罗斯卢布和印度卢比占比仅为 0.05% 和 0.08%，人民币占比为 0.44%。

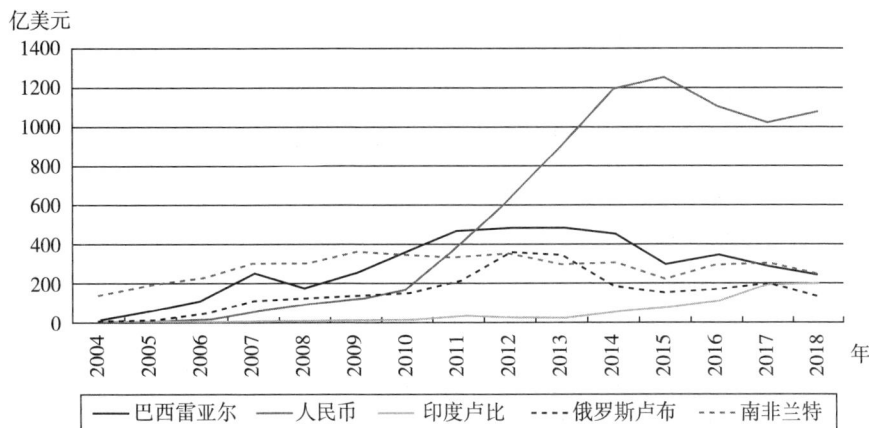

图 2-8　2004~2018 年金砖各国货币国际债券发行余额

表 2-15　　　　　　金砖国家及部分发达国家货币国际债券发行余额占比

单位：%

货币 年份	巴西 雷亚尔	人民币	印度 卢比	俄罗斯 卢布	南非 兰特	金砖五 国货币	欧元	英镑	日元	美元	所有 货币
2004	0.00	0.00	0.00	0.00	0.12	0.13	42.07	9.36	4.76	34.63	100
2005	0.05	0.00	0.00	0.01	0.16	0.21	41.75	9.84	3.99	35.83	100
2006	0.07	0.00	0.00	0.02	0.15	0.25	45.05	10.55	3.27	33.07	100
2007	0.13	0.03	0.00	0.06	0.17	0.39	47.81	10.07	3.33	30.82	100
2008	0.09	0.05	0.00	0.06	0.16	0.37	48.80	9.74	4.07	30.47	100
2009	0.12	0.06	0.00	0.06	0.17	0.41	49.40	10.40	3.33	29.81	100
2010	0.17	0.08	0.01	0.07	0.16	0.50	46.89	9.87	3.70	31.70	100
2011	0.22	0.19	0.01	0.10	0.16	0.68	45.70	9.63	3.64	32.93	100
2012	0.22	0.29	0.01	0.16	0.16	0.84	44.80	9.66	3.02	34.34	100
2013	0.21	0.39	0.01	0.15	0.13	0.90	44.62	9.68	2.19	36.00	100
2014	0.21	0.55	0.02	0.09	0.14	1.01	40.88	9.56	1.97	40.47	100
2015	0.14	0.59	0.04	0.07	0.11	0.95	38.47	9.51	1.91	43.78	100
2016	0.16	0.52	0.05	0.08	0.14	0.95	37.47	7.96	1.90	46.69	100
2017	0.12	0.43	0.08	0.08	0.12	0.84	39.21	8.23	1.81	45.08	100
2018	0.10	0.44	0.08	0.05	0.10	0.78	38.53	7.91	1.86	46.40	100

数据来源：国际清算银行。

当前金砖国家普遍存在金融市场不够发达、资本项目存在管制等问题，如巴西的经常项目和资本项目在理论上已实现了可兑换，但在实践中，巴西仍然实行较为严格的外汇管制，其货币雷亚尔仍然无法直接输出境外，无法自由兑换，外汇资金也不能自由进入巴西境内；俄罗斯国内金融市场还不够发达，资本市场规模较小，银行数量太多且规模不大、中小银行的坏账问题突出，上市公司结构过于单一（王信，2011）。目前，除尼泊尔和不丹[①]外，印度官方还不允许卢比直接用于国际交易，同时非居民持有卢比的资产和负债不能超过一定限额等。上述问题均限制了金砖国家货币的国际流通和使用，同时受发达国家经济衰退、货币政策（如量化宽松政策）溢出效应、本国经济危机等因素影响，一些国家出现经常项目逆差、资本大规模流出、本币大幅贬值的情况，从而也影响了国际市场对这些国家货币的信心。单从金砖国家货币在全球外汇市场交易份额和国际债券发行余额占比（见表2-14和表2-15）来看，五国货币在全球外汇市场交易份额即使是在2016年达到最高值，但五国货币整体都不到10%，其与同时期美元、欧元、日元分别为88%、31%、22%的份额相比相去甚远；而五国货币整体国际债券发行余额在2014年达最高值，但仅为1.01%，小于同时期日元和英镑的1.97%和9.56%，同时也远远小于美元、欧元40%以上的份额，更不用说成员国中单个国家货币的份额数值之低。因此，尽管金砖国家的货币国际化取得了一定的成效，但这些国家的货币要成为国际货币还有很长的路要走。

第三节　金砖国家的国际金融话语权现状

国际金融话语权是国际话语权的一种，指在已有国际政治经济权力格局和国际金融体系框架下，一国政府以国家利益为核心，通过在国际公共空间或者一些非公开场合，独立表达自己的政治立场，传播本国意识形态，定义国际经济金融事务，参与制定和修改国际金融规则，主导和控制国际金融资产市场定

[①] 印度卢比与不丹努扎姆在不丹的使用具有同等地位，尼泊尔与印度边境处的尼泊尔境内城镇也接受印度卢比。

价，并在政治、经济与金融等方面施加有效的影响，从而使自己的国际金融权益最大化的一种综合能力（张谊浩等，2012）。金砖国家经济实力不断发展，金融实力也在提升，但其在国际金融领域的竞争力和影响力仍有限，同时也体现为一系列金融话语权的缺失。本节分析金砖国家在国际金融机构、国际信用评级体系及国际金融市产品定价等方面的话语权情况。

一、在国际金融机构中的地位有所提升，但话语权有限

长期以来，金砖国家在国际金融机构中的份额和投票权一直处于较低的状态，国际金融危机之后，世界银行和 IMF 的改革方案通过，金砖国家在这些金融机构中的份额和投票权有所提升（见表 2-16 和表 2-17）。世界银行通过的投票权改革方案中，中国的份额提升幅度最大，为 1.65 个百分点，印度也提升了 0.14 个百分点，新兴经济体和发展中国家整体投票权增加了 3.13 个百分点，上升至 49.19%。目前，中国、俄罗斯、印度、巴西、南非在世界银行的投票权分别为 4.42%、2.77%、2.91%、2.24%、0.76%，整体为 13.1%。IMF 2010 年改革方案通过后，中国、印度、巴西、俄罗斯进入 IMF 十大持有国之列，中国的份额提升 2.396 个百分点，印度、俄罗斯、巴西也分别提升 0.308 个、0.212 个、0.533 个百分点，金砖四国整体份额提升至 14.159%。投票权方面，中国提升 3.143 个百分点，印度提升 0.713 个百分点，巴西提升 0.816 个百分点，俄罗斯则有所下降，下降幅度为 0.147 个百分点，金砖四国整体的投票权达到 13.504%。此外，在国际金融机构治理中，由中国人担任世界银行首席经济学家及 IMF 高级副总裁，对其他新兴经济体和发展中国家参与国际金融机构治理机制的改革起到了示范作用。

表 2-16　　　　　　　世界银行和 IMF（2010 年）投票权改革

单位：%

世界银行投票权改革				IMF 投票权改革			
名次	国家	改革后份额	较改革前变动	名次	国家	改革后份额	较改革前变动
1	美国	15.85	0	1	美国	16.479	−0.544
2	日本	6.84	−0.78	2	日本	6.14	+0.030
3	中国	4.42	+1.65	3	中国	6.07	+3.143
4	德国	4.00	−0.35	4	德国	5.31	−0.660

续表

世界银行投票权改革				IMF 投票权改革			
名次	国家	改革后份额	较改革前变动	名次	国家	改革后份额	较改革前变动
5	法国	3.75	−0.42	5	法国	4.02	−0.905
6	英国	3.75	−0.42	5	英国	4.02	−0.905
7	印度	2.91	+0.14	7	意大利	3.016	−0.226
8	俄罗斯	2.77	0	8	印度	2.629	+0.713
9	沙特阿拉伯	2.77	0	9	俄罗斯	2.587	−0.147
10	意大利	2.64	−0.07	10	巴西	2.218	+0.816

世界银行相关数据来源：和讯网，http：//news.hexun.com/2010/financeright_hexun/。

IMF 相关数据来源：搜狐网，http：//news.sohu.com/20110304/n279655083.shtml。

表 2-17 IMF 份额改革（2010 年）

单位：%

名次	国家名称	所占份额比例	较改革前变动
1	美国	17.398	−0.263
2	日本	6.461	−0.092
3	中国	6.39	+2.396
4	德国	5.583	−0.524
5	法国	4.225	−0.277
6	英国	4.225	−0.277
7	意大利	3.159	−0.146
8	印度	2.749	+0.308
9	俄罗斯	2.705	+0.212
10	巴西	2.315	+0.533

数据来源：http：//news.hexun.com/2014-04-14/163918889.html。

国际金融机构投票权的部分转移、治理权的重新分配，有利于推动国际金融机构的治理机制更加公平与合理，但同时我们也看到，目前包括金砖国家在内的新兴经济体在国际金融机构中的份额和投票权仍然有限。IMF 2010 年改革方案遭遇了重重阻力，2015 年 12 月才正式通过。由于 IMF 和世界银行的重大决定都必须获得超过 85% 投票权的成员认可方能通过，在此规定下，两大机构中美国均具有一票否决权，而金砖国家整体的投票权也无法影响发达国家的相关决定，因而其影响力仍然有限。

二、信用评级业取得一定进展，但评级话语权缺失

金砖国家本土信用评级机构产生于 20 世纪 80 年代末期，评级市场主要针对本国市场，且在 2000 年之后，金砖国家部分信用评级机构被标普、惠誉、穆迪三大评级机构收购或控股，从而造成金砖国家本土信用评级话语权严重缺失。具体来看，金砖国家中，中国和印度的评级行业起步较早，规模较大。其中，印度评级业起步于 1987 年，截至 2017 年 3 月，共有 7 家评级机构获得评级资格，且以印度国内评级市场为主，评级主体包括企业及其债券评级、中小微企业信用评级及金融机构评级等。其中，CRISIL（Credit Rating Information Services of India Ltd.）于 2005 年被标普并购，ICRA 则在 2014 年被穆迪并购，Ind-Ra（India Ratings and Research Pvt.Ltd.）是惠誉的全资子公司，由其 100% 控股。中国第一家信用评级机构是上海远东信用评级公司，成立于 1988 年，随着市场经济的发展，中国独立的信用评级机构逐渐成立。目前，中国具有信用评级资质的评级机构包括中诚信、联合资信、鹏元资信、大公国际、东方金诚、中债资信、上海远东、上海新世纪 8 家[①]。但这些评级机构不仅国际影响力有限，而且国内信用评级话语权也在减小，具体表现为：2006 年穆迪收购了中诚信 49% 的股权，2007 年惠誉持有联合资信 49% 的股权，标普于 2008 年和 2012 年也与新世纪分别签署了技术合作协议与战略合作备忘录，三大评级机构几乎垄断了中国 2/3 的信用评级市场。巴西、俄罗斯和南非的信用评级机构主要起步于 20 世纪 90 年代。目前，巴西通过认证的评级机构有 3 家（SR Rating、Austing Rating、LF Rating）；俄罗斯规模较大的评级机构分别是 Interfax Rating Agency、RusRating、Expert RA、Analytical Credit Rating Agency，其中 Interfax Rating Agency 20% 的股份在 2003 年被穆迪收购，2004 年穆迪掌握了其大部分股权与经营权；南非注册的评级机构有 3 家，其中仅 Global Credit Rating Co. 为本土评级机构，其余两家则是穆迪和标普的南非分支机构。可见，巴西、俄罗斯和南非的国内信用评级市场也被三大评级机构所渗透。在市场范围方面，南

---

① 姜璐，杨扬，侯筱辰. 金砖国家独立评级机构建设研究 [J]. 亚太经济，2017（6）：108.

非的 GCR 市场覆盖整个非洲区域，而巴西、俄罗斯的评级市场也限于其本国市场①。

在国际信用评级领域，金砖国家评级机构已经获得了一定的认可。例如，中国大公国际在 2011 年 11 月 8 日接受白俄罗斯委托，为其提供主权信用评级服务；2013 年 6 月，大公国际欧洲分公司获得欧盟评级资质，正式进入欧洲评级市场；2015 年 2 月 2 日，大公国际首次为世界大国项目评级。南非的 GCR 则覆盖非洲 25 个国家评级市场，其在非洲的评级业务量超过三大评级机构的非洲市场份额。然而，在三大评级机构垄断的国际评级市场中，金砖国家信用评级机构要获得评级话语权，获得大范围的认可仍存在一定的难度。同时，各国评级机构评级方法也有待进一步改进，目前，海外投资者对中国评级机构评级结果仍普遍存在不信任的现象，认为其评级过于宽松，对评级对象评级偏高等②。

综上所述，金砖国家本土信用评级取得了较大的进展，在国际信用评级领域也开始崭露头角，但在三大评级机构霸权垄断下，仍然存在本土信用评级市场被占领、国际评级话语权缺失的现象。

三、国际大宗商品交易市场份额不断上升，定价权与供需地位不匹配

金砖国家是国际大宗商品贸易中的重要出口国和进口国（蓝庆新，2017）：其中，巴西是国际原油、大豆和铁矿石的出口大国；俄罗斯是国际原油、天然气供给大国；印度是铁矿砂、铬矿石的重要供给方和原油、天然气重要需求方，其原油消费量位居世界第三，仅次于中国与美国；南非是国际铁矿石、煤炭及贵金属的出口大国和非洲的最大原油进口国；中国则是国际大宗商品重要需求方，是世界石油和天然气消费最大国，其最大的原油来源地是俄罗斯，其他金砖国家也为中国大宗商品重要进口来源国家。近年来，随着金砖国家国际经济地位的提升和贸易的发展，各国大宗商品贸易的份额也在不断提升，但与此不匹配的是各国缺乏对大宗商品的定价权，只能被动接受国际市场价格，一旦大宗商品国际市场价格波动加剧，金砖国家的宏观经济就会受到影响，甚

---

① 姜璐，杨扬，侯筱辰. 金砖国家独立评级机构建设研究 [J]. 亚太经济，2017（6）：109.
② 中国企业信用评级机构的现状与前景，http://www.sohu.com/a/194397965_596976。

至成为其经济衰退的原因[①]。

在经济全球化和金融化的趋势下，大宗商品作为经济建设的重要资源，表现出了金融化的特点，体现为衍生品市场在大宗商品定价机制中的作用越来越凸显。在金融衍生品兴起之前，大宗商品的定价主要由现货价格决定，而金融衍生品蓬勃发展之后，由于衍生品市场近乎完全竞争的特点，使其产生的价格能最大限度地反映社会对大宗商品的价格预期及市场供求状况，由此，衍生品市场尤其是期货市场成为大多数大宗商品基准价格的形成中心（司马岩，2012）。于是，谁拥有了金融产品尤其是金融衍生品的定价权，谁就掌控了大宗商品及重要战略资源的定价权。美元的霸权地位决定了美国在金融市场定价方面的主导地位，美国成为世界的定价中心。美国经济、美元价值及其金融市场波动均会导致国际大宗商品价格波动，如果国际大宗商品价格大幅下降，主要供给国的经济将受到冲击，甚至引发经济衰退，如果大宗商品价格大幅上涨，对需求国可能带来输入性的通货膨胀。因此，争取金融产品定价权，成为金砖国家真正发挥其大宗商品贸易国优势的关键。

四、金砖国家国际货币体系改革诉求强烈，但存在困境

在经济迅速增长，但国际金融话语权无法合理地反映其实力提升的情况下，以金砖国家为代表的新兴经济体推动国际货币体系改革的诉求愈发强烈。中国、印度、俄罗斯和巴西在 2009 年之后的多次 G20 峰会上表达了对加强国际货币体系改革、提升金砖国家在国际金融机构中的话语权和参与国际金融机构治理的愿望，如国际金融机构的负责人和领导人选举应公开、透明和择优，国际储备货币体系应更加稳定、可靠及广泛等。因此，在经济金融实力不断提升的情况下，以金砖国家为代表的新兴经济体有条件并希望能够成为国际货币体系改革的参与者。

然而，如前文所述，金砖国家国际金融实力在不断提升，但与各国经济实力仍不匹配，国际竞争力与发达国家仍存在差距。加上各国自身经济结构与增长方式急需转型、发达国家量化宽松政策退出等因素冲击，一些金砖国家经济

---

① 蓝庆新. 金砖国家亟须提升大宗商品定价权 [N]. 国际商报，2017-07-27.

增长率降低甚至出现负增长，部分国家国内通货膨胀、失业问题突出，国内金融体制也不完善，从而在应对外部冲击方面无法得心应手，这些也决定了金砖国家推动国际货币体系改革上还力不从心。同时，由于存在集体行动困境，金砖国家金融合作机制的最终形成和完善也经历了较长的过程，且在金融合作过程中还可能受到发达经济体的诸多阻挠。总之，金砖国家在参与国际货币体系改革过程中还面临诸多困境。

本章小结

金砖国家作为新兴经济体的主要代表国家，近十几年来表现出极强的经济增长态势，体现为金砖国家总体经济增长率快于世界经济增长率及发达国家增长率，金砖国家经济总量占世界经济的比重在不断提高、人均国民收入不断增加，对外贸易迅速增长，外商直接投资净流入持续增长。同时，金砖国家的金融体制也在不断完善，国际金融影响力也在提升，但发展过程仍存诸多问题，表现为国际储备规模巨大但潜在风险较大，对外直接投资增长较快但规模依旧较小，金融开放度呈上升趋势但仍偏低，金融机构国际化经营水平有所提高但国际影响力依然较小，金融市场国际影响力提升但竞争力仍有限，货币国际化取得了一定进展但仍处于起步阶段。从国际金融话语权情况来看，金砖五国国际金融影响力有所提升，但面临一系列金融话语权的缺失：在国际金融机构中的地位有所提升，但话语权有限；信用评级业取得一定进展，但评级话语权缺失；国际大宗商品交易市场份额不断上升，但定价权与供需地位不匹配；金砖国家对国际货币体系改革诉求强烈，但在参与国际货币体系改革中仍面临诸多困境。

第三章

金砖国家参与国际货币体系改革的
困境及破解之道

金砖国家金融合作的本质是一种国际区域金融合作，并具有制度属性和制度变迁的属性，同时也具有区域间国际公共产品的特征。作为区域间国际公共产品，金砖国家金融合作及其机制的形成过程中面临集体行动困境问题，其破解之道是什么？金砖国家在推动国际货币体系改革过程中的集体行动逻辑是什么？除面临集体行动困境外，金砖国家在参与国际货币体系改革过程中还面临与体系内发达国家和体系外其他国家同时博弈的困境，也即"挤车困境"，其具体表现是什么？如何破解这种困境？本章试图对这些问题进行研究和思考，结构安排如下：第一节基于国际金融合作理论、新制度经济学理论、区域间国际公共产品理论分析金砖国家金融合作的本质。第二节分析金砖国家参与国际货币体系改革、形成金砖国家合作机制过程中的集体行动逻辑。第三节分析金砖国家参与国际货币体系改革的"挤车困境"及其破解之道。

第一节 金砖国家金融合作本质的理论分析

金砖国家金融合作本质属于国际区域金融合作，而且是一种跨越地理范围的特殊的区域金融合作。从新制度经济学角度来看，金砖国家金融合作具有制度属性和制度变迁属性。同时，金砖国家金融合作也具备区域间国际公共产品的特征。

一、国际区域金融合作与金砖国家金融合作

（一）国际区域金融合作的含义

国际区域金融合作是指具有某些属性（如区域各国之间的互动性、经济的相互依存性、各国的集体认同感等）的国际区域内的主权国家间或者国家集团间，在国际政治环境及经济金融环境不断变化的情况下，为维护各自利益或区域的共同利益，通过沟通、协商和相关的联合行为，在货币金融领域所形成的各种正式、非正式的制度安排（张建政，2008）。

从合作范畴来看，国际区域金融合作包括狭义和广义两个范畴。其中，狭义的合作即国际区域货币合作，指区域各国的货币当局为维持货币、金融的稳定进行一系列多边合作，如建立汇率目标区制度、形成统一的货币安排等。广义的国际区域金融合作，除货币合作外，金融监管尤其是金融危机的预警和管理、支付结算体系的建立等也是合作的重要内容。前述定义则属于广义的国际区域金融合作范畴。

此外，从合作层次来看，戴金平和万志宏（2005）将国际区域金融合作分为三个阶段：（1）初级阶段。该阶段金融合作的特点是合作的双边性、松散性，非制度性，合作功能单一，缺乏完善、统一的组织机制。合作方式主要是普通的信息交流与沟通、磋商，内容涉及货币政策、金融市场发展与经贸合作等方面。该阶段合作的最高形态是当成员国面临国际收支困难时，建立双边货币互换协议。（2）中级阶段。该阶段主要是建立汇率协调和联动机制。这一阶段的合作特征为参与国采取多边合作方式，信息交流机制的设定更具规范性、组织性和保障性。其中，汇率目标区制度是参与国汇率合作的主要形式，该制度通常具有较清晰的干预界限和相应的干预责任，干预通过建立基金的方式予以保证，同时所建立的基金还可以用于缓解参与国的国际收支困难。因此，该阶段合作属于真正意义上的货币合作，1979年的欧洲货币体系则属于这一阶段的区域金融合作。（3）高级阶段。这一阶段合作体现为成员国或区域间实现货币统一。这一阶段，成员国之间具有高度协调的经济政策和宏观经济运行情况，区域内只有一种货币和一个中央银行，并实行统一的货币政策。该制度的成功运行还需要各国高度统一的财政政策的支持。欧元区就属于该阶段的区域性金融合作。

概括而言，初级阶段的国际区域金融合作强调合作的功能性，可称为功能性合作；中级和高级阶段的合作则突出制度性，可称为制度性合作。

（二）金砖国家金融合作：特殊的国际区域金融合作

由国际区域金融合作的定义及内涵可知，尽管金砖五国分布于亚洲、欧洲、美洲和非洲四大洲，在地理距离上并不属于某一特定的区域，但金砖各国之间具备经济的相互依存性、集体认同感属性，同时五个主权国家基于各自利益与共同利益经过一系列博弈后，最终达成均衡，建立起包括领导人峰会、金砖银行、应急储备安排等一系列正式和非正式的机制安排。因此，金砖国家的金融合作作为一种特殊的跨区域的金融合作，其本质仍属于国际区域金融合作。在合作层次上，由于金砖国家间在政治、文化等方面存在较大差异，金融合作尚无法达到高级阶段。基于金砖国家金融合作的特殊性，其金融合作阶段的划分并不需要局限于前述划分方式，而是根据自身特点，在合作过程中设定多样化和更加丰富的合作内容，如通过金融基础设施的互联互通，推动金融机构、个人在各成员国间进行投融资活动；通过深层次资本市场合作，使金砖国家整体实现资本有效配置等（连平，2016）。

二、新制度经济学视角下的金砖国家金融合作

（一）国际区域金融合作的制度属性和制度变迁属性

1. 国际区域金融合作的制度属性。张建政（2008）指出，国际区域金融合作实质是主权国家通过集体行动达成的制度安排，无论是正式的还是非正式的，这些安排对参与国家均具有一定程度的约束性，因而，国际区域金融合作具有制度的属性。国际区域金融合作的制度属性还体现在，这种制度安排具备新制度经济学对于制度功能的规定：（1）国际区域金融合作过程，在合作框架中明确规定各参与主体的权利和义务，使各个主体可以预期参与合作的收益和成本；（2）在国际区域金融合作安排下，较少的契约数量、透明的组织原则和信息交流机制、金融政策的协调统一等均有利于降低参与主体的交易成本；（3）区域金融合作能通过制定相应的激励机制，引导参与主体行为向有利于区域整体的方向发展，同时通过制定约束机制（如交易争端解决程序），惩罚部分参与主体的机会主义行为；（4）区域金融合作可以实现外部效应内部化，即在明确各参与成员的金融权利情况下，相当于赋予各成员国相应的"产

权"，当某个成员国的金融活动侵犯了另一成员国的金融权利时，相应的成本则应由该国承担，从而平衡各国的收入和损失。

2. 国际区域金融合作的制度变迁属性。从动态角度来看，国际区域金融合作无论从国际货币金融体系变迁的历史背景来看，还是从其本身的发展阶段来看，均具有制度变迁的属性（张建政，2008）。

首先，从国际货币体系历史变迁的大背景考察，可以说国际货币体系的发展史也是国际区域金融合作的变迁史。金本位体系属于英国提供的霸权稳定机制，体系运行相对稳定、有效，因此缺乏制度创新的动机，相关的国际金融合作主要是松散、无意识的双边合作。从制度变迁来看，这个时期属于英镑主导的制度均衡阶段。两次世界大战期间的国际货币体系不存在统一的货币制度，各国货币汇率波动剧烈，许多国家出现严重的国际收支失衡，因而处于典型的制度僵滞或失衡阶段。布雷顿森林体系的建立则是国际货币体系史上一次国际金融合作，特点是合作广泛、基于规则的多边合作。布雷顿森林体系属于美国提供的霸权稳定机制，也是一种制度创新，为第二次世界大战后的世界经济提供了稳定的国际金融秩序，并在之后的较长时间内处于制度均衡的状态。随着布雷顿森林体系缺陷的暴露及其最终解体，国际货币体系再次进入制度失衡阶段，这种失衡也延续到当前的国际货币体系即牙买加体系。当前国际货币体系仍由美国主导，但美国仅享有霸权利益而不承担霸权责任，实行的财政政策与货币政策主要根据美国的经济发展状况制定，并不考虑对其他国家的影响，从而最大限度地利用美元霸权的好处。在这种情况下，其他发达国家纷纷转向区域金融合作以保障各自的国家利益（如欧元区国家）。与此同时，牙买加体系下爆发多次金融危机，作为布雷顿森林体系延续而来的重要的全球性金融机构，IMF 在危机预警和救助过程中，显示了极低的效率，并在美国等主要发达国家的支配下，提出极为苛刻的救援和贷款条件，进一步限制了其救援作用的发挥，由此也促使更多发展中国家通过区域性的金融合作机制保护自身利益。可以说，区域金融合作是当前国际货币体系无法满足各国制度需要情况下的一种制度创新。但要指出的是，这种创新并非要取代或否定当前正在运行的全球金融合作机制，而是对已有金融合作安排的补充。它不会导致当前国际货币体系的颠覆性改革，但可能会带来国际货币体系格局的新变化。总之，从国际货币体系变迁史来看，区域性的金融合作是国际货币体系制度变迁中的一个阶段过程和制度创新的一种表现形式（张建政，2008）。

其次，从区域金融合作的层次或阶段来看，其本身也表现为一个动态的变迁过程。由前文分析可知，区域金融合作大致经历从初级阶段、中级阶段到高级阶段三个层次的发展历程，合作从低级阶段向高级阶段或从低层次到高层次的跳跃，均是一次制度变迁的过程，同时每一阶段相关机制的建立和完善的过程也为机制制度的动态变迁过程。例如，欧洲区域金融合作从其提出到最终实施经历了四个阶段：一是欧洲货币合作的提出、欧洲支付体系形成到欧洲经济与货币联盟计划提出的阶段；二是欧洲经济与货币联盟提出到欧洲货币体系计划的形成阶段；三是欧洲货币体系计划的正式生效与实施到第二个货币联盟计划提出的阶段；四是经济货币联盟最终完成阶段，从欧共体马德里会议到欧元全面进入流通领域①。此后，欧洲的区域金融合作才进入使用统一货币的高级阶段。同时，欧洲金融合作在经历了欧洲债务危机之后也暴露了其合作安排存在的问题，因而需要进一步完善相关的机制安排和建设，推动合作制度的完善。

（二）金砖国家金融合作的制度属性和制度变迁属性

1. 金砖国家金融合作的制度属性。金砖国家金融合作作为一种特殊的国际区域金融合作，在相关的合作协议和框架中如本币授权协议，金砖国家银行合作机制金融合作框架协议、应急储备安排合约等对各国权利和义务进行了明确的界定，五国间多边合作相较双边合作合约数量明显减少，而金砖银行和应急储备安排关于组织结构、股权和投票权结构、决策机制等方面的制度设计，均符合制度的属性。也就是说从静态角度看，金砖国家金融合作具有制度的属性。

2. 金砖国家金融合作的制度变迁属性。从国际货币体系变迁背景看，当前美国主导的牙买加体系弊端不断凸显，国际货币体系急需改革。如前文所述，参与和推动国际货币体系改革，是金砖国家提升在国际货币体系中的地位和影响力、实现自身利益诉求的重要途径。金砖国家金融合作则成为金砖国家参与推动国际货币体系改革的一次制度性创新。因此，在国际货币体系改革背景下，金砖国家金融合作具有制度变迁属性。与此同时，金砖国家金融合作也经历了从最初的构想到尝试到务实的阶段，其发展历程本身也具有制度变迁的属性，

---

① 连平，等. 金砖国家金融合作研究 [M]. 北京：中国金融出版社，2016：10–11.

而且随着金砖国家金融合作的不断推进和完善，这种动态的变迁属性更加明显。

三、区域间国际公共产品与金砖国家金融合作

（一）区域间国际公共产品的含义及特征

1. 区域间国际公共产品的含义。按照层次，国际公共产品可分为全球性的、大区域性、小区域性、区域间及主权国家或地区独占六个层次（Daniel 和 Sandler，2002），其中，大区域性、小区域性国际公共产品同属狭义的区域性公共产品，是指仅服务和适用于本地区且相应成本由区域内所有国家分担的安排、机制或制度（樊勇明，2008），具有明显的地理限制。区域间国际公共产品则源自区域间主义理论的发展。这里，区域间主义是介于国家、区域和全球之间的一种全新的研究层次，指来自一个或多个特定国际性区域或次区域的国家、非国家等在推动区域间制度化合作过程中形成的各种思想、观念及计划和实践进程，包括集团对集团的关系、跨区域主义、集团对国家的半区域主义（郑先武，2009）。其中，集团对集团的关系属于纯区域间主义，是区域的集团或组织为了促进相互间合作与对话而进行的制度化安排；跨区域主义是不同区域的国家、区域组织等行为体之间建立的跨越空间的制度化安排，其成员更分散；集团对国家则是区域组织或集团和其他区域的单一主权国家间的制度化安排，由于其中一方是某一区域的主权国家，因而也称为半区域主义。Taylor（2007）的"嵌入式公共领域"概念进一步拓展了区域间主义理论，他指出共同的需求和利益，将使区域内或区域间的国家或者集团合作共同设计相应的安排、机制或制度，并相互间分摊成本，从而实现较小的公共区域嵌入较大的公共区域，由此在全球公共产品供应不足或者无法满足区域内或区域间个性化需求的情况下，提高了公共产品的使用效率。在上述区域主义理论下，黄河（2015）进一步统合了区域性和区域间公共产品的概念，实际上给出了广义的区域性国际公共产品的概念，将其定义为那些仅服务于特定的区域或跨区域，成本由区域内或区域间国家一起分担的安排、机制或制度，其范围包括国家与次区域之间（如中国、美国与大湄公河次区域）、不同的区域合作组织之间（如欧盟与亚太经济合作组织）。可见，区域间公共产品实际上属于广义的区域性公共产品范畴。

2. 区域间国际公共产品的特征。区域间国际公共产品是国际公共产品的拓展和应用，因而具有国际公共产品的基本特征：非排他性和非竞争性、外部性、

非中性和代际性及存量外部性、形态的特殊性（杜朝运和叶芳，2010），同时也具有自己的特殊性，主要体现在以下四个方面（郑先武，2009）：（1）综合性，主要体现在其所涉及的合作领域包括政治、经济、安全、环境、社会及文化等多个方面。（2）开放性和包容性，即一方面，其对成员的政治、经济等条件不进行严格的限制，从而可以吸纳合作区域中的绝大多数友好成员国；另一方面，强调相应的合作机制与WTO、联合国等全球多边机制的一致性。（3）多元性，体现在供给主体可包括超国家机构、国家、区域的政府组织及非政府组织、商业组织、工会组织等社会组织。（4）互惠性，即合作各方的平等互利、互惠共赢。

区域间国际公共产品的上述特征，既可以使区域间有能力的大国、组织的作用得以体现，又能使能力较弱的成员从紧密的合作中获益，避免了狭义的区域性国际公共产品供应过程中领导者缺失的现象，而其开放性和包容性的特征也避免了狭义区域国际公共产品供应过程中的地理性壁垒或区域壁垒及对产品需求者的门槛限制[①]，从而惠及更多的成员。同时，相较于全球性公共产品，区域间国际公共产品与一般区域性国际公共产品具有同样的优势：一是涉及成员数量相对较少，属于"小集团"，各行为体从中获得的收益和付出的成本较为清晰，有助于克服全球性公共产品供应中的集体行动困境；二是其建立的对话及合作机制更具平等性，可以避免霸权供给模式下，提供全球性公共产品的霸权国家将其"私物化"的风险；三是它可直接反映区域间不同类型行为体的需求，更符合区域间稳定与发展的需要，相对全球性公共产品更具针对性和更加个性化。

（二）金砖国家金融合作的区域间国际公共产品特征

金砖国家基于共同的利益诉求进行的金融合作并因此建立相关的机制和制度安排，具有明显的国际公共产品特征。一是在非排他性和非竞争方面，金砖国家（金融）合作及其相关机制建立后，其他国家可以无成本地获得该机制带来的好处，且一个国家从这个机制中获得利益并不妨碍其他国家也获得利益。

---

① 包括对参与合作的主体设定条件、对合作过程中各方的权利与义务的规定等，且通常由主要参与合作的大国或发起国设立（庞珣，2012）。

二是在外部性方面，如应急储备安排作为金砖国家突破地域限制而建立的金融安全网，或者跨区域的金融稳定机制，对于其他非金砖国家金融和经济稳定也具有积极的影响；金砖国家在推进国际货币体系改革过程中，对其他发展中国家和新兴经济体也具有正的外部性。非中性方面，金砖国家（金融）合作及其相关机制建立过程中，金砖各成员国间、金砖国家总体与其他国家从中获得的收益，无论是绝对收益还是相对收益都可能存在差异。

在公共产品层次上，从成员国所在区域来看，金砖五国成员跨越欧洲、亚洲、非洲与美洲，其中，中国、巴西、印度、俄罗斯和南非分别是东亚、南美洲、南亚、前苏联地区和非洲的最大经济体，这些国家不仅在各自所处区域具有很重要的影响力，而且也代表相应区域其他国家的利益（徐秀军，2013），符合跨区域主义理论；同时金砖国家与其他区域组织的对话与合作，如2015年乌法峰会上，与上海合作组织成员国及观察员国、欧亚经济联盟成员国、受邀国领导人及国际组织负责人举行的对话会，则属于区域间主义中的集团对集团模式。可见，金砖国家（金融）合作及相关机制属于区域间国际公共产品的范畴。

具体而言，金砖国家金融合作的区域间国际公共产品特征主要体现在以下四个方面。

第一，综合性。金砖国家合作的领域广泛，涉及经济、政治、文化、社会、科技等多个领域，如2013年德班峰会所确定的合作项目基本涵盖了经济、政治、文化、科技、社会等关乎五国经济、社会发展的所有领域；2015年乌法峰会则在拓展经济、社会等领域合作的基础上，强调了加强伙伴关系建设，峰会通过的《金砖国家经济合作伙伴战略》主要是为了提高金砖国家的国际市场竞争力，并巩固和增强五国在能源、农业、科技、教育等领域的联系和全面合作。其中，金融领域作为合作的重要领域，其内容涉及推动全球投资便利化、金融有效监管、国际货币体系多元化等多个方面。

第二，开放性和包容性。开放性体现在金砖国家合作机制并不明确规定相应的条件约束其他国家的加入，其第一次扩员——吸收南非的加入就是很好的例证，并且未来仍可能吸收新的成员加入。包容性体现在金砖国家与发达国家之间、金砖国家与其他发展中国家和新兴经济体之间、金砖国家之间的合作中：一方面，金砖国家与发达国家之间的关系应是包容性而非对抗性的，金砖国家合作机制的形成符合国际社会的共同利益，其合作和关注的领域主要是金融和经贸领域，而这些既是发达国家，也是发展中国家均普遍关心的领域；另一方面，金砖国家在处理与其他发展中国家和新兴经济体、金砖国家之间的分歧和差异时也要秉持包容性的理念，以应对挑战和谋求共同发展。金融领域作为金砖国家合作的重要领域，其合作机制的建立过程同样遵循"开放性、包容性"的精神，因而也具有前述特征。

第三，多元性。首先，金砖五国的经济、政治、文化呈现多元性，即金砖五国在经济结构、发展模式、国家制度、政治体制、文化传统、宗教信仰等方面均存在差异，可以说金砖国家是一个跨区域的多元利益共同体；其次，合作形式的多元性，即金砖国家合作形式包括领导人峰会、部长级会议及专家组会议与民间论坛，涉及主体包括政府、学界、民间和商界等（徐秀军，2013）。

第四，互惠性。金砖国家合作强调平等、互利、共赢，金砖国家之间无论是双边还是多边的合作都希望能够达到优势互补及双赢、多赢的效果，如中国与其他几个成员国之间的货币互换、中国和俄罗斯的能源合作、中国与非洲的经贸合作等均是很好的例证，而金砖银行和应急储备安排也将对金砖各国经济发展和金融稳定提供有力的支持和保障。

第二节　集体行动逻辑下的金砖国家金融合作机制

2014年7月金砖国家召开第六次峰会即巴西峰会，金砖五国领导人签署了《福塔莱萨宣言》，宣布成立金砖国家新开发银行，旨在为金砖国家及其他的新兴市场国家、发展中国家的基础设施与可持续发展项目筹集资金。金砖银行的启动资本为1000亿美元，其中，初始认缴资本为500亿美元，由五国平均出资，各成员国因此享有平等投票权；总部设在中国上海，并在南非的约翰内斯堡成立非洲区域中心；五国将派各自的财政部部长或中央银行行长担任董事代表，负责金砖银行的具体操作规程；行长采取每五年一任的轮流制度，首任行长来自印度，巴西和俄罗斯分别选派董事会主席、理事会主席；在保持金砖国家份额不低于55%的前提下，允许其他国家加入。同时，峰会还宣布成立初始资本规模为1000亿美元的应急储备安排，以应对金砖国家可能面临的短期性流动性危机问题。各国承诺出资情况分别为：中国410亿美元，俄罗斯、印度和巴西各180亿美元，南非50亿美元。应急储备安排的决策机构包括理事会与常务理事会，重大决策须通过投票进行并遵循简单多数原则；其投票权包括 5% 的基本投票权与按承诺出资比例计算的 95% 投票权，基本投票权五国平分，加上各自按出资额计算的投票权，最终各国投票权比例分布为：中国、巴西、俄罗斯、印度、南非分别为 39.95%、18.1%、18.1%、18.1%、5.75%。金砖银行和应急储备安排的成立，标志着金砖国家金融合作取得了实质性的进展，也意味着金砖国家金融合作的机制化和系统化，同时对发展中国家推动国际金融机构的机制创新和国际货币体系乃至全球治理体系改革也发挥了重要的示范作用。那么，作为一种区域间国际公共产品，金砖五国在集体行动中是如何达成合作最终建立金砖银行和应急储备安排等金融合作机制的？金砖国家金融合作如何推进国际货币体系改革？本节试图基于集体行动的逻辑对前述问题进行研究和思考。

一、金砖国家金融合作——解决国际货币体系改革集体行动困境的重要途径

无论是在国家层面、区域性、区域间的，还是在全球性的公共产品提供过程中，由于非排他性和非竞争性，理性的追求自身利益最大化的个体将会选择搭别人的便车，同时又不希望别人搭自己的便车，导致公共产品供应不足，从而出现集体行动困境问题。奥尔森（1965）指出，减少集团成员数或形成"联邦集团"是解决集体行动困境的方法之一。他认为在集体总利益一定的情况下，成员数越少，其平均份额越大，即使某个成员要承担所有的成本，其收益也可能超过成本；同时，较少的集团成员，有利于降低相互的监督成本和协调成本，从而减少了"搭便车"的可能，集体行动因此相对容易达成；而在共同利益下，小集团与其他小集团更容易组成"联邦集团"。

当前美国主导的国际货币体系在国际金融危机之后表现出了明显的负外部性，对这种负外部性的治理，即改革国际货币体系，也相当于提供公共产品，但在这种全球公共产品的提供方面始终面临集体行动困境问题；当前国际货币体系无法进行颠覆性改革，进行局部改良是更为现实的选择，这需要发达国家之间、发达国家与发展中国家之间、发展中国家之间的合作，尤其需要发展中国家和新兴经济体的参与（杜朝运和叶芳，2010）。金砖国家之间的金融合作

正是对国际货币体系进行局部改良、解决改革中集体行动困境的重要途径之一。一方面，金砖国家成员数量较少，属于小集团，这种小集团在合作过程中的成本收益相对大集团更加清晰，例如，在收益方面（包括投票权、获得资金支持等方面），金砖国家在其成立的金砖银行及应急储备安排中的收益情况比较明晰，相应份额必然大于其在世界银行、IMF 等国际性金融机构中的份额，因此在国际货币体系改革过程中，相对于推动这些国际金融机构的改革而言，成立金砖银行、建立应急储备安排更容易进行。另一方面，金砖国家作为小集团容易和其他小集团之间形成联邦集团，例如，2013 年金砖国家领导人德班会晤后与非洲 15 个国家领导人进行了关于金砖国家与非洲在基础设施领域合作的对话会，实际上是金砖国家作为一个整体与非洲 15 个国家作为一个整体的合作，属于区域间主义中的集团对集团合作模式，并由此形成新的联邦集团；而 2014 年金砖国家领导人会晤确定的与南美国家的合作及前述 2015 年乌法峰会确定的与欧亚大陆成员合作，也均属于新的联邦集团性质。

除了集团规模，集团成员的身份认同感也是影响公共产品供给的重要因素，大集团中，成员若有很高的身份认同感，就可能积极参与提供公共产品；而在小集团中，如果成员身份认同感不高甚至缺乏，公共产品也同样难以提供（王刚，2013）。如前文所述，金砖五国尽管横跨不同的地理区域，在经济、政治、文化等方面均存在差异，但其发展中国家或者新兴经济体的身份、相互间紧密的经济联系及在全球治理中提升整体的地位和话语权的共同利益诉求，使五个国家自发组成了金砖集团，五国具有较强的身份认同感，从而在推动包括金砖国家金融合作机制在内的一系列合作机制的建立方面，集体行动更容易进行。

此外，从区域间主义角度来看，区域间国际公共产品有助于推动全球性公共产品的建构（郑先武，2009）。金砖国家区域间合作的性质，使其产生的规范、规则及相关的决策相对全球层面的沟通与合作更加便利，因为在区域间合作下，全球层面的议题将在区域实体或民族国家的中间层次得以讨论，而较低层次的合作有利于议题的设立和解决（郑先武，2009），如设立金砖银行，努力填补发展中国家每年 1 万亿~1.5 万亿美元的基础设施建设所需资金缺口，相对全球层面的倡议，更为可行，同时还可倒逼世界银行等国际性金融机构的改革。

总之，金砖国家的小集团性质及其成员较强的身份认同感，加上区域间金融合作的性质，有助于走出集体行动困境，推动国际货币体系改革。

二、金砖国家金融合作中的集体行动困境及其解决之道

尽管作为小集团及成员国较强的身份认同感使金砖国家在推动国际货币体系改革过程中，集体行动相对容易达成，但作为区域间国际公共产品，金砖国家金融合作及相关机制建立过程中也始终面临金砖国家之间的利益分歧、金砖国家与其他新兴经济体和发展中国家之间的"搭便车"问题、金砖国家与发达国家之间的利益矛盾，即面临集体行动困境。而合理的制度设计与合作理念，是金砖国家走出集体行动困境的关键。

（一）金砖国家之间集体行动困境的克服——金砖银行、应急储备安排的制度设计

金砖国家在政治、经济、文化等方面的异质性，决定了金砖五国在提供区域间公共产品的过程中，存在共同利益诉求的同时，也面临利益分歧，从而面临集体行动困境。集体行动困境的解决实质是国家间由非合作博弈向合作博弈的演变。通常，合作博弈要最终得以形成，必须同时满足以下两个条件：

$$V(\xi) \geqslant \sum x_i \qquad （3-1）$$
$$v_i \geqslant x_i \qquad （3-2）$$

条件（3-1）是指金砖国家进行金融合作的整体利益 $V(\xi)$ 大于等于五国单独行动的利益之和 $\sum x_i$，条件（3-2）则指金砖国家某个成员国 i 进行合作获得的收益 v_i 至少不小于其没有参与合作时的收益 x_i。条件（3-1）是各国参与组成金砖国家集团的动力，其中整体利益包括区域间层次的利益和多边层次的利益。金砖国家金融合作所获得的区域间层次的利益主要基于五国资源禀赋的差异而促成经济金融的互补性所带来的交互利益，包括通过货币互换和结算对贸易与投资的促进、资本市场合作及金融稳定安排带来的收益等方面（张晓涛等，2014）；多边层次利益则是金砖国家作为一个整体在国际金融事务中话语权的提升，给金砖各国及发展中国家带来的利益。但各国是否愿意参与合作，还取决于条件（3-2）能否实现，因此在存在共同利益情况下，设计相应的制度使条件（3-2）得以实现就至关重要。

以金砖银行为例，其从被提出到最终得以成立，历时接近两年，其间五国经历了七轮谈判，正是金砖银行成立过程中集体行动困境的体现。而最终金砖银行得以成立，集体行动困境得以解决，主要归因于金砖银行成本分担和利益

共享的制度设计（李娟娟和樊丽明，2015）。

从成本分担方面来看，金砖银行500亿美元的初始资本认缴由五国平均分摊，即每个成员国认缴100亿美元，这意味着金砖五国在合作过中平均分担了提供公共产品的成本，该制度有利于避免合作过程中任一国家的"搭便车"行为，即由非合作博弈转向合作博弈。如表3-1所示，假设金砖国家参与贡献1单位公共产品的总成本为c，国家i从1单位公共产品中获得的收益为v_i，分担的成本为$\frac{c}{5}$，净收益为$v_i-\frac{c}{5}$，其他国家也参与贡献，则相应的净收益随公共产品的增加而增加。在$v_i-\frac{c}{5}>0$的情况下，国家i参与合作是占优策略，因此可以保证每个国家都会参与合作。

表3-1　　　　　　　　　成本分担制下的金砖国家博弈情况

	i国以外参与合作的国家个数				
	0	1	2	3	4
i国不参与合作	0	$v_i-\frac{c}{5}$	$2\left(v_i-\frac{c}{5}\right)$	$3\left(v_i-\frac{c}{5}\right)$	$4\left(v_i-\frac{c}{5}\right)$
i国参与合作	$v_i-\frac{c}{5}$	$2\left(v_i-\frac{c}{5}\right)$	$3\left(v_i-\frac{c}{5}\right)$	$4\left(v_i-\frac{c}{5}\right)$	$5\left(v_i-\frac{c}{5}\right)$

然而，由于金砖五国间存在前文所述在政治、经济、文化等方面的异质性，各国从合作中的受益程度是不同的（此即公共产品非中性特征的体现），即对$j\neq i,v_j\neq v_i$，从而，$v_i-\frac{c}{5}>0$对任一个国家不一定总是成立。因此，在公共产品总收益一定的情况下，需要调整各国的收益结构，即收益多的一些国家让渡部分利益，以保证对任一个国家i，均有$v_i-\frac{c}{5}>0$，才能促进合作博弈的形成。从经济规模看，中国是金砖五国中的最大经济体，金砖银行成立前的2013年，中国经济规模分别是巴西、俄罗斯、印度的3.9倍、4.3倍、5.2倍，是南非的26.1倍；从外汇储备规模看，中国也是五国中外汇储备最多的国家，2013年，中国外汇储备规模分别是巴西、俄罗斯、印度的10.8倍、8.2倍、13.9倍，是南非的85.6倍[①]。因此，如果以经济规模或外汇储备规模为基础计算股权和

---

① 原始数据来源于世界银行WDI数据库。其中，外汇储备为总储备减黄金。

投票权，中国将可能成为主导国，从而可能在金砖银行中获得更多的收益，这是其他金砖国家在合作过程中所不愿见到的。为了打消其他金砖国家的顾虑，中国愿意让渡部分利益，在收益分享的制度设计下，促成金砖银行的成立。具体而言，金砖银行收益分享的制度设计主要体现在：（1）初始资本的分摊方面，不是按各国经济规模或外汇储备规模比例分摊，而是等额分摊，即为前述成本的平均分担，同时在金砖银行成立后各国缴纳相同资本的情况下，也决定了各国在金砖银行中股权与投票权的平等分配，从而保证了各国决策的平等性；（2）在金砖银行的框架安排方面，总部设在上海，南非设立非洲区域中心，行长采取轮流制度，第一任行长由印度选派，由巴西选派董事会主席，俄罗斯任命理事会主席，体现了治理理念的平等性。如表3-2所示，在成本分担和收益共享下，任一国家i从1单位公共产品中获得的净收益均为$v-\dfrac{c}{5}>0$，从而保证金砖各国参与建立金砖银行的收益均大于未参与的情形，五国之间的合作博弈得以形成，金砖银行得以成立。

表3-2　　　　　　　　成本分担与收益分享制度下的金砖国家博弈情况

	i国以外参与合作的国家个数				
	0	1	2	3	4
i国不参与合作	0	$v-\dfrac{c}{5}$	$2\left(v-\dfrac{c}{5}\right)$	$3\left(v-\dfrac{c}{5}\right)$	$4\left(v-\dfrac{c}{5}\right)$
i国参与合作	$v-\dfrac{c}{5}$	$2\left(v-\dfrac{c}{5}\right)$	$3\left(v-\dfrac{c}{5}\right)$	$4\left(v-\dfrac{c}{5}\right)$	$5\left(v-\dfrac{c}{5}\right)$

注：其中$v-\dfrac{c}{5}>0$，在前文所述的制度安排下，各国收益近似均等，现实中，由于金砖各国异质性仍然存在，仍不能保证各国收益完全均等。

此外，在应急储备安排中，尽管按协议规定最终中国拥有39.95%的多数投票权（俄罗斯、印度、巴西均为18.1%，南非则是5.75%），但其简单多数原则的制度设计，使任一金砖国家均没有否决权，避免了IMF中美国具有一票否决权的问题，从而也保证了收益在各金砖国家的平等分配，强化了各国参与合作的动力。

可见，在各国存在异质性，尤其是实力悬殊较大的情况下，金砖国家在金融合作过程中存在共同利益诉求并不一定能促成各国合作的进行，通过成本分担制度避免"搭便车"行为，同时实力较强的国家尤其是中国让渡部分收益使其他国家均具有足够的动力参与情况下，集体行动问题得以解决，金砖国家金融合作机制也最终得以形成。

（二）金砖国家对"搭便车"行为的容忍——开放、包容精神的模型解释

金砖国家合作机制的形成，不仅可以实现金砖五国的共同利益诉求，还可以提升其他新兴经济体、发展中国家在国际舞台上的整体实力，尤其当前已经建立的金融合作机制还将促进这些国家基础设施以致经济的发展。然而，在提供公共产品的过程中，当前金砖国家的规模仍偏小，其能够提供的公共产品数量仍不是最优的，而受益的其他新兴经济体、发展中国家并没有参与金砖集团，在这种情况下，金砖五国为什么愿意进行合作提供公共产品，并容忍其他发展中国家、新兴经济体"搭便车"，即对这些国家始终秉持开放、包容的精神，并随时欢迎新成员的加入？而其他发展中国家为什么"搭便车"及之后是否会加入金砖集团共同提供公共产品？接下来，本书借鉴庞珣（2013）基于异质性国家对公共产品收益和成本敏感性存在差异假定下的博弈模型，对上述问题进行理论解释。

1. 模型基本假定：

（1）在是否提供公共产品的决策中，有 n 个国家或集团参与博弈，国家或集团 i 对某种公共产品的贡献量为 $c_i \geq 0$，$i=1, 2, \cdots, n$，而且在知道其他国家或集团的收益函数但不知道其策略选择情况下进行决策。

（2）国家或集团 i 的净收益函数 $U_i = f_i(\sum_{i=1}^{n} c_i) - g_i(c_i)$，其中 $f_i(\sum_{i=1}^{n} c_i)$ 是国家或集团 i 从消费公共产品中获得的收益，为公共产品总贡献量的函数，对 i 而言，任意 $j \neq i$，cj 是外生的，且 $f_i' > 0$，$f_i(0) = 0$；$gi(ci)$ 为 i 贡献 ci 的成本函数，$g_i' > 0$，$g_i(0) = 0$。

（3）国家或集团 i 和国家或集团 j 是异质的，因此对公共产品的收益和成本的敏感性存在差异，此时对 $i \neq j$，$f_i \neq f_j$，$g_i \neq g_j$。

2. 决策问题。国家或集团 i 选择 c_i 使 U_i 最大化：

（1）如果 $\frac{\partial U_i}{\partial c_i} < 0$，$\forall c_i \geq 0$，则 i 的最优选择是 $c_i^* = 0$，即 i 的占优策略是选择"搭便车"而不提供公共产品，所有国家或集团都不提供公共产品，结果导致公共产品供给的缺失。

（2）如果 $\frac{\partial U_i}{\partial c_i} \geq 0$，$\exists c_i \geq 0$，则 i 的最优选择是 $c_i^* > 0$，即 i 会提供公共产品。

假设参与博弈的国家或集团的集合包括 A 和 B 两个互补的子集，其中 A 集合的国家或集团的净收益函数满足 $\frac{\partial U_i}{\partial c_i}<0, \forall c_i \geq 0$，$B$ 集合国家或集团净收益函数满足 $\frac{\partial U_j}{\partial c_j} \geq 0, \exists c_j \geq 0$，则最终的均衡解满足 $S=\{c_i^*=0, i \in A\} \bigcup \{c_j^*>0, j \in B\}$，净收益满足 $U=\{U_i^*=f_i(\sum\limits_{j \in B} c_j^*), i \in A\} \bigcup \{U_j^*=f_j(\sum\limits_{j \in B} c_j^*)-g_j(c_j^*), j \in B\}$，即最终结果是部分国家或集团提供公共产品，并容忍其他国家或集团"搭便车"。

3. 模型结论。模型结果表明，部分国家或集团在边际收益大于或等于其边际成本的情况下，愿意率先单独提供公共产品，并容忍"搭便车"行为。如果愿意提供公共产品的是一个国家，那么这个国家即为霸权国家或领导者，如果是多个国家则为具有共同利益的集团。而由于资源限制或发展战略的差异性，一些国家或集团没有能力或是不愿意负担提供公共产品的成本，或是在权衡提供公共产品的收益和成本后，选择"搭便车"。但若"搭便车"行为能促进这部分国家的发展，或者这部分国家本身战略的改变促进了自身的发展，从而改变原先的收益函数或成本函数的形式，跨越边际收益小于边际成本的阶段，这部分国家也将会参与到公共产品的提供中，使公共产品的提供不断增加，即合作呈动态调整的特征。

以上结论可以很好地解释当前金砖国家合作过程中的开放、包容的金砖精神。不考虑前文所述的金砖各国的异质性，金砖国家作为整体，即为模型中率先提供公共产品的集团，容忍甚至欢迎其他国家"搭便车"。金砖银行及应急储备安排的目标是填补发展中国家的基础设施资金缺口和维持其金融稳定；金砖银行的章程就明确表明其经营对象不限于金砖五国，其他任何国家都可以向银行融资及申请援助。因此，金砖国家的金融合作机制将惠及非金砖国家尤其是其他发展中国家、新兴经济体，这些国家在基础设施不断发展及金融稳定得到支持的情况下，将可能跨越原先无力或不愿参与合作提供公共产品的阶段，从而加入金砖银行等金砖合作机制。例如，阿根廷、尼日利亚、埃及、印度尼西亚、哈萨克斯坦、土耳其等国家作为重要的新兴经济体，均是金砖银行的潜在成员。随着参与合作国家的增加，金砖国家的金融网络及其安全性将不断扩大，从而倒逼国际金融机构及国际货币体系加速改革（樊勇明和贺平，2015）。

（三）金砖国家与发达国家之间矛盾的缓解——包容、互补和非对抗性

金砖国家在合作过程中，积极为五国及其他发展中国家争取合理的利益、参与维护世界经济金融秩序稳定，难免会遭遇发达国家的阻碍。金砖国家作为一个集团，其实质不是政治与军事的同盟，而是致力于维护世界和平、促进共同发展、弘扬多元文明、加强全球经济治理的伙伴关系。因此，在处理与发达国家的关系方面，基于当前国际货币体系无法进行根本性或颠覆性改革的情况，金砖国家始终秉持包容和非对抗的精神，避免直接单独挑战主导国尤其是美国的核心利益，遵循现有体系规则下，更多的是谋求与自身综合国力相匹配、竞争实力相对称的各种国际金融权利（如国际金融话语权），而不是反霸权，更不是争夺霸权。换而言之，金砖国家是当前国际货币体系乃至全球治理体系改革的参与者和推动者，而不是挑战者。在参与和推动国际货币体系改革的过程中，金砖国家构建的包括金砖银行和应急储备安排等在内的金融合作机制，其与当前国际金融合作机制的关系是互补的，同时在机制的运行方面还需要借鉴当前国际金融机构的经验。

一是互补方面。金砖银行主要关注的是发展中国家经济的增长，其服务的对象除金砖五个成员国外，还包括其他的发展中国家，而世界银行和其他的区域性金融机构主要从援助的角度，向发展中国家提供支持，并附带严格的要求和烦琐的申请程序，而关乎发展中国家发展的基础设施领域，更是世界银行和其他区域性的开发银行投资严重不足的领域，因此，金砖银行为发展中国家提供更为便利与充足的基础设施建设资金支持的目标，成为世界银行等多边性国际金融机构的补充。而在危机的救助方面，无论是 2008 年的国际金融危机，还是欧洲主权债务危机，IMF 尽管对遭遇危机的国家提供了援助，但其附加的条件，如对冰岛要求关闭没有清偿力的银行及企业，限制或禁止公共资金对其进行援助，对欧元区相关国家要求缩减开支、增加税收、延迟失业救济金发放，冻结养老金和工资等，长期内将会导致受援国经济的衰退，从而成为危机国家沉重的枷锁。而金砖国家应急储备安排，主要侧重金砖国家的金融稳定与安全，在金砖国家面临短期冲击和国际资本冲击风险时，可在条件较为宽松的情况下，及时提供资金支持，尽管刚成立时的资本规模不大，但体现了金砖国家寻求 IMF 之外资金援助并建立金融安全网络的决心，从而也成为 IMF 功能的补充之一。

二是借鉴方面。金砖银行和应急储备安排尽管在提供资金的条件方面更为宽松，但在创立之初，不仅相关的章程、内部组织架构、公司治理、运行流程等方面还不尽完善，如金砖银行平权的决策模式尽管有利于金砖各国走出集体行动困境而达成合作但可能带来效率的损失（计小青和乔越，2017）、应急储备安排承诺式的资本金缴纳方式可能导致救助的时滞性和不确定性（汤凌霄等，2016），同时，金砖银行在项目的运作上还缺乏经验。而世界银行、IMF 等国际金融机构在过去发展中已经建立起成熟的运作体系，在具体项目运作上也积累了丰富的经验，因此金砖银行和应急储备安排还需要借鉴这些机构的经验。当然也需要进一步的机制创新，包括降低运行成本和提高效率等方面的机制创新。

总之，金砖国家合作机制作为一种区域间国际公共产品对全球性国际公共产品的提供具有一定的推动作用，这一点典型地体现于金砖国家金融合作机制对国际货币体系改革的推动作用。金砖五国基于共同利益组建的金砖国家作为一个小集团，成本与收益较为清晰，其开放的运营模式，使金砖国家容易与其他集团合作形成联邦集团，加之金砖五国较强的身份认同感，有助于缓解当前国际货币体系改革中的集体行动困境问题，从而推动国际货币体系改革。而金砖国家金融合作机制区域间国际公共产品的特征，使其在形成的过程中也面临金砖国家之间、金砖国家与其他发展中国家或新兴经济体之间、金砖国家与发达国家之间的利益分歧或矛盾，因此，同样面临集体行动困境问题。合理的成本分担和利益共享的机制设计及开放、包容、非对抗的金砖精神，是当前金砖国家在金融合作中，走出集体行动困境的关键。尽管未来金融合作中：一方面，金砖国家之间仍将存在利益分歧，并长期处于脆弱性博弈的状态[①]（杨伊和苏凯荣，2015），同时其他发展中国家或新兴经济体仍可能"搭便车"。另一方面，随着金砖银行、应急储备安排运行体系的成熟和完善，其与当前的国际金融机构之间可能存在竞争的领域；而随着金砖国家整体金融话语权的提升，其与发达国家之间的矛盾可能激化。但在开放、包容、合作、共赢的金砖精神下，金砖国家通过进一步的制度设计，动态解决合作过程中的利益分歧，不断深化合作，同时随着其他发展中国家或新兴市场国家跨越"搭便车"阶段而加入，

---

① 脆弱性博弈是指行为体创造公共产品之前的耐力博弈，耐力越小的行为体，脆弱性越大，成本承受能力越强，越容易提供公共产品。在博弈持续过程中，行为体的绝对脆弱性均将增大，在此基础上，各方将进行相对脆弱性的博弈。这里，绝对脆弱性是指公共产品供给缺失使一个或多个行为体付出代价的绝对值，相对脆弱性，则是某一行为体付出的代价与其他行为体的相对值（马兰起，2009）。

金砖国家队伍将不断壮大，从而更广泛地代表发展中国家的利益，推动国际货币体系改革朝着更加合理、公平的方向发展。

第三节　金砖国家参与国际货币体系改革的
"挤车困境"思考

在当前的国际金融格局下，除集体行动困境外，金砖国家参与国际货币体系改革仍面临诸多困境。其中，在参与改革过程中因为身份的逐渐转变而面临与原体系内主要发达国家、体系外其他国家同时博弈的困境，而且这种困境因当前国际货币体系改革的长期性和艰巨性更加突出。这与日常挤公交情境下，刚挤上车的乘客所面临的与车外、车内乘客同时博弈的困境极为相似。本节拟据此理论分析金砖国家参与国际货币体系改革过程中面临的困境并寻求其破解之道。

一、"挤车困境"博弈模型

公交车靠站，尤其是在高峰的时间点靠站时，通常会发生这样一种现象：等车的人蜂拥挤车，刚挤上车的人堵在门口不愿往里走，即使车厢内还有一定的空间（如车的后半部分），从而导致部分原先一起等车的人无法挤上车。这里，刚挤上车的人之所以堵在门口，主要有两个方面的原因：一是车厢内确实拥挤，之前上车的乘客已经占用了后面几乎所有的空间；二是在车厢内仍有一定空间的情况下，出于自身利益的考虑，包括站在车的前部相对车的后部要舒适些（这一点对晕车的人尤为重要），或是造成车已拥挤的假象阻止其他人继续上车，以保持车内总体的舒适度。后种原因下的挤车现象，可以用一种博弈模型进行解释，其中所包含的行为体之间的矛盾称为"挤车困境"（Jostle-to-Board-the-Bus Dilemma）（赵广成，2009）[①]，即在车厢内较为拥挤但仍具有一定空间的情况

[①] 赵广成（2009）以火车为例，认为持票进站等车的乘客面临"挤车困境"。本书认为，已购买到车票的乘客只要按时进站后必然能够坐上火车，不存在最后挤不上车的情况，而由于公交车实行上车投币制，车外候车者无票，能否挤上车取决于挤车的能力和车厢内的拥堵情况（包括真正的拥堵及已上车者造成的拥堵），因此存在一部分乘客可能最终挤不上车而仍然是车外人的情形，这更符合所描述的"挤车困境"。

下，刚挤上车的人出于自身利益的考虑，往往堵在车门口，由此面临着与车内已有的乘客及车外未挤上车的乘客之间的博弈困境。之所以出现这种困境，主要是因为刚挤上车的人由车外人到车内人的身份转变导致利益的变化。具体而言，该博弈过程具有如下特点。

第一，车内人与车外人的利益是冲突的。挤车环境下包含三个行为主体：刚挤上车的人、原来车上的乘客即车内人、未挤上车的人即车外人。车外人挤入车内降低了车内的舒适度，实际上是对车内人既有利益的分享甚至是损害，表现为原来的车内人必须让渡部分利益，包括所在座位空间舒适度降低，或站在更为拥挤的空间内，因而车内人排斥车外人加入。然而，公交车服务作为一种典型的准公共产品，具有非排他性，任何乘客无权直接阻止其他乘客上车（但可间接地阻止，如挤在车门口），因此，当车外乘客上车不可避免时，车内人的现实想法是能少进一个是一个，而且新进入者必须为此付出诸如坐在舒适度更差的座位或只能站着等方面的成本。

第二，挤车者身份的转变是一个过程。挤车过程是刚挤上车的人由车外人到车内人身份转变的过程，转变的实现只发生在跨上车的瞬间，但从决定坐公交车到候车均是挤车的必要准备过程，而挤上车后，尽管身份已经改变，但仍然存在与原车内人不断融合的过程，如车门关闭后，为达到各自最好的舒适度各乘客间位置需要调整等。因此，挤车者真正实现身份的最终转变实际上是一个过程，而非瞬间完成。

第三，刚挤上车的人身份的转变使其与车内外的人的关系陷入困境。一方面，身份转变后，作为车内人，为维护自身的利益，和其他原有的车内人一样排斥车外人的加入，并最初表现为堵在车门口不愿往里走；另一方面，挤入车是对原有车内人既得利益的分享，因此也会遭到他们的排斥。

第四，刚挤上车的人对车内人利益的分享是不对称的，表现为对原来站着的乘客利益的损害要大于坐着的乘客。这是因为，站着的乘客本来空间就较小，新挤上车的人使其不得不往车厢内移动，或即使是为了排斥他们而不移动，自己所站的空间必然要减少，从而加剧了他们站着的不稳定性和不舒适性。坐着的乘客尽管会因为车厢总体空间的拥挤使舒适度降低，但座位的空间是一定的（除非主动或被迫让位），其坐着仍然是稳定的，所受挤压相对较少，且无须忍受车开动后可能的加速或减速时因为惯性造成的相互间的挤压。

二、金砖国家参与国际货币体系改革中的"挤车困境"

如果把国际货币体系看成车厢，金砖国家看成是刚挤上车的人，而把已在国际货币体系内的国家看成是车内人，同时把居于主要地位的国家看成是车内有座位的人，把其他国家看成是车厢内原来站着的人，那么，在当前国际货币体系"空间"并不十分拥挤的情况下，金砖国家参与国际货币体系改革的过程中同样面临"挤车困境"，其特点表现为以下四个方面。

第一，体系外和体系内国家的利益是冲突的。体系外国家的加入，是对国际货币体系中已有国家既得利益的分享，甚至是损害。如金砖国家货币的国际化将分享原国际货币体系中主要国际货币在既有的规则下所获得的铸币税及在贸易金融等领域所获得的好处；这些国家在参与世界银行、IMF 等国际金融机构改革中，其份额或话语权的增加，是对发达国家既有利益的分享；金砖银行、应急储备安排的成立是对世界银行、IMF 在促进发展中国家发展的职能方面的补充，但随着金砖银行、应急储备安排成熟运行及发展，也必然与两大机构形成竞争，因而发达国家实际上并不愿意体系外国家参与国际货币体系改革。即使由于国际金融危机的冲击凸显了国际合作尤其是与包括金砖国家在内的新兴市场国家合作的重要性及对国际货币体系改革的紧迫性，使发达国家不得不让渡部分利益，让金砖国家参与国际货币体系的局部调整或改良，但这些国家的参与是需要付出成本的，如必须接受体系内已有的游戏规则，必须开放国内金融市场，必须承担危机救助、维护世界经济金融稳定方面的责任等。实际上，一开始发达国家尤其是美国就主导了这一进程（杜朝运和叶芳，2010）。

第二，从体系外国家到体系内国家身份的真正转变需要一个漫长的过程。只有政治、经济等方面的综合实力达到一定程度的国家，才具备参与国际货币体系改革的资格，而要达到这些条件本身就需要一个较长的过程。如前文所述，尽管金砖国家等新兴经济体的金融实力有所提升，但与其经济实力相比仍然极不对称，依然无法与发达国家相比拟，加上金砖国家经济增长放缓，部分国家国内通货膨胀问题、失业问题及国内金融体制问题也较为突出，因此推动国际货币体系改革的能力仍然有限。即便是当前金砖国家通过成立金砖银行和应急储备基金等在国际货币体系改革的行动方案方面达成了一致的意见，但这些机制实际运行效果如何、是否会受到发达经济体的诸多阻挠等仍是未知数。而且，在真正参与国际货币体系改革后，与原体系内主要国家需要不断磨合，对体系规范的内化即将国际货币体系的各种规范转化为稳定的思维和行为反应方式（认为各种规范是不容置疑或理所当然）（钟龙彪，2009）的过程也十分漫长。

第三，金砖国家在参与国际货币体系改革中面临两难困境。金砖国家要参与国际货币体系，首先必须认同该体系中已有的各种规范或规则，或者认同该体系中主导国家的主要利益和偏好，即要对国际货币体系表现出融入主义（Integrationism）的态度，而不是漠视或抵制，否则它仍是体系外国家（Legro，2005）。随着体系外国家到体系内国家身份的转变，一方面，金砖国家在政策取向、观念、行动等方面将越来越向发达国家靠拢，从而与其他发展中国家的关系将越来越疏远甚至恶化；另一方面，金砖国家在参与过程中和其他国家可能产生利益冲突，例如，金砖国家通过成立金融合作机制的形式参与国际货币体系改革，不仅金砖国家，其他发展中国家或新兴经济体都可以从中获益，但由于合作机制的非中性，金砖国家与其他国家间在绝对利益和相对利益方面会存在差异，从而可能导致两者之间的冲突（徐秀军，2013）。与此同时，在参与国际货币体系改革后，金砖国家与原有的体系内国家也可能存在利益冲突，例如，随着金砖国家参与国际货币体系改革深度的进一步增强（如在国际金融机构中的份额、话语权的进一步扩大），发达国家主导的各种规则可能受到影响，从而可能导致其利益受损。可以说，在未形成新的统一的规则之前，金砖国家和发达国家之间始终存在利益冲突。

第四，金砖国家在参与国际货币体系改革中对体系内国家的利益分享是不对称的。表现为金砖国家的加入，对仍居于主导地位的国家的利益损害较少，而对于次要的国家损害较大。这一特点在国际金融机构的改革中体现尤为明显：从世界银行的投票权改革可以看出，美国所占投票权完全不受影响，而日本、法国、英国、德国等让渡部分投票权；IMF 2010 年改革方案中，美国让渡极少部分投票权（0.263%），其居于主导地位的既得利益基本不受影响，金砖国家增加的投票权主要由德国、法国、英国等欧洲国家让渡（见表 2-16 和表 2-17）。

这里需要指出的是，金砖国家参与国际货币体系改革与乘客挤车的情况并不完全相同。乘客挤车情况下的"挤车困境"博弈是一种较为理想和简单的模型，并不能涵盖金砖国家在参与国际货币体系改革过程中可能存在的行为主体之间的各种矛盾。在乘客挤车情况下，车内人作为总体出于自身利益的考虑总是排斥车外人的加入，而在金砖国家参与国际货币体系改革问题上，有时体系内国家可能主动地想将体系外国家纳入，当然其目的并不是让加入的国家分享其利益，而是让其承担更多的责任。世界银行和IMF的改革就充分体现了发达国家想让发展中国家或金砖国家承担责任的意图。尽管改革后包括中国在内的金砖国家的份额和投票权有所增加，但投票权和份额仍然呈现极度不公平的特点，以美国等少数发达国家为主导的格局并未发生实质性的改变，改革方案中对金砖国家投票权和份额极小部分的让渡，只是美欧等发达国家在国际金融危机重创下希望金砖国家参与承担责任的结果。

三、"挤车困境"的一般破解之道及金砖国家的对策

（一）"挤车困境"的一般破解之道

如前所述，出现"挤车困境"的根本原因在于刚挤上车的人身份的转变及由此导致的利益变化，使其具有排斥车外人进入的倾向，同时与原车内人也可能存在利益冲突。因此，如何解决身份的转变问题成为破解"挤车困境"的关键。赵广成（2009）引入博弈论中不完全信息的思想，提出以"身份融合"解决"身份转变"的问题，即转型行为主体可通过将自己身份的部分共有信息转为私有信息，以新旧身份之间融合的方式而不是向外界展示自己进入体系后身份完全转变的方式，解决可能同时与体系内外行为主体产生矛盾的困境，从而实现利益最大化。具体而言，刚挤上车者可从以下三个方面实现车内外"身份融合"。

第一，加强与车内成员的沟通和交流。在乘客的挤车博弈中，刚挤上车的乘客可通过礼貌性的方式与车内乘客进行沟通或交流，如以微笑的表情或"麻烦""谢谢"等礼貌性用语使车内乘客愿意让渡部分空间，或减少其排斥感。

第二，充当"疏导员"，解决与车外成员关系疏远或矛盾的问题。刚挤上车的乘客可以主动承担"疏导员"的角色，引导其他乘客往车厢内移动，从而为正在上车的人及之后站点将要上车的车外人提供便利。

第三，处理好与车内主要乘客的关系以缓解作为"疏导员"可能招致的责难。刚上车者为保持与车外同路的人关系而充当登车疏导员，可能会招致车内乘客的反对，尤其是因为新上车者的进入而使原来站着的乘客利益被迫让渡或受损更多。那些坐着的乘客利益让渡或受损相对较少，对新上车者的排斥程度较小，因此，如果能够得到这部分乘客的默许和支持，尤其是最具权威的司机

的支持[1]，那么在疏导过程中所受的冲突就能够缓解。

（二）金砖国家的对策

包括中国在内的金砖国家要化解当前参与国际货币体系过程中所面临的"挤车困境"，应采用"身份融合"的战略，既要处理好与体系内发达国家尤其是主导国家美国的关系，又要保持与其他发展中国家的联系，并争取其理解和支持。

1. 加强与发达国家的交流和沟通。通过已有的制度平台（如 G20）或新建双边及多边的对话或协调机制，加强与发达国家总体的交流和沟通，减少参与国际货币体系改革的成本。G20 机制使包括金砖国家在内的发展中国家获得包括参与宏观政策的协调与合作、国际金融机构和国际金融规则（如金融监管体系）的改革等国际经济金融事务的重要机会。目前，G20 峰会是发展中国家可参与的讨论全球经济议题、进行交流与合作的最重要的制度平台。因此，作为发展中国家的代表，金砖国家可充分利用 G20 平台加强与主要发达国家（如原G7 国家）在宏观经济政策的协调、重要议题的设置、国际金融规则的改革等方面的沟通、交流与对话，寻找和扩大与发达国家的共同利益基础，以减少摩擦，同时将共同利益诉求转化为对国际货币体系改革的重要推动力，从而实现身份的融入。此外，还可寻求其他多边或双边的对话机制，减少与发达国家的矛盾。

2. 充当疏导员的角色，坚持"开放、包容、合作、共赢"的原则，保持与其他发展中国家的联系。金砖国家参与国际货币体系改革的过程中，不应完全断绝与体系外其他国家之间的关系，而应继续保持这种关系，并通过利益共享的方式积极争取这些国家对自己参与国际货币体系改革过程中各项战略的支持，如通过向对方提供补贴、便利贸易、提供贷款等方式积极争取其他发展中国家对本国货币的国际化战略的支持；在参与相关规则的改革或制定的过程中，争取自身利益的同时充分考虑其他发展中国家的合理利益，以得到这些国家的支持，从而提高与体系内主要发达国家博弈的能力。坚持开放原则，通过"BIRCS+"模式吸引更多的新兴经济体或发展中国家加入，提升金砖国家在国

---

[1] 这里可将司机看成是特殊的乘客，实际上是所有乘客的主导者，在路线既定的情况下，决定乘客到达目的地的快慢。

际舞台上的整体实力。

具体而言，作为 G20 平台中的重要成员国，金砖国家应该积极团结其他发展中国家，充分发挥发展中国家整体的力量，增强发展中国家在国际经济金融事务中整体的地位与影响力，从而推动国际货币体系的改革朝着更有利于发展中国家利益的方向发展；在国际金融机构的改革中，金砖国家可以利用其份额与投票权增加的机会，尤其是中国可以充分利用其在世界银行投票权排名第三的地位及人员在主要国际金融机构高层任职的优势，为发展中国家争取合理利益，积极推动发展中国家和发达国家公平分享国际金融机构份额和投票权；在国际金融话语权方面，金砖国家可联合广大发展中国家展开与掌握主要话语权国家的博弈，改变一直以来发展中国家只能对主要话语权国家的主张作出反应甚至被动接受而无法主动设置议题维护自身利益或影响其他国家的现状。

与此同时，金砖国家之间也应兼顾各方利益，坚持平等互利和共赢，而不是在多边合作中争当领导者，这样才能保证金砖国家合作机制本身的可持续性，深化新兴国家之间的合作，为发展中国家赢得更多的利益和创造更为广阔的发展空间。

3. 处理好与国际货币体系主导国家的关系。金砖国家在充当"疏导员"为发展中国家争取合理的利益、参与维护世界经济金融秩序稳定的过程中，难免会遭遇发达国家的阻碍，因此，处理好与主导国家的关系、努力争取其默许甚至支持显得尤为重要。作为新兴大国，金砖国家都非常重视与以美国为首的发达国家的关系：中国正积极构建与西方国家长期稳定和健康发展的大国关系；巴西的外交也是以稳定与美国、欧洲国家的关系为基础；印度十分注重与美国的全方位外交；南非的外交重心是稳定与西方国家的关系，其中欧盟则是其最大的投资、贸易伙伴及援助方；俄罗斯尽管受乌克兰事件的影响，与西方国家进行了对抗，但外交接触仍然保持[1]。因此，在参与国际货币体系改革的过程中，金砖国家与发达国家之间是非对抗性的，既不是反霸权，更不是争夺霸权，是参与者和推动者，而不是挑战者。

其中，对于中国而言，中国和美国分别作为发展中国家和发达国家的代表，

---

① 蒲俜. 金砖国家机制在中国多边外交中的定位 [J]. 教学与研究，2014（10）：57–58.

两国的利益冲突不可避免，但随着中国经济实力和地位的不断提升，双方的共同利益和共同语言也将越来越多。作为世界上最重要的两个经济体，中美两国已成为"利益攸关方"（Zoellick，2005），这种关系在国际金融危机后更加凸显，不仅在商品贸易、市场准入、服务业等传统的经贸领域，在涉及经济增长模式、投资、储蓄与社会保险等非传统的经贸领域也存在诸多共同利益（张汉林和袁佳，2010）。这些共同利益为中美建立对话机制、加强交流与合作奠定了现实基础。此外，美国作为货币体系的最主要主导国，和公交车的司机类似，具有维护秩序稳定的责任，因此，默许或支持包括中国在内的金砖国家作为疏导员参与秩序稳定的维护也符合美国的利益。在具体的措施上，尽管目前中美之间已建立了包括中美战略与经济对话、中美商业贸易联合委员会、中美联合经济委员会等机制在内的平台，并在推动中美双方的交流、沟通和协调方面起到了重要的作用，但这些平台在议题设置和制度设计方面不均衡、面对突发情况机制缺乏灵活性和机动性等方面的缺陷也成为双方达成有效沟通和协调的障碍。为克服这些障碍，中国可积极与美国商讨建立类似 G20 峰会的中美峰会机制，该机制应在议题设置和制度设计方面强调对等性，并能定期举行峰会进行交流和沟通；同时在此机制下设立如协调沟通委员会等机构，对经济金融领域及其他领域可能产生的摩擦进行协调沟通。

四、结语

国际金融危机之后，金砖国家在维护全球金融经济的稳定方面发挥了重要作用，并积极参与国际货币体系改革。当前普遍认为国际货币应由"一主多元"向"多元制衡"演变，这是更为现实的选择，因此，积极推动金砖国家货币的国际化，尤其是中国站在国家战略高度推动人民币的国际化，使其成为发挥"制衡"作用的"多元"之一，实际上也是对国际货币体系改革的贡献。然而，在参与国际货币体系改革的过程中，金砖国家却因身份转变而面临前述"挤车困境"，而且这种困境随着其融入程度的进一步增强将更加突出。通过"身份融合"战略，处理好与原体系内发达国家尤其是主导国家的关系，同时保持好与其他发展中国家的关系，可以化解这一困境。随着金砖国家经济金融实力的进一步提升，在开放、包容、合作、共赢的原则下各项合作议题的提出和落实及金砖银行与应急储备安排等合作机制进一步推进和深化，金砖国家将在国际货币体系朝着更加合理、有序的方向发展过程中发挥越来越重要的作用。

本章小结

　　金砖国家金融合作的本质是一种国际区域金融合作，从新制度经济学角度来看，金砖国家金融合作具有制度属性和制度变迁的属性，同时作为区域间国际公共产品，金砖国家金融合作对全球性国际公共产品的提供具有推动作用。金砖国家的小集团性质及成员间较强的身份认同感，使其区域间的金融合作成为缓解当前国际货币体系改革中集体行动困境问题的重要途径之一。合理的机制设计及开放、包容、非对抗的金砖精神，是金砖国家金融合作机制建立过程中，解决金砖国家之间的利益分歧、其他发展中国家"搭便车"问题及金砖国家与发达国家的矛盾，从而走出集体行动困境的关键。除面临集体行动困境外，金砖国家在参与国际货币体系过程中还面临着与体系内发达国家和体系外其他国家同时博弈的困境，即"挤车困境"。产生"挤车困境"的根本原因是新参与者身份的逐渐转变导致利益变化，其破解之道在于以不完全信息下的"身份融合"战略替代完全信息下的"身份转变"思维。包括中国在内的金砖国家在参与国际货币体系改革过程中，既要处理好与体系内发达国家尤其是主导国家美国的关系，又要保持与体系外其他国家的联系，从而实现"身份融合"。

第四章

金砖银行运行现状及其国际信用评级问题

金砖银行旨在为金砖国家和其他新兴经济体、发展中国家的基础设施与可持续发展项目提供资金支持，与多边及区域的开发性金融机构共同推进全球经济增长和发展。从其设想的提出到正式成立再到正式运营，金砖银行实现了跨越式的发展。然而，金砖银行在运行中仍面临各种挑战，如在发展初期，金砖银行在基础设施及可持续发展项目相关业务的运行方面仍缺乏经验；金砖银行如何获得更高的国际信用评级，以实现在国际资本市场上低成本融资，推动业务可持续发展等。本章第一节分析金砖银行的成立及其运行；第二节分析现有多边开发银行参与基础设施项目投资空间分布的影响因素，以期为金砖银行业务开展提供有益的启示；第三节分析金砖银行在当前超主权信用评级框架下获得国际信用评级的优势和劣势，并提出相应的对策建议。

第一节　金砖银行成立及其运行

一、金砖银行发展历程

前文分析可知，包括金砖国家在内的新兴经济体经济实力不断上升，但却无法获得应有的国际金融话语权，而深受发达国家引致的国际金融危机之苦，同时既有开发性金融体系无法满足发展中国家巨额的基础设施建设资金需求也阻碍了发展中国家的进一步发展。在此背景下，为寻求既有国际货币体系下的突破，金砖国家 2011 年中国三亚第三次峰会上提出了加强金砖银行间的金融合作计划；2012 年印度新德里第四次金砖峰会上则提出了成立由新兴经济体自己主导的开发银行的构想；2013 年南非德班第五次金砖峰会决定成立金砖银行，要求各成员国财政部部长提出金砖银行可行性报告；2013 年 9 月，在 G20 圣彼得堡第八次峰会上，金砖五国领导人非正式会晤强调继续推动金砖银行成立；2014 年巴西福塔莱萨第六次金砖峰会宣布成立金砖银行，最终确定金砖银行的资本规模、治理结构等内容，从而将金砖国家金融合作推向了实质性阶段。2015 年 7 月，金砖银行在俄罗斯莫斯科召开第一次理事会议，任命理事会成员及第一任领导层，同月，金砖银行在上海正式开业；2016 年金砖银行公布了其首批贷款项目和发行了首只绿色债券；2017 年 8 月在南非约翰内斯堡成立首个区域中心，并计划在巴西、俄罗斯再开设区域中心；2017 年 9 月金砖银行永久性总部大楼奠基。由此，作为金砖国家金融合作机制的重要组成部分，金砖银行形成了由设想到论证、到各国达成共识、再从落成到运营的发展轨迹，成为当前国际金融体系中的新型多边开发性金融机构。

二、金砖银行的运行模式

（一）治理模式

1. 组织结构。金砖银行组织结构包括理事会、董事会、行长及副行长，与其他多边开发银行不同的是，金砖银行更加强调行长、副行长的职能，而董事会的职能相对较弱。

由每个成员国各派一名理事和一名副理事组成理事会，一年召开一次会议，董事会或董事主持召开其他会议。理事会是金砖银行的最高权力机构，其拥有以下事项的决定权：金砖银行资本的增减、成员国资格的暂停、新成员的加入及其条件、对金砖银行协定进行解释和修订、制定与其他国际组织合作战略、金砖银行净收入及其总资产的分配和业务的终止、董事及副行长人数的增加、行长选举、批准董事会对资本催缴的请求、批准金砖银行总体战略等。其他一切权力理事会则授予董事会。董事会主要负责金砖银行总体运行的统筹工作，具体包对国家战略、业务战略、贷款、股权投资、担保、金砖银行借款等进行决策，并对基本业务程序和收费标准进行设置，同时提供技术上的援助和其他运作。董事会采用非常驻的方式，董事总数小于等于 10 名，每个创始成员国各派 1 名董事和副董事。在行长的提议下，董事负责批准金砖银行工作人员的行政与专业职数等方面的组织设置，董事缺席时，相关权力由副董事行使[①]。

金砖银行设 1 位行长和 4 位副行长，副行长分别兼任首席财务官（CFO）、首席运营官（COO）、首席行政官（CAO）、首席风险官（CRO），并分管相应的业务部门。第一任行长为印度的瓦曼·卡马特（K. V. Kamath），任期为五年，之后则按巴西、俄罗斯、南非、中国的顺序轮流。四位副行长分别为巴西的 Paulo Nogueira Batista Jr（CRO）、中国的祝宪（COO）、俄罗斯的 Vladimir Kazbekov（CAO）、南非的 Leslie Maasdorp（CFO）。

2. 股权、投票权结构。金砖银行法定资本为 1000 亿美元，共 100 万份，每份 10 万美元，成员国最低认缴份数为 1 份，初始认缴资本为 500 亿美元，实缴资本 100 亿美元，通知即缴资本 400 亿美元，五国平均出资，平分股权；在"金砖＋"模式下，成员国向所有联合国成员国开放，但金砖五国投票权总额保持在 55% 以上，不设基本投票权，其中，非借款成员国投票权不超过 20%。

董事会的席位分配及投票权分配方面，金砖银行共设 10 个董事席位，5 个为金砖五个创始国保留；在吸纳新成员后，非金砖成员国将组成"选区"。董事会投票时，每个董事有权按其当选时所代表全部票数投票，其可投票数不作为一个单位投票。

3. 决策机制。决策机制上，除特别规定外，金砖银行的所有事项遵循"简单多数"原则，即超过一半的赞成票数决定；重要事项经"有效多数"同意，即总投票权的 2/3 赞成票决定；特别重要事项经"特别多数"同意，即在获得 4 个创始成员国赞成的同时获得总投票权 2/3 赞成票决定。

（二）业务发展模式

金砖银行的运行目标主要包括促进成员国的发展和经济增长，促进竞争和创造就业机会，为发展中国家建立知识共享平台。为实现以上经营目标，金砖

[①] 陈燕鸿，郑建军. 金砖国家新开发银行治理结构创新性研究 [J]. 东南学术，2017（4）：122-123.

银行首先通过贷款的方式支持公共部门和私人部门相关项目，同时还将通过担保、股权参与及其他金融工具支持金砖国家及其他发展中国家基础设施和可持续发展项目。

1. 发放贷款。在贷款对象上，不仅面向成员国，还向其他发展中国家进行贷款；在贷款支持领域，主要支持水电、交通、环境、能源等基础设施和可持续发展项目，包括私人部门项目和公共部门项目及两者共同参与项目（PPP 项目）。作为开发性贷款，金砖银行贷款具有期限长、利率低的特点。贷款的审批方面，限制条件和审批效率将优于世界银行等现有开发性金融机构，贷款的工具和方式方面以客户为导向，更注重满足贷款国的实际需求（连平，2016）。同时，金砖银行将提供借款国本币贷款以使借款者可以免受汇率波动的风险。在贷款过程中，金砖银行还将与其他国际组织尤其是开发性金融机构进行合作以共同促进世界发展。

2. 对外投资。除了贷款业务外，金砖银行还可以通过股权投资或者在全球金融市场投资的方式，实现其经营目标。在中长期贷款基础上，金砖银行还可以采用多元化的金融工具进行投资，如通过股权投资的方式参与基础设施项目，获得项目相关的长期收益，从而在满足发展中国家多样化融资需求基础上，提升业务的灵活性和效率性。同时，还可通过全球金融市场进行投资，保证流动性需求。

3. 资金来源。金砖银行成立的初始资金主要来源于成员国的实缴资本，并在正式运营后发行绿色债券。为支持其业务的可持续发展，未来，金砖银行的融资方式主要通过成员国资本市场融资和国际资本市场融资，融资以绿色金融工具为重点，包括债券和票据等中长期金融工具，同时还将涉及金融衍生工具等其他多样化的融资方式。

三、金砖银行业务运行现状

金砖银行成立两年，顺利迈过了其初创阶段，并在可持续发展的理念下，批准了 7 个项目，用于支持金砖国家可再生能源发展和道路基础设施建设，贷款方式包括主权担保贷款、主权贷款和非主权贷款，其中对巴西和俄罗斯的贷款为非主权贷款；相关项目将支持成员国每年减少约 400 万吨的二氧化碳排放（见表 4-1）。2017 年，金砖银行为超过 10 个项目提供了 25 亿 ~30 亿美元的贷款，2018 年为 30 个项目提供约 80 亿美元的贷款①，并计划在 2019 年批准 20~25 个项目 75 亿 ~80 亿美元的贷款，到 2021 年将批准约 100 个项目 350 亿 ~400 亿美元的贷款。其中，对于中国，金砖银行已批准项目 9 个，贷款总额为 28 亿美元，分布于上海、江西、福建等地；2019 年将计划批准中国 8~10 个项目约 20 亿美元的贷款②。同时，金砖银行于 2016 年获得了中国评级机构中诚信国际信用评级有限责任公司与联合资信评估有限公司 AAA 级的信用评级，并于 2016 年 7 月以 3.07% 的利率发行 30 亿元以人民币计价的五年期绿色债券，专项用于绿色产业项目贷款；2018 年 8 月，金砖银行先后获得惠誉和标普 AA+ 级评级，前景展望稳定，意味着金砖银行开始逐步成为国际金融市场的基准发行人，将提升其向成员国提供资金支持的能力；2019 年 2 月，金砖银行在中国银行间债券市场再次发行了 30 亿元人民币债券，期限包括 3 年期和 5 年期，规模分别为 20 亿元和 10 亿元两种，票面利率分别为 3% 和 3.32%。

表 4-1　　　　　　　　　金砖银行成立两周年贷款支持项目

国家	贷款金额	主权 / 非主权	借款人	担保人	贷款最终使用	贷款支持目标
印度	2.5 亿美元	主权担保借款	卡纳拉银行	印度政府	子项目融资	增加 500MW 可再生能源容量，每年减少 81.5 万吨二氧化碳排放
中国	8100 万美元（5.25 亿元人民币）	主权借款	中国政府	—	上海临港弘博新能源发展有限公司	增加 100MW 分布式光伏电站，每年减少 7.3 万吨二氧化碳排放
巴西	3 亿美元	非主权借款	巴西国家开发银行	—	子项目融资	增加 600 MW 可再生能源容量，每年减少 100 万吨二氧化碳排放
南非	1.8 亿美元	主权担保借款	南非国家电力公司	南非政府	南非国家电力公司	增加 670MW 发电传输生产线和 500MW 可再生能源发电转换，每年减少 130 万吨二氧化碳排放
俄罗斯	1 亿美元	非主权借款	欧亚开发银行和国际投资银行	—	别洛巴罗什水电站项目及其他	增加 49.8MW 可再生能源容量，每年减少 4.8 万吨二氧化碳排放

---

① 金砖国家新开发银行非洲区域中心成立，http://world.people.com.cn/n1/2017/0818/c1002-29478794.html。

② http://www.sohu.com/a/299601460_381564。

续表

国家	贷款金额	主权/非主权	借款人	担保人	贷款最终使用	贷款支持目标
印度	3.5 亿美元	主权借款	印度政府	—	印度中央邦政府	升级 1500 公里的道路
中国	2.98 亿美元（20 亿元人民币）	主权借款	中国政府	—	福建省投资开发集团	增加风电开发容量 250MW，每年减少 86.99 万吨二氧化碳排放

资料来源：金砖银行主页，http://www.ndb.int/data-and-documents/financial-statements/。

第二节　多边开发银行参与基础设施项目投资空间分布的影响因素：基于世界银行 PPI 数据库的实证分析

2008 年国际金融危机后，全球经济一直面临如何复苏的难题，在传统的财政货币政策刺激依然无法奏效的情况下，基础设施领域的投资成为各国经济发展的重要引擎之一，由此迎来了全球基础设施领域投资需求的迅猛增长。据世界银行报告，当前全球基础设施每年投资达 1 万亿美元，其中发展中国家与新兴经济体 2020 年之前每年需再增加 1 万亿~1.5 万亿美元的投资；其他机构数据估计，2015~2030 年全球面临的基础设施投资需求将达 90 万亿美元左右，单 2030 年一年全球范围内的基础设施投资需求就达 57 万亿美元，其中能源、交通及水务部门将是最主要的投资建设领域，比例约占 80%。尽管世界银行、亚洲开发银行等已有的多边开发金融机构在基础设施投资中均发挥了重要作用，但无论在融资规模还是融资方式方面均无法满足需要，因此，如何有效地满足全球基础设施投资尤其是发展中国家基础设施投资的需求仍是一项严峻的挑战，从而如何探索新的方法实现各国基础设施建设的可持续成为各界关注的焦点。例如，2010 年韩国首尔 G20 峰会提出各国要在基础设施领域进行国际开发与合作，峰会达成的"多年发展行动计划"强调多边开发银行要积极探索并参与发展中国家的基础设施投资；2014 年澳大利亚布里斯班峰会则提出了"全球基础设施倡议"，决定成立全球基础设施投资中心，为私人部门、政府及其他国际组织在基础设施投资方面提供平台；为了加强基础设施项目整体的协调和合作，2016 年中国杭州峰会核准了同年 7 月启动的"全球基础设施互联互通联盟倡议",并要求世界银行联合经济合作与发展组织、全球基础设施中心、其他多边开发银行及有兴趣的 G20 成员国共同参与。而金砖国家银行的成立及中国倡议下成立的亚洲基础设施投资银行更是对全球基础设施尤其是发展中国家基础设施投资的有益探索。在此背景下,研究多边开发银行参与基础设施项目投资空间分布的影响因素,具有重要的理论和现实意义。

一、相关研究现状

(一)私人资本参与基础投资的 PPP 模式及其决策的影响因素

由于政府财政能力有限,单纯依靠政府资金难以满足各国尤其是发展中国家巨大的基础设施投资需求,需要吸引私人资本共同参与。其中,PPP(Public–Private Partnership)模式即公私合营模式,通过吸引私人资本共同参与基础设施建设服务,有助于缓解政府财政压力,改善一国基础设施建设的服务能力,从而成为各国广泛使用于吸引私人资本进入基础设施建设领域的重要融资方式(沈铭辉,2015)。但基础设施 PPP 项目发展存在明显的国别差异,基于发展中国家数据相关研究认为,经济发展速度越快的国家,PPP 项目发展越好(Narayana,2011;Chakraborty 和 Nandi,2011),同时 PPP 项目的实施需要有一套成熟的规则进行指引,即 PPP 制度成熟与否对 PPP 项目的发展具有重要的影响(Kwak 等,2009;Tserng 等,2012);张水波和郑晓丹(2015)则从法律法规、管理机构、公众参与三个维度比较分析了金砖四国 PPP 制度成熟程度对其基础设施 PPP 项目实施的影响。

Marcus(2004)对英国 PPP 项目中存在的问题进行了实证分析,发现政治因素、法律因素、组织战略和结构及文化特征等外部环境因素是私人部门制定合同条款非常重视的因素。一些学者系统研究了发展中国家基础设施 PPP 项目国别差异的影响因素。Hammami(2006)首次基于世界银行 PPI 数据库 1990~2003 年的数据,从政府约束、政治环境、市场条件等方面,分析 PPP 项目实施的影响因素,结果表明政府债务负担较重、市场需求较大的国家,PPP 项目数量越多;宏观经济的稳定性是决定 PPP 项目多少的关键;机构质量方面,腐败越少、法制越完善的国家,可以吸引更多的私有资本参与;而具有 PPP 项目融资经验的国家 PPP 项目越多,PPP 项目个数还因基础设施的公共特征、资本的密集性、技术需求等因素而异。Basilio(2010)在 Hammami(2006)研究的基础上，分析私人资本参与 PPP 投资的影响因素，结果表明，私人资本倾向于投资人口较少、人均收入较高的发展中国家，目标国家所属法系及是否有多边机构的参与也是决定私人资本参与 PPP 项目的重要因素。之后，Basilio（2011）进一步分析了新兴市场国家 PPP 项目决策的影响因素，结果表明一国的市场规模和购买力是基础设施资金流向的重要决定因素，其中机构质量对新兴市场国家基础设施投资的影响最大。Henisz（2010）基于 100 个国家两个世纪的面板数据的实证研究表明，制度环境是基础设施投资决策的重要影响因素，投资者投资时不仅要考虑基础设施建设的需求，还要考虑政府对基础设施投资收益率保证的可信性。

（二）多边开发银行在基础设施投资中的作用及影响因素

除私人资本外，多边开发银行在基础设施投资中也发挥了非常重要的作用，多边开发银行不仅为各国基础设施项目提供资金支持，同时还通过技术援助、咨询服务、风险担保等方式推动私人资本参与基础设施投资。例如，Fernanda Ruiz-Nunez（2016）指出，2011~2015 年 IDA 国家[①]基础设施中 33% 的项目获得多边开发银行某种程度的支持，37% 的融资金额来自多边开发银行，包括 63% 的贷款，33% 的担保，4% 的辛迪加、股权融资及风险管理（主要为汇率、利率互换），担保的风险包括政治风险及无法履行主权债务合约的风险。Ruth 和 Simon（2014）指出，多边开发银行为发展中国家基础设施项目提供了包括金融和非金融方面的支持。金融支持体现为贷款、补助、股权投资和担保等方面直接的支持和通过辛迪加贷款、共同融资等方式引进其他资金提供者共同参与基础设施投资；非金融支持方面，多边开发银行则通过提供风险管理经验、项目设计的标准、监管、环境和透明度方面的监督及项目建设过程中的相关建议和咨询服务。他们进一步指出，多边开发银行对基础设施建设的支持，有利于发展中国家形成良好的投资环境氛围，推动发展中国家资本市场基础设施的建设，从而推动其国内资本参与支持本国基础设施建设，并加强这些国家资本市场与区域或国际资本市场联系。Bhattacharyay（2009）也强调多边开发机构

---

① 根据世界银行的定义，IDA 国家是有资格获得国际开发协会（IDA）支持的，人均国民总收入（GNI per capita）低于 1215 美元的国家。

参与基础设施项目有助于推动私人资本参与基础设施投资，具体途径包括开发盈利性项目，设计合适的金融创新产品，帮助发展中国家提升技术和知识水平，强化金融市场的深度、有效性和流动性，进一步推动金融一体化建设。世界银行提供的部分风险担保和部分信用担保产品，可以降低贷款和投资的风险，提高项目的可行性、可持续性和盈利性，从而推动私人资本参与基础设施项目投资，同时这两种担保也可降低或节省政府的融资成本从而支持更多的基础设施项目（Delmon，2007）。OECD（2006）则研究了多边机构在推动私人资本参与国家发展相关项目投资的作用机制。

基于多边开发银行参与发展中国家基础设施 PPP 项目情况，Basilio（2010）强调多边开发银行在基础设施项目投资中还具有风险担保角色，他首次对多边开发银行参与发展中国家基础设施建设的影响因素进行实证分析，结果表明多边开发银行倾向于支持人口较少、相对贫穷及金融和法律体系发展较为落后的国家，而政治风险、人权大小对多边开发银行参与基础设施项目投资的概率影响不大（Basilio，2015）。

综上所述，已有研究对基础设施投资的 PPP 模式及其决策的影响因素、多边开发银行在基础设施中的作用进行了较为全面和深入的分析，但专门分析多边开发银行参与发展中国家基础设施投资影响因素的研究较少。Basilio 研究的数据主要考虑 PPP 项目，并未区分多边开发银行参与非 PPP 项目中影响因素的差异性，主要强调多边开发银行在项目中的风险担保作用，而未考虑多边开发银行可能作为传统出资者角色与私人资本存在相似的决策机制，同时没有考虑包括政策环境、组织机构质量在内的国家治理因素的影响。鉴于此，本书在已有研究基础上，基于世界银行 PPI 数据库 1996~2014 年的数据[1]，综合考虑目标国的经济金融因素、政府约束情况、法律风险、国家治理情况等多方面因素，并区分 PPP 项目、非 PPP 项目，对开发银行参与发展中国家基础设施投资空间分布的影响因素进行实证分析，以期对金砖银行支持发展中国家的基础设施业务方面产生有益的启示。

---

[1] 这里的时间为项目财务收尾的时间（Financial Closure）。

二、实证分析

（一）模型设定及数据处理

Hammami（2006）的计量模型考虑了政府约束、政治环境、市场条件和宏观经济政策、机构质量和法律体系、是否具有 PPP 项目融资经验、私人资本参与程度等因素对样本国家基础设施投资项目个数和项目投资总额的影响；Basilio（2010）则考虑了政治风险、法律风险、社会风险、金融风险、经济风险等因素对私人资本及多边开发银行参与基础设施投资的影响。本书综合借鉴 Hammami（2006）和 Basilio（2010）的做法，并引入国家治理情况因素，综合考虑目标国的经济因素、金融因素、政府约束情况、法律风险、国家治理情况等因素，对多边开发性银行参与基础设施项目投资空间分布的影响，构建如下计量模型：

$$MDBS_{it} = \beta_0 + \beta_1 ECO_{it} + \beta_2 FIN_{it} + \beta_3 GOV_{it} + \beta_4 LAW_i + \beta_5 WGI_{it} + \varepsilon_{it}$$

各变量含义及处理如下：

（1）$MDBS_{it}$ 是被解释变量，表示多边开发银行参与基础设施情况，取值为 0 或 1。

（2）ECO_{it} 表示目标国经济因素，包括目标国的实际人均 GDP、经济增长速度、人口规模、国际储备规模、通货膨胀等因素，其中实际人均 GDP、人口规模和国际储备规模均取对数，各因素分别表示为 ln $rgdp_{it}$、$gdprate_{it}$、ln pop_{it}、ln rs_{it}、cpi_{it}。

（3）FIN_{it} 表示目标国的金融发展情况，包括储蓄性银行资产占 GDP 的比重、流动性负债占 GDP 的比重、私人信贷占 GDP 的比重，分别表示为 dba_{it}、ll_{it}、$pcredit_{it}$。

（4）GOV_{it} 表示政府约束变量，包括目标国对外债务占出口额的比重、一般性政府最终消费支出 GDP 的比重，分别表示为 eb_{it}、ggx_{it}。

（5）LAW_i 表示目标国的法律风险情况，包括债权人权利指数 $cright_i$（取值 0~4，数值越小，表示债权人权利受保护越弱，法律风险越高）和合约执行天数 $cday_i$（天数越多，表示法律风险越大）[①]。

---

① 目标国法律风险相关变量数值不随时间变化。

（6）WGI_{it} 表示目标国治理情况，包括公众自由度指标 va_{it}、政治稳定性指标 pls_{it} 和政府监管质量指标 rq_{it} 等政策环境指标及法治化水平 rf_{it}、管理效能 ge_{it} 和控制腐败程度 cc_{it} 等组织机构质量指标。

多边开发银行参与基础设施建设情况原始数据来源于世界银行定期公布的私人资本参与基础设施建设（PPI）数据库，其中，私人资本参与的方式包括与政府合作的 PPP 模式和非 PPP 模式，项目涉及能源、信息与通信、交通及水务四个部门。考虑到数据的可获得性和匹配度，使用数据的时间跨度为1996~2014 年，涉及东亚和太平洋、欧洲和中亚、拉丁美洲和加勒比海、中亚和北非、南亚及撒哈拉以南非洲等区域的 92 个主要发展中国家相关数据。其他解释变量中，经济因素和政府约束变量原始数据来源于世界银行 WDI 数据库，金融发展变量数据来源于世界银行 GFDD 数据库，法律风险变量数据来源于 Djankov 等（2007），目标国治理情况数据来源于 WGI 数据库。

（二）实证结果分析

本节数据为非平衡面板数据，表现为每个国家基础设施项目涉及的年份不同，且各个年份涉及的项目数也存在差异，因此，按照混合样本数据进行回归。由于被解释变量是二元变量，因此采用二元选择模型进行估计。常用的二元选择模型包括 Probit 模型和 Logit 模型，其中 Logit 模型估计系数的绝对值大于 Probit 模型的估计值，而预测结果与最大似然函数值十分接近，因此，本节仅使用 Probit 模型进行估计。考虑到社会资本参与基础设施投资存在 PPP 和非PPP 两种模式下，多边开发银行参与基础设施投资空间分布的影响因素可能存在差异，因此将数据分为样本整体、PPP 项目、非 PPP 项目三组，分别进行估计，各组回归均包括模型 1、模型 2、模型 3 三种模型，其中模型 1 为基础模型，模型 2 在模型 1 的基础上考虑区域效应的影响，模型 3 在模型 1 的基础上考虑部门效应的影响。估计结果如表 4-2 和表 4-3 所示。

1. 样本整体回归结果分析。

从表 4-2 估计结果可知，宏观经济变量的影响中，目标国人均 GDP、人口规模、通货膨胀对多边开发银行参与其基础设施投资的影响为正，经济增长速度和国际储备的影响为负，相关系数在模型 1 至模型 3 中均通过了 1% 的显著性检验。可见，收入较高、人口较多及宏观经济不稳定的国家，多边开发银行参与其基础设施投资的可能性更大，而经济增长较快、国际储备较多的国家，风险较小，多边开发银行参与其基础设施投资的可能性较小。

金融变量中，储蓄性银行资产占 GDP 的比重影响为负，流动性负债占 GDP 的比重影响为正，相关系数在模型 1 至模型 3 中均通过了 1% 或 5% 的显著性检验，金融机构私人信贷占 GDP 的比重的影响不确定，且不显著。

政府约束性因素中，目标国外债风险越大、一般性政府最终消费性支出占 GDP 的比重越小，多边开发银行参与支持该国基础设施建设的可能性越大，相关系数在模型 1 至模型 3 中均通过了 1% 的显著性检验。

法律因素中，目标国的债权人权益指数越大，债权人受保护程度越大，法律风险越小，越容易获得融资，多边开发银行参与的可能性越小，相关系数在模型 1 至模型 3 中均通过了 1% 的显著性检验，合同执行天数的影响则不显著。

政府治理指标方面，公民的自由度、政治稳定性、政府监管质量等政策环境变量的影响为正，其中公民的自由度、政府监管质量相关系数在模型 1 至模型 3 中均在 1% 的显著性水平下显著，政治稳定性指标在模型 1 和模型 3 中分别通过 10% 或 5% 的显著性检验；组织机构质量指标中，法治化程度的影响为正但不显著，管理效能和控制腐败程度的影响为负；相关系数中，前者在模型 2 中通过了 10% 的显著性检验，后者在模型 1 中通过了 10% 的显著性检验。可见，多边开发银行倾向于参与支持政策环境较好的国家基础设施项目建设。

区域效应中，相对东亚和太平洋地区，欧洲和中亚、中亚和北非、撒哈拉以南非洲三个区域虚拟变量的符号为正，且通过了 1% 或 5% 的显著性检验；部门效应中，相对能源部门，交通部门虚拟变量的符号为正，且在 1% 的显著性水平下显著，其他部门虚拟变量符号为负且不显著。

从模型评价的相关统计量看，在预测准确性方面，模型 1 至模型 3 正确预测的概率为 83.24%、84.12%、83.51%，可见三组模型的设定均较为合理；模型解释力方面，可由 ROC 曲线下面积判断[①]，模型 1 至模型 3 ROC 曲线下面积分别为 0.7531、0.7619、0.7667，表明三种模型具有较好的解释力。

---

① ROC 曲线下面积越大，模型解释力越大，最没有解释力模型 ROC 曲线下对应的面积为 0.5，具有完全解释力的模型对应的面积为 1。

表4-2　　　　　　　　　　　　　整体样本回归结果

被解释变量	MDBS_{it}	模型1		模型2		模型3	
		系数	标准差	系数	标准差	系数	标准差
经济变量	lnrgdp_{it}	0.1023***	0.0307	0.0962***	0.0334	0.0932***	0.0308
	gdprate_{it}	−0.0533***	0.0077	−0.0587***	0.0079	−0.0592***	0.0078
	lnpop_{it}	0.0850***	0.0266	0.1692***	0.0307	0.1060***	0.0269
	lnrs_{it}	−0.2689***	0.0263	−0.3247***	0.0283	−0.2976***	0.0271
	cpi_{it}	0.0081***	0.0019	0.0073***	0.0021	0.0085***	0.0019
金融变量	dba_{it}	−0.0085***	0.0027	−0.0063**	0.0029	−0.0115***	0.0027
	ll_{it}	0.0086***	0.0019	0.0085***	0.0020	0.0108***	0.0019
	pcredit	−0.0004	0.0017	0.0020	0.0018	−0.0003	0.0017
政府约束变量	eb_{it}	0.0006***	0.0001	0.0007***	0.0001	0.0006***	0.0001
	ggx_{it}	−0.0163***	0.0047	−0.0310***	0.0053	−0.0156***	0.0047
法律变量	cright_i	−0.1204***	0.0224	−0.1792***	0.0247	−0.1238***	0.0229
	cday_i	−0.0001	0.0001	0.0001	0.0001	−0.0001	0.0001
政策环境变量	va_{it}	0.1441***	0.0470	0.2429***	0.0552	0.1274***	0.0476
	pls_{it}	0.0676*	0.0362	0.0518	0.0431	0.0747**	0.0363
	rq_{it}	0.4556***	0.0761	0.5972***	0.0890	0.4556***	0.0770
组织机构质量变量	rf_{it}	0.1258	0.0813	0.0159	0.0956	0.1023	0.0819
	ge_{it}	−0.1530	0.0971	−0.1735*	0.0999	−0.1045	0.0983
	cc_{it}	−0.1646*	0.0909	−0.1368	0.0924	−0.1065	0.0917
区域虚拟变量	Region2			0.6355***	0.1102		
	Region3			0.0019	0.1032		
	Region4			0.4830***	0.1243		
	Region5			0.0969	0.1051		
	Region6			0.2343**	0.0979		
部门虚拟变量	Sector2					−0.0120	0.0924
	Sector3					0.3526***	0.0448
	Sector4					−0.0769	0.0612
常数项	−cons	3.7968***	0.3356	3.4536***	0.3699	4.0793***	0.3465
正确预测概率		83.24%		84.12%		83.51%	
ROC 面积		0.7531		0.7619		0.7667	

注：1. *、**、*** 分别表示在10%、5%、1%的显著性水平下显著，以下表同。

2. Region2 至 Region6 分别表示欧洲和中亚、拉丁美洲和加勒比海、中亚和北非、南亚、撒哈拉以南非洲对应的区域虚拟变量，相关回归以东亚和太平洋区域为基准，以下同。

3. Sector2 至 Sector4 分别表示信息与通信、交通、水务对应的部门虚拟变量，相关回归以能源部门为基准，以下同。

2. PPP 项目与非 PPP 项目样本回归结果比较分析。

从表 4-3 估计结果可知，在宏观经济变量中，目标国人均 GDP、人口规模、国际储备对多边开发银行参与 PPP 项目与非 PPP 项目的影响相同，且基本在 1% 或 5% 的显著性水平下显著；经济增长速度的影响方向相同，但相关系数在 PPP 项目回归中不显著，非 PPP 项目回归中则通过了 1% 的显著性检验；而通货膨胀的影响方向则相反，即多边开发银行倾向于支持通货膨胀较小国家的 PPP 项目和通货膨胀较严重国家的非 PPP 项目，相关系数通过了 5% 或 10% 的显著性检验。

在金融变量中，流动性负债占 GDP 的比重对多边开发银行参与 PPP 项目与非 PPP 项目的影响均为正，PPP 项目回归相关系数在模型 2、模型 3 中分别通过了 5%、1% 的显著性检验，非 PPP 项目回归关系数在模型 1 至模型 3 中均通过了 1% 的显著性检验；储蓄性银行资产占 GDP 的比重、金融机构私人信贷占 GDP 的比重对多边开发银行参与 PPP 项目影响则不显著，而对多边开发银行参与非 PPP 项目影响均主要为负，前者相关系数在模型 1 中通过了 10% 的显著性检验；后者相关系数在模型 1 中和模型 3 中通过了 1% 的显著性检验。

政府约束性因素对多边开发银行参与 PPP 项目的影响不显著，但对非 PPP 项目，目标国对外债务占出口比重的影响为正，一般性政府最终消费性支出占 GDP 的比重的影响为负，相关系数在模型 1 至模型 3 中均通过了 1% 的显著性检验。

法律因素方面，两组回归中目标国的债权人权益指数影响均为负，相关系数均通过了 1% 的显著性检验，合同执行天数的影响则基本不显著。

政府治理指标方面，政策环境变量中，公民的自由度、政府监管质量对多边开发银行参与 PPP 项目与非 PPP 项目的影响均显著为正，而政治稳定性的影响方面则相反，多边开发银行倾向于参与支持政治稳定性较差国家的 PPP 项目和政治稳定好的国家的非 PPP 项目；组织机构质量指标中，控制腐败程度对多边开发银行 PPP 项目的影响相对更重要，相关系数为负且在 5% 或 10% 的显著性水平下显著，管理效能的影响为负，相关系数在模型 2 中通过 10% 的显著性检验，其他模型中则不显著，法制化程度的影响不显著，非 PPP 项目回归中，法制化程度的影响为负，相关系数在模型中通过 5% 或 10% 的显著性检验，管理效能的影响、控制腐败程度影响不显著。

两组回归结果均存在显著的区域效应和部门效应，其中 PPP 项目样本回归中，相对东亚和太平洋地区，欧洲和中亚、撒哈拉以南非洲区域虚拟变量的影响显著，部门效应虚拟变量符号为正且均在 1% 的显著性水平下显著。非 PPP 项目回归中，相对东亚和太平洋地区，欧洲和中亚、中亚和北非两个区域虚拟变量的影响显著；相对能源部门，交通部门虚拟变量影响为正且在 1% 的显著性水平下显著。

从模型评价的相关统计量看，在预测准确性方面，PPP 项目样本回归中，模型 1 至模型 3 正确预测的概率分别为 87.56%、87.18%、86.71%，非 PPP 项目样本回归中模型 1 至模型 3 正确预测的概率分别为 77.8%、78.94%、78.17%，可见三组模型的设定均较为合理；PPP 项目样本回归中模型 1 至模型 3 的 ROC 曲线下面积分别为 0.7657、0.7689、0.7857，非 PPP 项目样本回归则分别为 0.7503、0.7856、0.7616，表明三种模型具有较好的解释力。

表 4-3　　　　　　　　　PPP 项目与非 PPP 项目样本回归结果比较

被解释变量	$MDBS_{it}$	模型 1		模型 2		模型 3	
		PPP 组	非 PPP 组	PPP 组	非 PPP 组	PPP 组	非 PPP 组
经济变量	$lnrgdp_{it}$	0.1062**	0.1051**	0.1273**	0.0587	0.0871*	0.0918**
	$gdprate_{it}$	−0.0106	−0.0832***	−0.0101	−0.1114***	−0.0144	−0.0928***
	$lnpop_{it}$	0.0353	0.1968***	0.0990**	0.3295***	0.0620	0.2186***
	$lnrs_{it}$	−0.3194***	−0.2996***	−0.3610***	−0.4217***	−0.3501***	−0.3389***
	cpi_{it}	−0.0121**	0.0149***	−0.0120**	0.0153***	−0.0108**	0.0146***
政府约束变量	eb_{it}	0.0004	0.0006***	0.0003	0.0011***	0.0005	0.0006***
	ggx_{it}	0.0021	−0.0262***	−0.0127	−0.0495***	0.0013	−0.0239***
金融变量	dba_{it}	−0.0012	−0.0082*	0.0001	−0.0071	−0.0045	−0.0062
	ll_{it}	0.0035	0.0111***	0.0053**	0.0119***	0.0065***	0.0115***
	$pcredit_{it}$	0.0001	−0.0077***	−0.0002	0.0004	0.0001	−0.0103***
法律变量	$cright_i$	−0.0999***	−0.1326***	−0.1380***	−0.2511***	−0.0946***	−0.1394***
	$cday_i$	−0.0001	−0.0001	−0.0000	0.0003**	−0.0001	−0.0000
政策环境变量	va_{it}	0.1814**	0.2192***	0.2278***	0.4407**	0.1469**	0.2052***
	pls_{it}	−0.1928***	0.3372**	−0.2575***	0.2899***	−0.2158**	0.3396***
	rq_{it}	0.4902***	0.5303***	0.5071***	0.5972***	0.6358***	0.4973***
组织机构质量变量	rf_{it}	0.0987	−0.2389*	0.1759	−0.2217*	0.1402	−0.2617*
	ge_{it}	−0.1952	0.0984	−0.2726*	0.2179	−0.1493	0.1071
	cc_{it}	−0.3136**	0.0344	−0.2865**	−0.0491	−0.3643***	0.1551

续表

被解释变量	MDBS$_{it}$	模型 1		模型 2		模型 3	
		PPP 组	非 PPP 组	PPP 组	非 PPP 组	PPP 组	非 PPP 组
区域虚拟变量	Region2			0.2881*	1.1951***		
	Region3			0.1343	0.1285		
	Region4			0.1929	0.8383***		
	Region5			−0.0849	0.1364		
	Region6			0.4090***	0.1365		
部门虚拟变量	Sector2					0.5477***	−0.5340
	Sector3					0.8268***	0.4299***
	Sector4					0.4375***	0.1923
常数项	−cons	5.2712***	2.9690***	4.9204***	3.3546***	4.9602***	3.4966***
正确预测概率		87.56%	77.8%	87.18%	78.94%	86.71%	78.17%
ROC 面积		0.7657	0.7503	0.7689	0.7856	0.7857	0.7616

注：由于解释变量较多，限于表格长度，本表未报告各系数标准差。

三、实证结论

本书基于世界银行 PPI 数据库 92 个发展中国家 1996~2014 年的数据，区分整体样本、PPP 项目样本和非 PPP 项目样本，使用 Probit 模型实证分析了多边开发银行参与基础设施投资空间分布的影响因素，所得主要结论如下：

第一，从样本总体看，宏观经济变量是多边开发银行参与基础设施项目的重要决定因素，多边开发银行倾向于支持收入较高、人口较多从而基础设施需求较大的国家的基础设施项目，这与 Basilio（2010、2015）的结论相反；而经济增长较慢、国际储备较少、通货膨胀较高的目标国家，较难获得外部融资，从而需要多边开发银行的支持。从具体项目看，多边开发银行倾向于支持收入较高、人口较多、国际储备较少及物价较稳定的国家的 PPP 项目，而对非 PPP 项目支持的目标国主要表现为收入较高、经济增长较慢、通货膨胀较高、人口较多、国际储备较少。可见，基于目标国宏观经济因素考虑，多边开发银行支持 PPP 项目建设中既充当出资者的角色，又具有部分风险担保的作用，而在非 PPP 项目支持中更多的是充当风险担保的角色。

第二，与 Basilio（2010、2015）的结论不同，多边开发银行作为共同出资者倾向于支持金融市场较为发达的发展中国家的基础设施建设，但对非 PPP 项目，多边开发银行则部分充当了降低金融风险以吸引私人资本参与投资的角色。

第三，在政府约束方面，目标国政府对外偿债压力越大，越需要多边开发银行的支持，但政府消费性支出占的比重则降低了多边开发银行参与的积极性，多边开发银行参与非 PPP 项目的影响因素呈现同样的特点，但政府约束因素对 PPP 项目的影响不显著。考虑目标国政府约束因素，多边开发银行在与私人资本共同参与基础设施投资中主要起着降低风险的作用。

第四，无论是样本整体、PPP 项目还是非 PPP 项目，以目标国的债权人权益指数衡量的法律风险越大，多边开发银行参与支持的可能性越大。

第五，在国家治理方面，多边开发银行倾向于支持以公众自由度、政治稳定性、监管质量为代表的政策环境较好的目标国的基础设施项目，但在 PPP 项目中，政治不稳定的国家，得到多边开发银行支持的可能性越大，而组织机构质量的影响则大部分不显著。

第六，多边开发银行参与基础设施建设的可能性，无论是样本整体还是 PPP 项目和非 PPP 项目中，均存在区域差异和部门差异。

总之，多边开发银行参与基础设施建设的影响因素，PPP 项目和非 PPP 项目存在一定差异，同时也因多边开发银行参与支持方式的不同而存在差异。其中，非 PPP 项目由于没有目标国政府的参与，更需要多边开发银行提供风险担保、技术援助、风险管理方面的支持，才能吸引私人资本的参与。

四、对金砖银行的启示

尽管已有的多边开发机构在发展中国家及新兴经济体基础设施融资中发挥了重要作用，但其提供的资金仍然十分有限；同时，在与私人资本共同参与基础设施投资中，作为出资者，多边开发银行倾向于支持人均收入较高、人口较多、金融市场较发达的国家基础设施项目，从而更贫穷、人口较少、金融市场更落后的发展中国家基础建设需求更无法得到满足。因此，需要更多新的开发银行为发展中国家尤其是更为落后的发展中国家提供融资渠道，旨在帮助金砖国家及其他发展中国家的基础设施项目与可持续发展项目提供和筹集资金的金砖银行成为现有多边金融体系的有益补充。作为新建立的多边开发银行，一方面，需要借鉴已有多边开发银行在基础设施投资方面的经验并加强相互合作；

另一方面，根据当前多边开发银行基础设施的分布情况并结合自身的实际情况，选择投资的国家和领域，实现多边机构间的错位发展和补充。

第一，加强与世界银行、亚洲开发银行等多边机构合作，共同推动全球基础设施的互联互通。金砖银行作为新的多边开发机构，无论在机构的管理、人才的储备、项目的运营和风险管理等方面都面临挑战，因此通过与现有多边开发银行合作，积极学习其他多边开发银行在基础设施项目的筛选、评估及项目风险的管理等方面的经验，并寻求其在技术、数据、人才的培训等方面的帮助。金砖银行可通过与世界银行、亚洲开发银行、欧洲投资银行、非洲开发银行等多边开发银行建立相关的对话机制或定期开展基础设施及可持续发展相关论坛等方式，沟通各自在基础设施建设与可持续发展项目方面的经验，探讨各国或各区域相关项目存在的问题及对策，从而共同推动全球基础设施建设和可持续发展。

第二，确定重点投资的国家和投资领域，合理利用多种投资方式，实现错位发展。金砖银行在投资国家的选择方面，在开始时可以投资经济发展较慢、收入较低、人口较少，但政治稳定、自然资源丰富的国家，同时投资于这些国家的能源、交通和环境保护等强调可持续发展的部门，强调可持续发展理念和绿色投资标准，从而实现与现有开发银行的错位和补充。在投资方式方面，除传统的直接贷款和辛迪加贷款外，金砖银行还可通过股权投资的方式，享有项目本身带来的收益。

第三，推动私人资本参与基础设施项目，大力推进 PPP 模式，并在非 PPP 模式中主要充当风险担保角色。多边开发银行基础设施投资本身有利于引领私人资本参与基础设施投资，并且可以为私人资本培育或建立更广泛的投资市场。金砖国家及其他发展中国家资本市场发展还不够完善，一方面使私人资本找不到合适的投资渠道；另一方面，存在巨大资金需求缺口的基础设施领域投资期限长、风险较高的特点使私人资本不愿参与，从而造成资金配置的低效。金砖银行可通过发行证券、基金等金融产品筹集资金吸引私人投资，同时可以通过提供资金、担保、技术援助和管理咨询的方式共同参与私人资本投资的基础设施项目，大力推进 PPP 模式，而为没有政府参与的非 PPP 模式提供担保和技术援助对项目的成功运行尤为重要。

第三节　超主权信用评级下金砖银行如何获得更高的国际信用评级

　　由前文分析可知，金砖银行顺利迈过了其初创期，取得了较大的进展，但其在发展的过程中仍面临各种挑战，其中，在金砖五国主权信用评级较低、经济普遍下行、货币对美元汇率不确定的情况下，如何获得国际信用评级机构较高的信用评级，实现以低成本在国际资本市场融资，从而顺利开展业务，是金砖银行发展过程中需要解决的重要问题。

　　关于国际信用评级对多边开发银行的重要性，Humphrey（2017）指出，拥有高国际信用级别尤其是 AAA 评级的多边开发银行，可以较低的成本从国际资本市场获得融资，从而在覆盖相关管理费用后，仍可以较低的利息进行贷款。这种优势在国际金融危机期间更为突出，因为投资者将资金转向更安全的如开发银行 AAA 级债券上，从而增强了多边开发银行贷款给受危机影响的发展中国家的能力，发挥了逆周期的稳定器作用。G20（2015）报告指出，获得 AAA 级的国际信用评级成为大多数多边开发银行运营模式的核心问题，只要 AAA 级的信用级别不会受到影响，在经营上的任何变动都是可行的。Perraudin（2016）认为，评级机构的评级结果已成为多边开发银行贷款决策的重要依据；为获得或保证其信用评级，多边开银行通常与国际三大评级机构保持常规的会议和接触（Humphrey，2017）。多边开发银行的评级方法方面，在 2008 年国际金融危机的外部压力下，评级机构基于可比性和透明性原则对包括多边开发银行在内的相关评级方法进行了改革（Kruck，2016），惠誉和标普 2012 年、穆迪 2013 年首次出版了关于多边开发银行详细的评级方法，并定期进行更新。Chen 等（2017）在多边开发银行现有评级方法基础上，构建了基于公开数据的多边开发银行的内部评级方法；Humphrey（2017）、Perraudin（2016）分析了标普评级方法存在的问题，强调其低估了"优先债权人"作用。高蓓等（2016）在多边开发银行主权信用评级法基础上，分析了亚投行国际信用评级中的优劣势及其获得 AAA 级评级的重要性。Larionova 和 Shelepov（2016）基于未获得国际信用评级和获得高的信用评级两种情景，模拟分析了金砖银行和亚投行的运营情况。目前鲜有专门探讨金砖银行国际信用评级的相关研究。鉴于此，本节基于当前多边开发银行信用评级方法，依据金砖银行运营情况及其财务数据，全面分析其在国际信用评级中的优势和挑战，同时借鉴非洲开发银行经验，提出金砖银行进一步获得更高国际信用评级具体的对策建议。

一、多边开发银行国际信用评级方法

（一）超主权信用评级与多边开发银行

国际信用评级包括主权信用评级和超主权信用评级，其中超主权信用评级是指对由两个及以上国家政府在遵循国际公约情况下为了某种特定政策目标建立的超主权机构的评级。多边开发银行则是超主权机构的主体，所占比例在80%~90%（高蓓等，2016），其他的超主权机构包括多边保险机构、货币基金和区域性的政策机构、多边援助机构等，如欧洲中央银行、欧洲金融稳定基金、非洲贸易保险机构、西非货币经济联盟、国际免疫财政机制等。

作为超主权评级的主体，多边开发银行与一般商业银行及他商业性金融机构存在较大的差异：

一是经营目标。不同于商业银行和其他商业性金融机构营利性的经营目标，多边开发银行实际上属于政策性金融机构，不以营利为目的，其资金主要来源于负债而非营利。同时股东的支持不是基于股权回报情况，而主要基于银行支持多边发展过程中政策行为的有效性，因此多边开发银行不存在股利分红，相关收益大多数情况下被作为留存收益以扩充资本（Moody，2017）。

二是资本结构。多边开发银行的初始资本来源于成员国的认缴资本（Subscribed Capital），包括实缴资本（Paid-in Capital）和通知即缴资本（Callable Capital）。通知即缴资本是成员国为多边开发银行因贷款违约或遭遇困难需要偿还债务提供的无条件的资本支持承诺。大多数多边开发银行通知即缴资本占总认缴资本的比例普遍较高，如2016财年，国际复兴开发银行、亚洲开发银行、非洲开发银行的通知即缴资本比例分别高达94.1%、87.9%、92.5%，其中亚洲开发银行2017财年的比例则上升到95%。但在主要多边开发银行发展历史中，该项资本几乎未被使用。

三是优先债权人资格。多边开发银行在发放主权贷款中通常享有优先债权人资格，即主权国家遭遇困难时其资产要首先偿还多边开发银行的贷款。这一点使多边开发银行在主权贷款方面的损失很小，从而整体的资产质量普遍较好。那些借款给私人部门的多边开发银行的不良贷款率较高，而主要以公共部门借款为主的机构不良贷款通常较低甚至为零（Moody，2017）。

四是监管。多边开发银行不受任何金融监管机构监管，相关运营管理的规则条例由成员国协商规定，因此主要靠自我监管，但这也决定了多边开发银行无法像其他商业银行一样获得中央银行或其他监管机构最后的流动性支持[1]。

（二）超主权信用评级方法

基于多边开发银行的前述特点，国际三大评级机构均从内部和外部两个维度对多边开发银行进行评级，即综合考虑多边开发银行内部财务指标、运营情况和外部的股东支持情况，但三大机构在相应指标的选取方面各有侧重（见表4-4至表4-6）。

1.内部评级方法。内部评级是超主权信用评级的基础，评级中涉及运营环境、财务实力两大要素。在具体要素的选择上，三大评级机构各有侧重。其中，标普运营环境因素包括多边开发银行的职责和公共政策使命、公司治理与战略管理，财务实力因素包括资本充足性、融资能力和流动性；穆迪财务实力要素涉及的一级要素包括多边开发银行资本充足性、流动性水平，资本充足性涉及次级因素包括多边开发银行的融资能力、盈利能力、贷款质量等；流动性则强调资产负债层面的流动性与融资能力。惠誉将多边开发银行资本充足性归入偿债能力评估中，同时偿债能力的具体指标还包括对多边开发银行风险管理政策进行分析，评估包括所面临的信用风险、市场集中度、市场风险等方面的风险；运营环境则考虑多边开发银行的治理、业务运营及操作环境等方面的内容。

2.外部评级方法。外部评级衡量多边开发银行面临困难时股东的支持情况，涉及的因素通常包括股东的支持能力、股东的支持意愿和其他因素。其中，股东的支持能力包括通知即缴资本和其他股东支持。这里其他股东支持是指股东除通知即缴资本外对多边开发银行的支持能力，通常以股东主权信用等级的加权平均来反映。而股东的支持意愿主要衡量成员国支持多边开发银行两个方面的意愿：一是当多边开发银行提出增加资本请求时愿意提供支持的程度；二是

---

[1] 除欧洲投资银行可以从欧洲中央银行获得最后流动性支持以外。

多家多边开发银行同时陷入危机并同时提出资本请求时，作为多个银行的成员国给予某一家银行的优先资本支持。其他因素则包括股东之间的联系、股东与资产的相关性、股东的集中度等。具体而言，三大机构在外部评级方法指标及权重方面也存在差异。

第一，标普没有单独考察外部支持，穆迪和惠誉则单独考察外部支持，将其作为评级的一个独立部分。标普通过考虑通知即缴资本重新评估多边开发银行的财务实力，间接体现股东外部支持对评级的影响；惠誉以通知即缴资本和主要股东的平均评级情况衡量股东的支持能力，再根据股东的支持意愿调整股东支持能力的评估结果，最终给出外部评级；穆迪则认为通知即缴资本受股东支持意愿影响较小，其他的股东支持则受股东支持意愿的影响较大，因此通过股东的其他支持能力和支持意愿评估股东的支持情况后，再结合通知即缴资本及股东之间的联系、股东与资产的相关性、股东的集中度等其他因素等得到最终的外部评级。

第二，对通知即缴资本的有效部分理解不同。标普认为有效外部支持是指主权信用评级比多边开发银行的超主权信用评级高的股东的通知即缴资本；惠誉则认为 AA– 级及以上的股东通知即缴资本即为有效支持；穆迪的认定更为宽松，只要 BBB– 级以上（投资级）的股东的通知即缴资本均为有效的外部支持。

第三，标普没有单独考虑股东的主权信用评级和支持意愿要素，其中股东主权信用评级因素主要体现于对通知即缴资本有效性的界定中，而惠誉和穆迪均涉及这两个要素。惠誉考虑的是关键股东即那些累计资本份额超过总资本份额的 50% 或者对多边开发银行具有极强的支持意愿的国家或机构的加权信用评级；穆迪则考虑所有股东评级的加权平均中值。

表 4–4　　　　　　　　　　　标普评级主要因素

	一级因素	次级因素	具体指标
运营环境	职责和公共政策重要性	职责和使命	职责和公共政策使命
		公共政策重要性	股东和多边开发银行关系的紧密性和稳定性；多边开发银行享有的优先债权人资格和优惠待遇
	公司治理和战略管理（定性分析）	公司治理	股东的数量尤其是借款国股东数量；股东的控股情况；私有资本参与情况；股东的治理指数
		战略管理	风险管理的专业性；战略目标的实现情况

续表

	一级因素	次级因素	具体指标
财务实力	资本充足性	对通知即缴资本进行调整的资本充足性	RAC ratio=（实缴资本＋储备）÷风险加权资产
	融资能力和流动性	融资能力	融资来源多样性（多边开发银行的资本与负债久期；收益率曲线和边际净利息收入分解）、融资渠道
		流动性	流动性资产和流动性负债分析

资料来源：标普官网。

表4-5　　　　　　　　　　　　**惠誉评级相关因素**

	一级因素	次级因素	具体指标
内部评级	偿债能力评估	资本充足性	股东权益与总资产比值；内部资本补充
		风险	信用风险；市场风险；集中度风险；股权风险；管理政策风险
	流动性评估	流动性	流动资产与短期债务之比；资产质量；市场融资渠道和可替代的流动性来源
	运营环境评估	经营能力	资产组合的规模；公司治理的质量；包括增长目标、区域目标在内的战略目标；非主权融资的相对规模
		项目开发环境	项目支持国家的平均信用情况；项目支持国家的人均收入；银行总部所在地的政治风险和商业氛围；项目支持国家的政治风险和商业氛围；多边开发银行在项目运营过程中获得的国家权威部门的支持情况
外部评级	股东支持	支持能力	关键股东平均评级；通知即缴资本对净债务覆盖率
		支持意愿	多边开发银行对成员国家的重要性（定性分析）、非借款国的规模、机构规模扩大增加的资本规模和频率

资料来源：惠誉官网。

表4-6　　　　　　　　　　　　**穆迪评级相关因素**

	一级因素	次级因素	具体指标
内部评级	资本充足率	资本头寸	资产覆盖比率 加权平均借款人评级
		杠杆水平	债务与可用股本之比
		贷款质量	不良贷款率
		调整因素	资产组合集中度；运行环境；盈利能力；不良贷款过往表现以及其他因素
	流动性	负债流动性	短期债务加1年内即将到期长期债务与流动资产现值之比
		融资能力	债券评级；贷款加权平均成本

续表

	一级因素	次级因素	具体指标
外部评级	股东支持程度	合约支持	未偿债务与评级为 AAA 级至 BBB− 级国家通知即缴资本之比
		外部支持	能力：股东评级的加权平均中值
			意愿：支持倾向；支持优先权
		调整因素	股东和资产之间的关系；股东之间的联系；股东间连带支持状况；股东集中度

资料来源：穆迪官网。

（三）多边开发银行信用评级与融资成本

1. 当前主要多边开发银行信用评级现状。多边开发银行的长期国际信用评级发展过程中，世界银行、欧洲复兴开发银行、欧洲投资银行、泛美开发银行、亚洲开发银行、伊斯兰开发银行等国际性或区域性的多边开发银行长期国际信用评级，从第一次评级开始均稳定在 AAA 级，展望均为稳定；非洲开发银行一开始并未获得 AAA 级的最高评级，1990 年到 1995 年 8 月 30 日之前评级升至 AAA 级，之后又被下调，直到 2001 年 6 月 6 日之后才稳定在 AAA 级。部分区域性开发银行的长期信用评级则在 AAA 级以下，如安迪斯开发银行初次信用评级为 BBB 级，2012 年 12 月 19 日之后的长期信用评级为 AA− 级，当前展望为负面；黑海贸易与开发银行的初次评级为 A 级，之后则被下调为 A− 级，展望稳定；加勒比开发银行的初次评级为 AAA 级，之后被下调，当前信用评级为 AA 级，展望稳定；欧洲开发银行的长期信用评级较低，初次评级为 BBB+ 级，2008 年 12 月 8 日被下调为 BBB 级，2015 年 10 月 9 日进一步下调为 BBB− 级，展望负面；以新兴经济体为主体的亚洲基础设施投资银行于 2017 年 6 月、7 月分别获得了穆迪和惠誉 Aaa 级、AAA 级的最高信用评级，展望稳定（见表 4–7）。

表 4–7　　　　　　　　　　主要多边开发银行历史国际信用评级情况

多边开发银行	评级日期	长期评级（级）	展望
世界银行	1949 年 6 月 30 日	A	—
	1950 年 1 月 10 日	AA	—
	1959 年 9 月 13 日	AAA	稳定
	1990 年 4 月 5 日	AAA	稳定
	1997 年 9 月 5 日	AAA	稳定

续表

多边开发银行	评级日期	长期评级（级）	展望
国际金融公司	1989 年 6 月 16 日	AAA	—
	1990 年 4 月 5 日	AAA	稳定
	1997 年 12 月 9 日	AAA	稳定
非洲开发银行	1985 年 4 月 11 日	AA	—
	1987 年 9 月 8 日	AA+	正面
	1990 年 4 月 10 日	AA+	稳定
	1990 年 7 月 13 日	AAA	负面观望
	1995 年 6 月 30 日	AAA	稳定
	1995 年 8 月 30 日	AA+	稳定
	1998 年 10 月 5 日	AA+	负面
	2000 年 8 月 9 日	AA+	稳定
	2001 年 6 月 6 日	AAA	稳定
亚洲开发银行	1971 年 4 月 2 日	AAA	—
	1989 年 9 月 18 日	AAA	稳定
	1990 年 1 月 3 日	AAA	稳定
安迪斯开发银行	1993 年 3 月 17 日	BBB	稳定
	1996 年 11 月 26 日	BBB+	稳定
	1999 年 4 月 21 日	BBB+	正面观望
	1999 年 8 月 5 日	A	稳定
	2003 年 2 月 25 日	A	负面
	2005 年 3 月 28 日	A	稳定
	2006 年 6 月 29 日	A	正面
	2007 年 4 月 23 日	A+	稳定
	2008 年 12 月 17 日	A+	负面
	2009 年 8 月 25 日	A+	稳定
	2010 年 6 月 2 日	A+	正面
	2012 年 12 月 19 日	AA-	稳定
	2014 年 10 月 16 日	AA-	负面
欧洲复兴开发银行	1991 年 6 月 18 日	AAA	—
	1991 年 9 月 25 日	AAA	稳定
泛美开发银行	1962 年 11 月 28 日	AAA	—
	1990 年 4 月 27 日	AAA	稳定
	1997 年 9 月 22 日	AAA	稳定

续表

多边开发银行	评级日期	长期评级（级）	展望
伊斯兰开发银行	2002 年 12 月 19 日	AAA	稳定
黑海贸易与开发银行	2011 年 6 月 16 日	A	稳定
	2013 年 1 月 16 日	A–	稳定
加勒比开发银行	2004 年 5 月 10 日	AAA	稳定
	2012 年 6 月 12 日	AA+	稳定
	2012 年 12 月 12 日	AA	负面
	2014 年 5 月 16 日	AA	稳定
欧洲开发银行	2006 年 11 月 30 日	BBB+	稳定
	2008 年 12 月 8 日	BBB	负面
	2010 年 1 月 8 日	BBB	稳定
	2013 年 8 月 30 日	BBB	稳定
	2014 年 1 月 29 日	BBB	负面
	2015 年 10 月 9 日	BBB–	负面
欧洲投资银行	1967 年 5 月 1 日	AAA	—
	1984 年 11 月 30 日	AAA	—
	1990 年 4 月 11 日	AAA	稳定
	2011 年 12 月 7 日	AAA	负面观望
	2012 年 1 月 16 日	AAA	负面
	2013 年 10 月 22 日	AAA	稳定

数据来源：Standard & Poor's Rating Service.Supranationals Special Edition 2016[S].Sept 30，2016，pp.12–15.

2. 多边开发银行融资成本与信用评级。本节选取长期信用评级为 AAA 级的主要多边开发银行的部分绿色债券发行情况及信用评级较低的黑海贸易与开发银行、欧洲开发银行的部分债券发行情况为样本，以比较各多边开发银行的融资成本。如表 4–8 所示，多边开发银行的融资成本与其发行债券的币种、期限、时间、发行规模、资金的用途及发行地等有关；简单比较同一币种、同一期限的债券融资成本，可见信用级别高的多边开发银行成本远低于信用级别低的开发银行。例如，信用级别为 A– 级的黑海贸易与开发银行 2016 年发行的 5 年期美元债券票面利率为 4.875%，而信用级别为 AAA 级的世界银行同年发行的 5 年期美元债券利率为 1.75%，欧洲复兴开发银行 4.5 年期美元债券票面利率则为 1.625%，信用级别为 BBB– 级的欧洲开发银行在其成员国发行的不同货币债券成本普遍较高。简单对比可见，对获得中国评级机构 AAA 级评级的金砖银行而言，其 3.07% 的票面利率数值也普遍高于同为支持绿色发展、期限相同的、获得国际信用评级为 AAA 级的多边开发银行各币种债券成本数值。因此，能否获得较高的国际信用评级，对金砖银行在国际资本市场的融资至关重要。

表 4–8　　　　　　　　　　部分多边开发银行绿色债券发行情况

机构	规模（亿）	期限（年）	发行日期	票面利率（%）	币种
世界银行	5	5	2016 年 11 月 22 日	1.75	USD
	15	5	2014 年 6 月 23 日	1.375	SEK
	4.36	5	2015 年 2 月 26 日	4	INR
	0.2	5	2011 年 7 月 13 日	2.25	EUR
非洲开发银行	5	3	2015 年 12 月 17 日	1.375	USD
	12.5	5.5	2016 年 11 月 24 日	0.375	SEK
	0.55	15	2016 年 12 月 6 日	3.5	AUD
欧洲投资银行	5	5	2016 年 9 月 9 日	1.125	CAD
	10	5	2016 年 1 月 11 日	0.625	SEK
	5	4	2016 年 1 月 21 日	2.25	GBP
	30	6	2013 年 7 月 11 日	1.375	EUR
	10	10	2014 年 10 月 8 日	2.5	USD
北欧投资银行	5	5	2013 年 9 月 27 日	2.413	SEK
	5	7	2015 年 9 月 10 日	0.375	EUR
	5	7	2014 年 9 月 23 日	2.25	USD
欧洲复兴开发银行	2.5	4.5	2013 年 9 月 17 日	1.625	USD
黑海贸易与开发银行（国内、国外债券）	2	4	2012 年 9 月 3 日	2.5	CHF
	5	5	2016 年 4 月 28 日	4.875	USD
欧洲开发银行（国内债券）	150	3	2017 年 5 月 24 日	10.1	KZT
	1500	5	2013 年 4 月 25 日	6	KZT
	50	7	2012 年 2 月 6 日	8.5	RUB
金砖银行	30	5	2016 年 7 月 18 日	3.07	RMB

资料来源：根据各开发银行官网资料整理。

二、当前超主权信用评级框架下金砖银行评级的优劣势

作为跨地区的多边开发银行，金砖银行的国际信用评级将遵循超主权信用评级方法，最终评级由内部评级与外部股东支持相关因素共同决定。根据其运营情况及其2017年相关财务数据计算所得的关键评级因素情况（见表4-9），可以发现，金砖银行要获得较高的国际信用评级存在一定的优势，同时也面临一定的挑战。其优势主要体现在以下五个方面：

一是职能定位方面。金砖银行从成立之初就定位于为金砖国家和其他新兴经济体和发展中国家的基础设施建设与可持续发展提供支持，以缓解这些国家在基础设施方面的巨大需求及应对其可能的短期偿付危机和流动性危机。鉴于目前金砖国家和其他发展中国家对基础设施与可持续发展项目巨额的资金需求，金砖银行未来业务增长拥有广阔的空间。

二是股东支持方面。支持能力上，金砖银行的法定资本为1000亿美元，初始认缴资本为500亿美元，其中实缴资本100亿美元，第一笔实缴资本7.5亿美元于2016年1月到位，2017年末实缴资本已达38亿美元，而通知即缴资本为400亿美元。对于仅五个成员国的金砖银行而言，其初始法定资本和初始认缴资本规模相对较大，对未来业务开展及债务偿付能够提供有力的支持，从而成为其获得较高信用评级的基础。与国际信用评级较高的几家多边开发银行相比，目前金砖银行以通知即缴资本应对债务能力衡量的股东支持能力是最强的。支持意愿方面，鉴于金砖银行在政治、经济等方面对成员国的重要性，其将会继续获得成员国的有力支持。

三是流动性方面。金砖银行收入主要来源于贷款、担保和股权投资业务，运营过程中主要通过发行金融债券、资产负债期限错配等方式保持流动性。金砖银行2017年短期负债和即将到期负债之和与流动资产比值为44.7%，低于欧洲投资银行、北欧投资银行、亚洲开发银行相关数值，说明金砖银行流动资产能够满足短期负债与即将到期负债需求的能力较强，从而具有充足的流动性。

四是资本充足性方面。为保证资本充足性，金砖银行将所有者权益与贷款比下限设置为20%。同时，金砖银行可用股权支持贷款的能力比除黑海贸易与开发银行外其他信用级别较高的多边开发银行要强。在贷款质量方面，由于金

砖银行当前贷款支持项目处于初始运营阶段，未出现不良贷款现象，其不良贷款比率为 0。

五是治理结构方面。由前文可知，金砖银行的治理结构包括理事会、董事会和管理层三个层次，其中董事会非常驻，以给管理层充分授权，从而区别于世界银行的执行董事常驻总部的情况；同时，金砖银行还设立有效的监督机制对管理层进行监督，并根据公开、公正、透明、择优的原则招聘高层管理人才，以建立精简、高效、扁平、去官僚化、有效问责的治理结构，从而保证银行运营的高效性。

与此同时，金砖银行在国际信用评级中也面临如下挑战：

一是缺乏运营经验。尽管金砖银行当前管理层多数人员曾经长期在其他多边开发银行担任过管理职务，并拥有较为丰富的管理经验，但由于成立时间短，管理人员规模仍较小，所面临的相关项目仍缺乏运营经验，以资产收益率衡量的盈利能力远远低于主要多边开发银行，其财务表现有待进一步观察。因此，在评级中涉及的管理运营能力、财务环境等因素可能会影响金砖银行的评级结果。

二是金砖国家宏观经济波动。近年来，金砖各成员国的经济发展增速均放缓，部分成员国家还面临资本外逃、货币严重贬值的压力，这些对金砖银行未来的业务发展、市场预期、风险管理等均产生不利的影响。

三是外部支持仍不够强大。尽管金砖银行目前通知即缴资本与总认缴资本比达 80%，但相对国际复兴开发银行、亚洲开发银行、非洲开发银行等主要开发银行的认缴资本比例仍然较低。同时，金砖成员国较低的主权信用评级，也成为国际信用评级外部支持的负面影响因素之一。

表 4-9　　　　金砖银行与主要多边开发银行关键评级因素比较

	金砖银行（一）2017年	欧洲投资银行（Aaa级/AAA级）2015年	北欧投资银行（Aaa级/AAA级）2016年	非洲开发银行（Aaa级/AAA级）2015年	亚洲开发银行（Aaa级/AAA级）2015年	黑海贸易与开发银行（A2级/A-级）2015年
资本充足性						
总资产（百万美元）	10224	621231	31811	48672	117697	1404
资产收益率 ROA（%）	1.54	0.5	0.7	-0.1	0.5	1.3

续表

	金砖银行（一）2017 年	欧洲投资银行（Aaa 级 /AAA 级）2015 年	北欧投资银行（Aaa 级 /AAA 级）2016 年	非洲开发银行（Aaa 级 /AAA 级）2015 年	亚洲开发银行（Aaa 级 /AAA 级）2015 年	黑海贸易与开发银行（A2 级 /A- 级）2015 年
可用股权 / 贷款 + 股权（%）	30.7	13.8	19.8	47.0	27.8	64.8
损失贷款 / 贷款（%）	0	0.1	0.7	4.1	0.1	1.2
流动性						
短期负债 + 即将到期长期负债 / 流动性资产（%）	44.7	107.5	47.1	38.6	58.8	138.8
外部支持						
负债 / 通知即缴资本现值（%）	11.4	225.3	419.4	60	53.1	114.8

数据来源：金砖银行相关数据根据其官网 2017 年财务数据计算；其他数据根据多边开发银行官网穆迪相关评级报告。

三、非洲开发银行的经验借鉴

（一）非洲开发银行发展初期存在的问题

非洲开发银行成立于 1964 年，1967 年正式运营，是 20 世纪中叶非洲反殖民地运动兴起时泛非运动的产物（庞珣和何枻焜，2015），旨在为刚刚独立的非洲国家的初期发展提供资金支持。为保持非洲国家的独立性，避免非洲地区以外的国家的支配，非洲开发银行在创建初的 20 年里，拒绝区域外的国家加入，使其融资能力受限，无法真正实现其促进非洲国家经济发展和成员国社会进步的初衷。具体而言，非洲开发银行在其发展初期（1964~1982 年）主要存在以下三个方面的问题。

1. 资金短缺。1967~1974 年，非洲开发银行的项目所需资金主要依靠成员国的实缴资本，同时缴资本与通知即缴资本的比例始终保持在 1∶1 的数值。而当时世界银行、亚洲开发银行、泛美开发银行等主要多边开发银行的运营资金主要来自国际金融市场融资，很少直接使用实缴资本。这些多边开发银行能从国际金融市场获得融资的一个重要原因是它们均持有雄厚的通知即缴资本。如表 4-10 所示，同期世界银行的通知即缴资本的规模较大，基本是其实缴资本的 9 倍左右，且世界银行通知即缴资本的增速快于其认缴资本；而非洲开发银行无论是资金规模、资金增速、通知即缴资本比例远低于世界银行相关数值。此外，非洲国家经济实力普遍较弱，多为世界贫穷国家，主权信用评级普遍较低，同时非洲开发银行为坚持其非洲特色，拒绝其他区域国家加入。这些使非洲开发银行无法获得国际信用评级机构的评级，难以从国际市场获得融资，从而限制了项目投资的数量和规模，阻碍了非洲开发银行的发展。

表 4-10　1971~1975 年非洲开发银行与世界银行实缴资本与通知即缴资本情况

年份	非洲开发银行（百万 UA）			世界银行（亿美元）		
	实缴资本	通知即缴资本	比例	实缴资本	通知即缴资本	比例
1971	110.2	110.2	1：1	26.6	239.45	9.00：1
1972	127.2	127.2	1：1	25.2	226.77	9.00：1
1974	185.58	185.58	1：1	30.4	227.03	7.47：1
1975	193.93	193.93	1：1	30.8	277.38	9.01：1

注：UA 为非洲开发银行记账单位，1 记账单位价值 0.888671 克纯金。

数据来源：非洲开发银行、世界银行年度报告，转引自 BARNES C. S. The African Development Bank's Role in Promoting Regional Integration in the Economic Community of West African States[D]. Graduate Thesis of MIT, 1982, p.165.

2. 设置贷款上限。由于资金来源有限，非洲开发银行在初建时就对项目的贷款额度设置了上限，即跨国项目设置 800 万美元上限，国家性项目设置 300 万美元上限，这使非洲开发银行的资金只能集中在小项目上，缺乏独立支持项目的能力。而贷款上限的存在，使非洲开发银行的管理费用居高不下。这是因为一笔贷款无论其规模如何，付出的管理费用相差无几，但小规模贷款所获得的利息收入则可能无法覆盖相关的管理费用。表 4-11 显示，1971~1973 年，非洲开发银行单位贷款的管理费用比同期世界银行的数值要高得多，其中，非洲开发银行的管理费用占贷款比例在 10% 以上，而同期世界银行的比例为 2.65%~2.67%。

表 4-11　　　1971~1973 年非洲开发银行与世界银行单位贷款管理费用情况

年份	非洲开发银行（百万美元）			世界银行（百万美元）		
	贷款额	管理成本	成本比例（%）	贷款额	管理成本	成本比例（%）
1971	24.69	3.485	14.12	2505	66.32	2.65
1972	27.38	3.502	12.79	2966	78.567	2.65
1973	43.13	4.366	10.12	3408	91.02	2.67

数据来源：非洲开发银行、世界银行年度报告，转引自 BARNES C. S. The African Development Bank's Role in Promoting Regional Integration in the Economic Community of West African States[D]. Graduate Thesis of MIT, 1982, p.231.

3. 项目选择与其设立初衷相悖。为了能在国际金融市场上融资，非洲开发银行急需提升其信用评级，其中提高其盈利能力是重要的途径之一。由此，非洲开发银行在项目的选择上，主要关注见效迅速、盈利价值高的项目，而关乎民生的供水、医疗等基础设施项目则因为周期长、收益低被其拒之门外。在该原则下，非洲开发银行资金最终主要投向经济发展较好的非洲国家，如尼日利亚、肯尼亚等；同时，非洲开发银行要求项目费用的 50% 由项目所在国承担，这种做法使非洲的贫穷国家没有能力接受贷款。由此造成了富国更富、穷国更穷的现象，从而违背了其促进各成员国经济发展与社会进步的初衷。

（二）非洲开发银行的调整措施

1. 引进外部资本。面对初期的经营困境，非洲开发银行领导层开始思考如何引进外部资本。1975 年非洲开发银行获得了第一笔外部资金，即从美国银行获得了 6500 万美元的辛迪加贷款。同时，它们意识到通知即缴资本的重要性，开始调整资本结构，从 1976 年开始，非洲开发银行的通知即缴资本逐渐超过了实缴资本，1979 年其通知即缴资本达到实缴资本的 3 倍。资本结构的优化进一步加强了非洲开发银行的国际金融市场融资能力，自 1976 年非洲开发银行在科威特发行了 500 万科威特第纳尔的浮动利率债券，其对外融资能力逐渐增强，1979 年非洲开发银行首次进入欧洲债券市场并发行了 3 亿德国马克的债券，1979 年融资金额接近 2.82 亿记账单位，是 1976 年的 9 倍左右（见表 4-12）。随着资金短缺问题的缓解，非洲开发银行将早前国家性项目的贷款上限增加到了 800 万美元。自 1976 年以来，非洲开发银行在项目数量和项目支持资金规模上都取得了较大的进步，其中项目数量从 1974 年的 25 个上升到 1979 年的 35 个，项目贷款总额从 1974 年的 354 万美元上升到 1979 年的 782.4 万美元[1]。

表 4–12　　　　　　　　1976~1979 年非洲开发银行资本结构及融资情况

单位：百万 UA

年份	实缴资本	通知即缴资本	比例	外部融资金额
1976	256.9	362.23	1.4：1	34.98
1977	279.825	430.02	1.53：1	150.13
1978	300.23	490.23	1.63：1	164.84
1979	300.23	900.69	3：1	281.71

数据来源：非洲开发银行、世界银行年度报告，转引自 BARNES C. S. The African Development Bank's Role in Promoting Regional Integration in the Economic Community of West African States[D]. Graduate Thesis of MIT，1982，p.195.

2. 设立非洲开发基金。前文所述，非洲开发银行创立初期，为追求项目的盈利能力，将资金主要投向经济发展较好的国家，导致经济落后国家无法得到资助，非洲国家贫富差距进一步扩大。为改变这种困境，非洲开发银行开始考虑建立类似世界银行下属的国际开发协会的机构，以向贫穷国家提供低息甚至无息的长期贷款。1972 年，通过经济合作与发展组织的援助，非洲开发基金设立，1974 年正式运行。其初始资金来源于非洲开发银行和非洲以外的 14 个发达工业国家，旨在协助非洲开发银行向非洲 29 个最贫穷国家发放贷款，重点支持这些国家卫生、教育、农业及乡村发展领域。非洲开发基金资金来源于各成员的认缴资本，业务则由非洲开发银行管理。不同于非洲开发银行，非洲开发基金允许其他区域资本进入，因此此后发展迅速。1974 年，非洲开发基金的贷款援助项目为 17 个，每个项目平均贷款规模为 274 万美元，1979 年贷款项目达 23 个，每个项目平均贷款规模为 1077 万美元，这比非洲开发银行每个项目贷款规模高了近 200 万美元[2]。

3. 吸纳新成员。基于对通知即缴资本重要性的认识及认缴资本增长缓慢的

---

① BARNES C. S. The African Development Bank's Role in Promoting Regional Integration in the Economic Community of West African States[D]. Graduate Thesis of MIT，1982，p.197.

② BARNES C. S. The African Development Bank's Role in Promoting Regional Integration in the Economic Community of West African States[D]. Graduate Thesis of MIT，1982，p.205.

现实，1977年非洲开发银行内部开始探讨其他国家加入的问题，1978年开始考虑接触非洲以外的国家，1979年在董事会上行长倡议向其他国家咨询加入的方案，经过一系列的讨论，直到1982年才最终确定吸纳新成员的加入，由此也迎来了非洲开发银行的新纪元。为了保持非洲特色，防止区域外国家操控，非洲开发银行在治理结构上对加入的国家作出如下限制：非洲以外的国家在非洲开发银行理事会中的投票权不超过1/3；行长必须来自非洲，行长选举必须有大多数非洲国家通过，同时还要大部分的总选票支持，银行总部还必须保证永久在非洲。接纳区域外人员进入银行工作，但管理层必须由非洲员工占多数。最终包括美国、加拿大、意大利、日本等11个国家首先加入，英国、法国等国家于1983年加入。随着新成员加入，非洲开发银行的资本增加至58亿美元，单1982年一年的增幅就达到之前10年增幅的21倍，1987年资本规模达到229.8亿美元。随着资本规模的增加，资本结构也得到了优化，1987年扩充的金额中只有6.25%是实缴资本，此时通知即缴资本与实缴资本占资本总额的上升到了7∶1。在这种情形下，非洲开发银行开始在国际金融市场发行优先债券和次级债券，其优先债券在20世纪80年代中期得到了主要国际信用评级机构AAA级的评级。截至1994年，非洲开发银行在国际金融市场的融资达94亿美元，其中62%的资金是通过发行优先债券获得的。同时，非洲开发银行在融资上采取较为保守的政策，其发行的优先债与发达国家的通知即缴资本保持73%的比例，而总债务与总的通知即缴资本比例仅为47%。这种保守的政策保证了非洲开发银行较低的融资风险。在较多的通知即缴资本保证和保守的融资政策下，非洲开发银行的国际信用评级也得以不断提升，其1985年获得标普的评级为AA级，1987年到1990年4月上调到AA+级，1990年7月之后接近5年的评级均为AAA级，而国际信用级别的提升又进一步促进非洲开发银行的国际融资能力提升。

（三）金砖银行与非洲开发银行相似之处

处于初创阶段的金砖银行与非洲开发银行早期存在以下相似的地方：

一是创始成员国特色鲜明。非洲开发银行创始成员国为非洲国家，具有鲜明的非洲特色，而金砖银行的创始成员国则为金砖国家，均为新兴经济体和发展中国家。

二是创始成员国主权信用评级普遍较低。金砖银行的创始成员国为金砖国家，尽管跨越不同的区域，但与非洲开发银行类似，这些成员国主权信用评级普遍较低。

三是创始成员数量限制，通知即缴资本占比不高。尽管金砖银行的通知即缴资本与实缴资本占比为 4：1，高于非洲开发银行初期 1：1 的比例，但相对主要多边开发银行的比例仍然偏低。这使金砖银行和非洲开发银行一样，在创立初期很难获得国际信用评级机构的评级。

因此，金砖银行可以借鉴非洲开发银行早期发展过程中的教训和调整的经验，获得较高的国际信用评级，从而提升国际金融市场的融资能力。

四、金砖银行获得更高国际信用评级的对策

由前文可知，金砖银行清晰的职能定位、精简高效的治理结构、充足的资本和流动性是其获得较高信用评级的有利因素，但由于运营时间短、缺乏项目管理经验和连续的财务表现，同时各成员国宏观经济面临波动，加上成员国数量过少，缺乏其他国家尤其是高主权信用评级的国家支持，金砖银行在接受国际信用评级的过程中也将面临较大的挑战。处于初创阶段的金砖银行与非洲开发银行早期发展存在相似的地方，因此，结合金砖银行在当前信用评级框架下的优势和劣势，借鉴非洲开发银行的经验教训，金砖银行可在如下四个方面作出努力，以获得更高的国际信用评级。

1. 进一步提升资本充足性。金砖银行在初始认缴资本不变的情况下，要提升资本充足率，除前述设置杠杆率限制外，根本上还要降低资产的风险。因此，金砖银行在贷款的项目选择上要谨慎，同时贷款发放后要加强其追踪和贷后管理，防范和控制问题贷款的发生；在其他资产的选择上也以低风险和无风险为原则，从而保证金砖银行运营初期的资本充足率。随着运营经验的积累，金砖银行可分阶段适度增加成员国认缴资本，以增加贷款额度和项目的支持数量，促进其业务规模的扩大和可持续发展。此外，在贷款性质上，金砖银行在初期发展阶段主要选择具有"优先债权人"权利的主权贷款，以降低贷款的风险，提高资产质量，在运营经验丰富、风险控制更为完善后再扩展到非主权贷款，增加资产的多元性。

2. 提高流动性。流动性是多边开发银行信用评级中考虑的重要因素。由于金砖银行支持的项目主要是基础设施和新能源等可持续发展相关项目，这些项目投资周期长，使其资产流动性较差，因此在相应的负债方面以发行长期债券

融资为主，从而匹配资产期限。可借鉴欧洲稳定机制（ESM）做法，精简程序，当金砖银行面临流动性短缺时，无须董事会批准，即可通知成员国缴纳通知即缴资本，迅速弥补流动性不足的危机；还可采用股东联保和承诺的方式强化市场关于金砖银行流动性充足的预期（高蓓等，2016）。借鉴非洲开发银行的做法，金砖银行在设立初期，比如前5年可以专注银行本身的发展，选择盈利相对较好的项目，而优惠贷款可设立类似非洲开发基金的金砖国家开发基金，由金砖银行控股并首先吸引商业银行、投资机构及其他非成员国资本加入。同时，在项目模式上，可以通过PPP模式，吸引私人资本参与，在增加私人资本投资渠道的同时，降低金砖银行的杠杆率，提升其流动性（详见第七章）。

3. 增强外部支持能力。这方面可以借鉴非洲开发银行的部分做法：（1）定期扩充成员国认缴资本，尤其是提高通知即缴资本的比例。由于通知即缴资本仅是一种资本支持承诺，并不影响成员国的实际流动性和偿付能力，因此，分阶段增加认缴资本过程中，可根据成员国情况提升通知即缴资本的规模和比例。（2）通过吸纳新成员的形式增加实缴资本和通知即缴资本。金砖银行在制度设计方面，已经部分吸取了非洲开发银行的经验教训，如在吸纳新成员的态度上，始终保持开放包容的态度，同时也坚持保证银行的金砖特色，即初步规定吸纳其他发展中国家和发达国家加入的条件为保证金砖五国的总资产比例不低于55%。在此原则下，吸纳新成员国，尤其是主权信用级别高的发达国家，在增加资本的同时有利于提升成员国的加权信用评级，从而增强信用评级中外部支持因素的作用。在吸引新成员的时间上可以3~5年后，从而在成员国数量较少的情况下保障前期决策的效率，同时在吸引新成员的条件上，可以在保证由金砖国家控股的前提下，对投票权、行长及管理层人选等治理结构作出具体的规定。

4. 建立和完善内部风险管理体系。多边开发银行无须接受外部监管机构监管，在风险监控上主要是采用自我监管模式，因此完善的内部风险管理体系对多边开发银行的安全和稳健发展至关重要。金砖银行有必要致力于建立和完善贷款项目和其他投资项目相关的微观风险预警和管理体系，同时形成针对成员国政治经济环境及国际政治经济环境的变化设置宏观上的风险预警和应对体系。

总之，要获得国际信用评级机构较高的信用评级，从而以较低的成本获得国际融资，实现可持续发展，金砖银行在资本充足性、流动性、风险管理等方面仍有待进一步提升和完善。当然，当前三大评级机构的评级方法本身也存在一定的问题，如标普评级中低估了主权信用评级在 AAA 级以下的国家通知即缴资本的作用，也低估了优先债权人的优先地位。同时在当前美国信用评级霸权下，三大机构评级方法的变动将影响主要多边开发银行的贷款决策，从而成为这些多边开发银行的实质监管者（Humphrey，2017）。因此，从长远来看，只有推动金砖成员国本土信用评级机构的国际化，联合建立金砖国家的信用评级机构和评级体系，争取国际信用评级话语权，推动当前国际信用评级体系改革，才能不受制于当前三大国际评级机构的评级。在更科学、合理的评级理论与评级方法下，金砖银行、相关基础设施项目、所发行债券才能获得更为客观、公正的评级，从而有效帮助金砖国家、其他新兴经济体及发展中国家实现可持续发展。

本章小结

金砖银行自运营以来实现了跨越式的发展，但运行初期仍面临基础设施及可持续发展项目相关业务经验缺乏及如何获得更高的国际信用评级以实现国际资本市场上低成本融资等方面的挑战。对多边开发银行参与基础设施投资空间分布影响因素的实证研究表明，PPP 项目中，作为出资者，多边开发银行倾向于支持人均收入较高、人口较多、金融市场较发达的国家基础设施项目，从而更贫穷、人口较少、金融市场更落后的发展中国家基础建设需求更无法得到满足，因此需要更多新的开发银行为发展中国家尤其是更为落后的发展中国家提供融资渠道。金砖银行可借鉴已有多边银行在基础设施投资方面的经验，并实现与现有多边机构间的合作与错位发展。此外，在当前超主权信用评级框架下，金砖银行清晰的职能定位、精简高效的治理结构、充足的资本和流动性是其获得较高国际信用评级的有利因素，但也面临缺乏项目管理经验和连续的财务表现、各成员国宏观经济面临波动、缺乏其他国家尤其高主权信用评级国家支持等负面因素。借鉴非洲开发银行的经验，金砖银行要获得更高的国际信用评级，在资本充足性、流动性、风险管理等方面仍有待进一步提升和完善。而要获得更加客观、公正的信用评级，长远之计在于推动金砖成员国本土信用评级机构的国际化，联合建立金砖国家的信用评级机构和评级体系，争取国际信用评级话语权，推动当前国际信用评级体系改革。

第五章

应急储备安排的运行模式及其成本—收益分析

金砖国家应急储备安排作为金砖国家金融合作机制的重要组成部分，实质是一项跨区域的多边救助机制，其成立对金砖国家抵御外部冲击、维护各国国内金融体系稳定、推动全球金融安全网建设和促进国际货币体系改革均具有重要意义。本章第一节分析应急储备安排成立的背景和意义；第二节分析欧洲金融稳定基金和欧洲稳定机制、欧亚稳定和发展基金、清迈倡议多边化协议等现有区域金融安全网建设实践，以期对金砖国家应急储备安排的有效运行提供有益的借鉴；第三节综合考虑金砖各国参与 CRA 建设过程中的成本和收益情况，通过对已有的保险指数模型进行修正，以测算不同情况下金砖国家参与 CRA 的保险指数及其盈亏情况，从而论证建立 CRA 的合理性。

第一节 应急储备安排成立的背景和意义

一、应急储备安排的成立

随着世界经济形势的变化，金砖国家作为新兴经济体的代表，为世界经济发展作出贡献的同时，也面临严峻的风险，尤其是美联储退出量化宽松政策，引发了金砖国家资本市场的动荡，金砖国家货币纷纷贬值。仅 2013 年 6 月，印度卢比和巴西雷亚尔的降幅分别达 28% 和 26%；2013 年 4 月至 8 月底，巴西、印度、俄罗斯、南非汇率分别贬值 14.6%、19.3%、6.2%、13.0%。2014 年之后，包括金砖国家在内的新兴市场动荡再次凸显。金砖国家一旦发生危机，由于其经济规模占世界比重不断提升，将对世界经济金融体系产生巨大的影响，而依赖当前国际金融机构救助，也必然无法走出危机。在此背景下，建立起金砖国家自己的危机救助体系显得尤为迫切。2012 年 6 月 G20 峰会期间，金砖国家领导人首次提出建立 CRA，以建立金砖国家的金融安全网；2013 年 3 月德班峰会上，金砖五国领导人确定了 CRA 的初始规模为 1000 亿美元；2013 年 9 月，金砖国家领导人在 G20 峰会上就各自对 CRA 的出资额达成一致意见，即中国、巴西、俄罗斯、印度、南非的出资额分别为 410 亿美元、180 亿美元、180 亿美元、180 亿美元、50 亿美元。2014 年 7 月，五国于福塔莱萨峰会上正式签署《关于建立金砖国家应急储备安排的条约》，明确指出 CRA 是金砖成员国的中央银行之间以货币互换为基础的一种跨区域多边货币合作，其作用在于通过流动性工具与预防性工具支持国际收支困难的成员国，以应对实际的或者潜在的短期性国际收支压力。

二、建立应急储备安排的意义

金砖国家应急储备安排作为一项跨区域的多边救助机制，为金砖国家抵御外部冲击、维护各国国内金融体系稳定提供了制度性的保证，也为当前全球金融安全网建设作出了积极的贡献，同时对提高金砖国家在国际经济金融事务中的话语权和影响力，推动国际货币体系朝着更加合理、公正的方向发展方面也具有重要的意义。

（一）抵御外部冲击，防范和应对金融危机

当前国际金融环境不断变化，新兴经济体市场不断动荡的背景下，通过建立应急储备安排，为金砖国家遭受外部冲击时提供流动性支持，维持各国国内金融体系稳定，具有非常重要的意义。当前，巴西、印度、南非等金砖成员国均不同程度地面临国际收支失衡问题，一旦遭遇外部冲击或意外事件，如果没有足够的流动性支持，这些国家可能遭遇类似 1997 年的东南亚金融危机。因此，尽管 CRA 仅有 1000 亿美元的流动性规模，但这些资金足以应对金砖国家所面

临的一般性冲击（周小川，2013）[①]，为金砖国家面临外部金融冲击提供缓冲器，从而有利于防范金融危机的发生。亚洲金融危机、欧洲债务危机等区域性金融危机的发生表明，在 IMF 主导的国际金融救助体系下，危机国无法获得足够的流动性支持，从而进一步加剧了金融危机的影响。而 CRA 等区域性的危机自救体系则成为危机国应对危机的一道重要防线。

（二）提振市场信心，促进全球金融稳定

应急储备安排的设立对提振市场对金砖国家的信心具有重要作用。一方面，如前所述，应急储备有利于抵御外部冲击，维护金砖国家金融体系稳定，当面临诸如美国退出量化宽松政策等信号时，投资者将保持对金砖国家市场信心，从而不急于从这些国家撤资，避免引发五国金融市场短期内大幅动荡的现象；另一方面，应急储备的设立，还可以有效预防危机在金砖五国之间的传染及五国和其他国家之间的传染，从而避免系统性金融风险在区域、跨区域乃至全球范围内的传播。从这个角度看，应急储备不仅可以维护金砖五国的金融稳定，也是对全球金融安全网的重要补充。

（三）深化金融合作，促进国际货币体系改革

应急储备的设立是金砖国家深化金融合作的一项重要举措，有利于促进国际货币体系改革，弥补 IMF 等国际金融机构对发展中国家危机的预警、防范及救助等方面的不足，部分缓解当前国际货币体系缺陷对金砖国家及其他发展中国家的影响。一方面，金砖国家间通过货币互换，可以避免各国面临的汇率风险，促进五国经济贸易和投资往来。同时应急储备安排在成员国的国际收支面临压力时为其提供流动性支持，有利于增强成员国的汇兑实力，避免成员国政府可能由于外汇储备不足而实施外汇管制等措施，减少外国投资者无法将利润及时汇回其国内或者撤资的可能性，从而增强成员国对外国直接投资的吸引力[②]。另一方面，应急储备的建立和运行，有利于推动五国货币的国际使用，推动人民币及其他金砖国家货币的国际化进程，从而减少以美元为主导的国际货币体

[①] 周小川. 千亿美元金砖国家应急储备足以应对一般金融冲击 [EB/OL].http://finance.ifeng.com/a/20130909/10630846_0.shtml.

[②] 中债资信. 金砖国家应急储备安排解析与展望 [EB/OL].http://stock.hexun.com/2014-08-01/167190602.html.

系的影响。此外，应急储备的设立和运行，对 IMF 改革具有倒逼作用。这是因为，当金砖国家面临一般性的金融冲击时，可以首先使用应急储备应对，而无须被迫使用 IMF 附带苛刻条件的贷款，由此，应急储备将与 IMF 在提供有效的金融服务方面形成竞争，从而推动 IMF 在业务创新、金融服务有效性等方面进行改革。

第二节　CRA 运行模式选择：基于区域金融安全网建设实践的经验借鉴

已有的区域性金融安全网或应急储备安排实践包括欧洲金融稳定基金（The European Financial Stability Facility，EFSF）和欧洲稳定机制（The European Stability Mechanism，ESM）、欧亚稳定和发展基金（Eurasian Fund for Stabilization and Development，EFSD）、清迈倡议多边化协议（The Chiang Mai Initiative Multilateralization，CMIM）、阿拉伯货币基金组织（Arab Monetary Fund，AMF）、拉美储备基金（Fondo Latinoamericano de Reservas，FLAR）等。这些机构或组织设立的背景不同，在资金规模、运行模式、治理形式等方面存在差异。本节重点分析欧洲金融稳定基金、欧洲稳定机制、清迈倡议多变化协议、欧亚稳定和发展基金的运行特点，从而为金砖国家应急储备安排的有效运行提供有益借鉴。

一、欧洲金融稳定基金和欧洲稳定机制

（一）欧洲金融稳定基金（EFSF）的运行特点

EFSF 是欧元区国家为应对 2010 年主权债务危机而设立的临时性危机救助机制，总部在德国卢森堡，由德国债务管理局进行经营和管理，主要任务是向面临主权债务危机的欧元区成员国提供流动性支持，包括：（1）向出现融资困难的成员国贷款；（2）基于预防目的干预债券一级市场、二级市场；（3）支持成员国预防性计划；（4）通过成员国政府为成员国金融机构提供资金支持。EFSF 在运行过程中，其治理结构、基金模式、救助程序与救助条件等呈现如下特点：

一是采用公司化的治理结构。EFSF 是一家有限责任公司，其管理参照公司法人治理框架和完全市场化原则，股东为 17 个欧元区成员国，其股权按照各成员国在欧洲中央银行的占比持有，第一任首席执行官是前欧盟委员会和金融事务司前司长 Klaus Regling；EFSF 的运行由每个成员国所派董事进行监督，在所有董事一致同意下，EFSF 才能发放贷款。在这种治理模式下，各方责任明晰，有利于避免成员国之间在救助时发生争议和纠纷。

二是采用"虚实结合"的基金模式。根据 2010 年 6 月通过的《EFSF 框架协议》，EFSF 的资金规模总计 4400 亿欧元，由成员国按一定比例认缴，如表 5-1 所示，德国和法国认缴比例最高，合计达 47.5%；其次是意大利和西班牙，认缴比例分别是 17.9% 和 11.9%；德国、法国、意大利、西班牙四国比例合计达 77.3%。此后，在欧洲主权债务危机不断恶化的情况下，为了提高救助能力，各成员国于 2011 年 7 月在欧洲峰会上通过了修改版的 EFSF 协议，基金规模扩大到 7800 亿欧元。扩容后，认缴比例最高的仍然为德国、法国、意大利、西班牙，四国认缴比例合计为 77.1%。上述基金实际是成员国向 EFSF 承诺认缴的份额，并非实际出资，成员国向 EFSF 实缴注册资本仅为 1844 万欧元。EFSF 的实际资金来源于市场募集，主要通过发行债券等融资工具获得。实际操作方式为：受援国贷款申请获得批准后，EFSF 通过发行债券等融资工具从市场募集资金，这些资金在扣除相关费用和贷款损失准备后，将贷给援助申请国。融资过程中，非援助申请国对融资工具进行信用担保，这些融资工具信用级别通常被定为 AAA 级，从而募集资金的成本较低。同时，EFSF 还实行过度担保的做法，即要求担保比例为融资额的 120%（修改版 EFSF 提高至 165%），从而进一步降低了市场融资的风险和成本。因此，EFSF 这种基金获得方式属于典型的"虚实结合"模式（李俊和张炜，2012），其优势在于成员国可以少出资甚至不出资也可实现救助目的，降低了资金的成本，但这种模式下能否顺利以较低的成本从市场获得资金还依赖于救助成员国的信用。

表 5-1　　　　　　　　　**EFSF 各国出资情况**

排名	国家	初始承担份额（百万欧元）	占比（%）	扩容后承担份额（百万欧元）	占比（%）
1	德国	119390.07	27.13	211045.90	27.06
2	法国	89657.45	20.38	158487.53	20.32
3	意大利	78784.72	17.91	139267.81	17.86

续表

排名	国家	初始承担份额（百万欧元）	占比（%）	扩容后承担份额（百万欧元）	占比（%）
4	西班牙	52352.51	11.90	92543.56	11.87
5	荷兰	25143.58	5.71	44446.32	5.70
6	比利时	15292.18	3.48	27031.99	3.47
7	希腊	12387.70	2.82	21897.74	2.81
8	奥地利	12241.43	2.78	21639.19	2.78
9	葡萄牙	11035.38	2.51	19507.26	2.50
10	芬兰	7905.20	1.80	13974.03	1.79
11	爱尔兰	7002.40	1.59	12378.15	1.59
12	斯洛伐克	4371.54	0.99	7727.57	0.99
13	斯洛文尼亚	2072.92	0.47	3664.30	0.47
14	卢森堡	1101.39	0.25	1946.94	0.25
15	塞浦路斯	863.09	0.20	1525.68	0.20
16	马耳他	398.44	0.09	704.33	0.09
17	爱沙尼亚	—	—	1994.86	0.26
总计		440000.00	100.00	779783.16	100.00

数据来源：张礼卿，粘书婷．地区性金融合作以往的经验和教训：对金砖国家应急储备安排的含义[R].P5-6.http：//www.sdrf.org.cn/upfile/2016/03/16/20160316140948_323.pdf.

三是救助程序和贷款条件严格，采取多项措施确保救助方利益。EFSF贷款一般是与欧盟、IMF联合提供，当然EFSF也可单独发放贷款。EFSF贷款遵循非简单多数原则，即在董事会所有成员一致同意下，EFSF才能进行贷款审批。在EFSF与欧盟、IMF联合提供援助的情况下，相关贷款条件十分严苛，如为尽快恢复经济增长，贷款申请国必须对其财政政策、银行体系、劳动力市场等进行调整和改革；从提出申请到最终获得贷款通常需要3~4周时间。同时，为防范受援国道德风险，确保提供援助方的利益，EFSF还采取了如下措施：援助申请国需缴纳相当于贷款额0.5%的服务费，贷款发放时提取一定比例的贷款损失准备；这些服务费、贷款损失准备加上自有资本通常投到可迅速变现的安全资产；贷款利率相对高于市场融资利率，以确保贷款在保本情况下获得一定的收益[①]。

四是适时扩大基金规模和职能。在一年左右时间里，EFSF 资金规模从 4400 亿欧元扩容至 7800 亿欧元。同时，无论援助申请国是否被纳入一揽子的贷款计划，EFSF 均向援助申请国政府提供贷款，通常采用向援助申请国银行注资或回购该国政府债券形式；所有成员国均同意时，EFSF 还可通过干预成员国国债市场，维护欧元区金融稳定。

（二）欧洲稳定机制（ESM）的运行特点

为了更好地防范未来可能的流动性冲击或危机，进一步弥补欧元区救助机制的缺陷，欧盟领导人在 2012 年 7 月峰会上决定建立永久性的金融稳定机制——欧洲稳定机制（ESM），以取代临时性的 EFSF。EFSF 的本质是遵循注册所在地卢森堡法律的一种临时性私人企业，ESM 则是遵循国际公法的一种永久性政府间国际组织。其成员国最初为 17 个，2014 年 3 月拉脱维亚加入后增至 18 个，其资本金由成员国共同提供，初始 17 个成员国提供总资本金为 7000 亿欧元，其中 800 亿欧元为实缴资本，余下的 6200 亿欧元为通知即缴资本，拉脱维亚加入后，总资本金增加到 7019 亿欧元，实缴资本达 802 亿欧元，通知即缴资本达 6217 亿欧元。德国、法国、意大利、西班牙同样是 ESM 的前四大注资国，认缴资金总贡献率达 77%。ESM 对受援国的救助方式主要是发放贷款，必要时向成员国问题银行直接注资或购买债务国国债。援助资金来源除主要通过金融市场发行债券等融资工具融资外，还可通过与成员国政府、金融机构、其他第三方组织机构签订协议等方式融资。与 EFSF 相比，ESM 在决策机制、救助程序、放贷条件等方面基本保持不变。ESM 脱胎于 EFSF，但相对 EFSF，无论在制度结构还是救助能力方面均得到了较大的完善，从而为欧洲区域金融安全网的建设作出积极的贡献，是欧洲救助机制建设的一个重要里程碑[②]。

二、清迈倡议多边化协议

（一）清迈倡议多边化协议（CMIM）的发展历程

亚洲金融危机之后，日本提议成立亚洲货币基金组织，但没有得到亚洲

---

① 李俊，张炜. 欧洲金融稳定基金的运作及其启示 [J]. 国际金融研究，2012（4）：56.

② 新浪网，http://finance.sina.com.cn/roll/20121011/043913335171.shtml。

主要国家或经济体的广泛认同，无法得以实施；1998 年 10 月，日本又提出了建立总规模为 300 亿美元的区域援助基金计划，即新宫泽倡议（New Miyazawa Initiative，NMI），旨在向遭遇金融危机的东南亚国家提供援助。马来西亚在该基金援助下，实现了金融市场的稳定，从而进一步增强了亚洲国家建立区域金融安全网的信心①。在此背景下，2000 年 5 月，在泰国清迈举行的东盟 10+3 财长会议上签署的清迈倡议（Chiang Mai Initiative，CMI）得以最终形成。该倡议的核心内容是建立双边货币互换网络，包括东盟 10 国间的多边协议（ASA）、东盟和中日韩间的双边协议（BSAs）、东盟和中日韩间的回购协议（Repo）三个组成部分，以便在某个成员国发生流动性短缺或者出现国际收支困难时，由其他成员共同提供应急性的外汇储备，以稳定受援国及亚洲地区的金融市场。截至 2008 年末，东盟和中日韩各国在 CMI 框架下签署的双边货币互换协议为 16 份，总互换规模为 840 亿美元。CMI 的建立被认为是亚洲金融危机后，最重要、最有效的强化亚洲区域风险防范和应对危机的机制，为亚洲金融安全的建设作出了重要的贡献，但签署后一直未被动用，即使受 2008 年国际金融危机的冲击，韩国、新加坡等国家也没有向 CMI 寻求流动性资助，而是直接和美联储进行货币互换②。

为了进一步深化亚洲金融合作，增强区域内的危机自救能力，2003 年 10 月，中国在 10+3 领导人会议上第一次提出"推动清迈倡议多边化"的倡议；2005 年，东盟 10+3 财长伊斯坦布尔会议启动了 CMI 的第二阶段进程，核心是将原来的双边货币互换转变成多边互换并扩充外汇储备库的规模。2008 年 5 月，东盟与中日韩财长会议决定在 CMI 框架下建立共同储备库，储备库资金规模为 800 亿美元，中国、日本、韩国分担出资总额的 80%，余下的 20% 由东盟分担。该储备库的建立为 CMI 的多边化建设奠定了基础。2009 年 5 月，10+3 财长会议就 CMI 多边化主要要素达成共识；同年 12 月，10+3 财长与中央银行行长、中国香港金融管理局总裁正式签署 CMIM。CMIM 的初始总规模是 1200 亿美元，其中，中国、日本、韩国三国出资占比为 80%，中国（包括香港地区）、日本

---

① 李昌镛等. 全球及区域金融安全网：欧洲和亚洲的经验 [J]. 国际经济评论，2014（1）：164–165.

② 张礼卿，粘书婷. 地区性金融合作以往的经验和教训：对金砖国家应急储备安排的含义 [R]. http://www.sdrf.org.cn/upfile/2016/03/16/20160316140948_323.pdf.

各承担 32%，均为 384 亿美元；韩国承担 16%，为 192 亿美元；其余 20% 由东盟 10 国承担；各国借款总量为其出资总额和借款系数乘积，中国、日本的借款系数是 0.5，韩国是 1，印度、泰国、马来西亚、新加坡、菲律宾均为 2.5，其余成员国为 5。2011 年，作为 CMIM 机制建设的重要内容之一的 10+3 宏观经济研究办公室（AMRO）正式宣布成立并开始运行。2012 年 5 月，10+3 财长和中央银行行长会议决定将储备库金额扩大至 2400 亿美元。

2014 年，CMIM 的资金规模增加至 2400 亿美元，在原常备救助设施（SF）基础上，增设预防性的贷款工具，以便对可能出现危机或者出现危机兆头但宏观经济整体仍健康的成员国进行救助，防止其陷入危机。表 5-2 为扩容后 CMIM 的资金规模、借款乘数及最大借款限额和投票权分布状况。各国借款乘数不变，各国出资额为初始的两倍，因此出资所占比例不变。在投票权方面，中国、日本、韩国 3 国所占比重达 71.59%，东盟 10 国投票权为 28.41%。

表 5-2　CMIM 扩容后的资金规模、借款乘数及最大借款限额和投票权分布

国家或地区	出资额		申请贷款占出资倍数	最大互换金额（亿美元）	基本投票权	基于出资额的投票权	总投票权	
	总额（亿美元）	所占比例（%）					投票数	占比（%）
中国（不包括香港地区）	684	28.5	0.5	342	3.20	68.4	71.6	25.43
中国香港	84	3.5	2.5	63	0.00	8.4	8.40	2.98
日本	768	32	0.5	384	3.20	76.8	80.00	28.41
韩国	384	16	1.0	384	3.20	38.4	41.60	14.77
3 国合计	1920	80	—	1173	9.6	192	201.60	71.59
印度尼西亚	91.04	3.79	2.5	227.6	3.20	9.104	12.304	4.369
泰国	91.04	3.79	2.5	227.6	3.20	9.104	12.304	4.369
马来西亚	91.04	3.79	2.5	227.6	3.20	9.104	12.304	4.369
新加坡	91.04	3.79	2.5	227.6	3.20	9.104	12.304	4.369
菲律宾	91.04	3.79	2.5	227.6	3.20	9.104	12.304	4.369
越南	20	0.83	5	100	3.20	9.104	5.20	1.847
柬埔寨	2.4	0.10	5	12	3.20	9.104	3.44	1.222
缅甸	1.2	0.05	5	6	3.20	9.104	3.32	1.179
文莱	0.6	0.02	5	3	3.20	9.104	3.26	1.158
老挝	0.6	0.02	5	3	3.20	9.104	3.26	1.158

续表

国家或地区	出资额		申请贷款占出资额倍数	最大互换金额(亿美元)	基本投票权	基于出资额的投票权	总投票权	
	总额(亿美元)	所占比例(%)					投票数	占比(%)
东盟10国合计	480	20	—	1262	32	48	80	28.41
总计	2400	100	—	2435	41.6	240	281.6	100

数据来源：张礼卿，粘书婷.地区性金融合作以往的经验和教训：对金砖国家应急储备安排的含义[R].http：//www.sdrf.org.cn/upfile/2016/03/16/20160316140948_323.pdf.

（二）清迈倡议多边化协议（CMIM）存在的问题

CMIM 的形成和完善，是亚洲区域金融安全网建设的一个重要里程碑，相对 EFSF 或 ESM，CMIM 在资本金的运行模式、机制的运作方式、救助程序等方面均存在一定的缺陷。

第一，资本金的运行模式方面，CMIM 采用的是自我管理的承诺模式（汤凌霄等，2016）。在这种模式下，资本金在非危机时期由各国自行管理，在危机时期各国才兑现所承诺的份额以履行对受援国的救助功能。该模式有利于发起组建和节约非危机时期成员的资金成本，但也导致处于稳定状态的资金规模有限及危机时期临时筹集资金给救助带来的滞后性和不确定性。此外，CMIM 还规定了成员国的"逃跑条款"，即在援助申请获批之前，任何一国均可通过提交充分的证据并获得决策委员会批准而免除对援助申请国进行救助的责任，由此进一步加剧了危机时期救助资金的不确定性。

第二，运作机制方面，CMIM 不具备独立的法人地位。如果成员国发生协议下的债务违约，CMIM 只能通过复杂的多边谈判，而没法通过诉讼的方式解决，从而严重影响 CMIM 的运作效率；不具有独立的法人地位，也无法像 EFSF 和 ESM 一样，通过金融市场发行债券等融资工具融资，限制了私人资本参与救助，从而限制了 CMIM 危机救助的规模和渠道；单一的救助机制往往无法应对全球性冲击等重大冲击，因此需要寻求与其他救助机制合作，而不具备法人地位的情况下，CMIM 就无法与其他国际救助机构签订协议直接进行合作，从而进一步影响救助的效率和能力[1]。

---

① 中债资信.金砖国家应急储备安排解析与展望 [EB/OL].http：//stock.hexun.com/2014-08-01/167190602.html.

第三，缺乏有效的经济监测与政策对话机制。早在 2002 年 5 月，作为 CMI 的一个重要部分，东盟与中国、日本、韩国建立了经济监测与政策对话机制；2011 年 4 月成立的宏观经济研究办公室（AMRO），地址位于新加坡，旨在对区域内的经济进行监测和分析，以便及时发现区域内的潜在风险并迅速实施补救措施。但由于仍处于起步阶段，在专业人才、经费支持等方面存在制约，加之东亚区域各国经济政治的复杂性，ARMO 在发挥经济监测的作用方面仍然十分有限。

第四，CMIM 救助资金与 IMF 贷款条件挂钩，使援助申请国的救助可能受到限制。CMI 在实施的初始阶段，自身缺乏有效的监督机制，为保障出资成员国的利益，协议规定将救助资金与 IMF 的贷款条件挂钩，挂钩比例初期为 90%，2005 年 5 月，减少到 80%，2014 年 7 月进一步降至 70%。不同于 EFSF 和 ESM，即使贷款与 IMF 挂钩仍可独立贷款，受援国能无条件从 CMIM 获得的救助仅限于 IMF 贷款挂钩比例之外的部分。尽管与 IMF 贷款挂钩比例在不断下调，但如果无法建立起有效的监督机制，与 IMF 的挂钩就无法取消，援助申请国仍无法得到全面有效的援助。

三、欧亚稳定和发展基金

欧亚稳定和发展基金（EFSD）成立于 2009 年 6 月，成员国为亚美尼亚、白俄罗斯、哈萨克斯坦、吉尔吉斯斯坦、俄罗斯和塔吉克斯坦 6 个国家，其前身是欧亚经济共同体反危机基金。EFSD 资本金的缴纳方式为实缴制，总资本规模为 85.13 亿美元。其中，俄罗斯出资 75 亿美元，占比为 88%；哈萨克斯坦出资 10 亿美元，占比为 11.8%；白俄罗斯出资 1000 万美元；余下的三个成员国出资均为 100 万美元。支付方式上，10% 的部分需要付现，货币可以用美元或欧元，余下的 90% 可以采用不可兑换的无息汇票缴纳。EFSD 成立的目的在于帮助成员国应对全球经济金融危机，保障成员国经济金融长期稳定，同时促进这些国家经济一体化发展。EFSD 对受援国的资助形式包括金融贷款、投资贷款、为社会部门、政府计划的项目提供融资等。每个成员国能够从 EFSD 获得的最大资助金额根据成员国人均国民收入（GNI per capita）占比决定，最后决策由 EFSD 理事会根据 EFSD 管理者的建议决定，各国能获得最大救助金额比例如表 5-3 所示，其中俄罗斯占比最高，达 37%，但其仅用于为大型的政府项目融资；对一些特殊项目资金，贷款额度可以在成员国之间进行调整，例如，在向白俄罗斯进行金融贷款的过程中，俄罗斯向其让渡了12亿美元的额度。

表 5-3　　　　　　　　　EFSD 各成员可获得最大贷款额度

成员国	可获得贷款总额（百万美元）	占总金额比例（%）
亚美尼亚	1106.7	13
白俄罗斯	1787.7	21
哈萨克斯坦	2043.1	24
吉尔吉斯斯坦	255.4	3
俄罗斯	3149.8	37
塔吉克斯坦	170.3	2

资料来源：http：//efsd.eabr.org/e/。

值得提出的是，EFSD 是一种区域性的金融安排，和 CMIM 一样不具有独立的法人实体，EFSD 的治理结构包括理事会、专家委员会和管理部门。理事会是 EFSD 的最高管理部门，由各成员国的财政部部长组成，职能在于对 EFSD 资金的使用和流向及 EFSD 其他活动作出决策；专家委员会则由各部门董事组成，主要进行项目的初步评估和做好理事会档案记录，向理事会提出建议并起草方案；EFSD 资金的管理职能主要交给欧洲开发银行（Eurasian Development Bank，EDB），EDB 则设立专门的金融稳定管理部门，进行金融贷款、投资贷款和其他资金的发放和管理。这种将资源管理职能委托给其他法人实体的做法，使 EFSD 可以节约设立独立的法人机构的成本，同时又可以具备向市场发行金融工具进行融资及直接与其他机构进行合作的便利，同时在其资本金采用实际缴纳模式下，可以避免 CMIM 资本金承诺模式所可能导致的危机救助的滞后性和不确定性。这种模式的缺陷在于将金融稳定功能和金融发展功能共同置于同一机构，可能会导致两种功能在资金的来源、运用及管理方面的冲突，处理不当的情况下，将导致较高的管理和运行成本（汤凌霄等，2016）。

四、金砖国家应急储备安排的特点

金砖国家应急储备安排本质是一种以多边货币互换为基础的危机救助机制，在组织形式、治理结构、贷款条件等诸多方面借鉴了 CMIM 的经验。

第一，CRA 的性质。根据《关于建立金砖国家应急储备安排的条约》的规定，

CRA 是一种多边货币互换框架，不具备独立的国际法人地位，因此与 CMIM 相似，无法通过与其他机构或组织签订协议进行合作，也无权对债务人的违约提起诉讼，当然也不能被起诉。具体而言，CRA 规定，面临流动性危机的成员国可申请获得额度内的救助，主要体现为与其他成员国按一定的条件进行货币互换，而在受援国提出借款申请未被审批之前，成员国之间不涉及资金的转移问题，各国承诺的出资额均由其自由管理。同时，各国承诺出资额的依据是统筹考虑各成员国经济发展所处的阶段、GDP 水平及外汇储备规模等因素，相对 IMF 仅按各国 GDP 规模出资，更加合理。

第二，CRA 的治理结构和决策机制。CRA 的决策机构包括理事会和常务理事会双层治理。其中，理事会负责审议各国承诺出资额的修改、批准新成员加入、修改受助金额与 IMF 的挂钩比例等基础事务；常务理事会负责行政和操作事务，包括批准受援国获得流动性的申请、批准贷款的展期、批准流动性工具的具体操作等方面。CRA 的重大决策通过投票进行，遵循简单多数原则。如前文所述，CRA 投票权包括基本投票权（5%）和按承诺出资比例计算投票权（95%）两部分，前者在五个成员国间进行平分，后者按各国承诺出资比例分配，最终中国、俄罗斯、巴西、印度、南非对应投票权分别为 39.95%、18.1%、18.1%、18.1%、5.75%。这种模式相对 IMF 等国际金融机构仅按出资额分配投票权，更加公平。

第三，CRA 借款及其条件。按照成员国出资额，同时根据各国实际情况，商定各国的借款乘数，中国为 0.5，俄罗斯、巴西、印度均为 1，南非为 2，因此中国、俄罗斯、巴西、印度、南非可获得的最大资助金额分别为 205 亿美元、180 亿美元、180 亿美元、180 亿美元、100 亿美元。CRA 的具体资金援助工具包括流动性工具和预防性工具两种，前者主要为缓解成员国已经发生的短期国际收支压力，后者则旨在解决成员国潜在的国际收支压力问题。两种工具的使用均需要将其申请金额的 70% 和 IMF 贷款条件挂钩，具体体现为申请国需要提供足够的证据，以表明其向 IMF 申请过贷款并通过审批。与此同时，成员国借款期限也与其是否与 IMF 挂钩相关，即与 IMF 贷款挂钩部分贷款的期限为 1 年，可以两次展期；脱钩部分贷款的期限则为半年，可以三次展期。相对 IMF 苛刻的贷款条件，CRA 审核成员国贷款时，只要求申请国提供必要的经济与金融数据，而不干预申请国国内事务及对其经济体制、管理制度等方面提出要求。

尽管 CRA 在创始成员国承诺出资额的确定依据、投票权的设计及决策机制、贷款附件条件等制度设计方面，相对 IMF 更加合理、公平，但由于其借鉴了 CMIM 的诸多做法，从而与 CMIM 存在相似的问题，包括同样采用承诺式的出资模式、无独立的法人地位、没有经济监测和政策对话机制而使贷款依赖于 IMF 等方面的问题。此外，需要指出的是，在资金规模方面，尽管 1000 亿美元的初始规模足以应对一般的冲击，但如果某个成员国面临重大冲击或危机，或者所有成员国同时面临危机的时候，CRA 的资金规模将十分有限。金砖国家在经济快速发展的过程中实际上也积累巨大的风险，经济金融脆弱性程度普遍都很高，尤其是在国际金融市场动荡、国际资本大进大出的情况下，一旦发生危机，金砖国家对救助资金的需求规模将十分巨大。例如，2008 年从俄罗斯流出的资本就高达 1360 亿美元，2014 年乌克兰危机引发西方国家对俄罗斯制裁使其资本外逃也逼近纪录高位，如果按照 CRA 的救助条件，俄罗斯发生危机所能获得的最大救助为 180 亿美元，其中 70% 还需要与 IMF 贷款挂钩，因而对其危机救助的意义就大打折扣。此外，由于金砖国家间经济增长模式和速度、对外贸易、金融结构、外汇储备等方面均具有高度的协同性和互动性（贺书锋，2010；张兵和李翠莲，2011 等），各国可能同时遭受冲击，在各自面临流动性短缺的情况下，CRA 协议下的货币互换承诺将很难实现，CRA 对上述类似的情况还未有对应的方案（孙丹，2014）。

五、对 CRA 的经验借鉴

CRA 是金砖国家参与全球金融治理的一项重要尝试，在制度设计上有其鲜明的特点与合理的方面，但 CRA 尚处于创始阶段，仍然存在较大的发展与完善空间。在充分借鉴 EFSF、ESM、CMIM、EFSD 等现有应急储备机制的经验和教训的基础上，对 CRA 未来发展趋势提出如下建议。

首先，针对承诺式的资本金缴纳模式和无独立法人地位情况。从短期看，由于金砖国家合作尚处于初期，需要首先建立起合作机制，即使这种机制本身的象征意义大于实际意义。而无独立法人地位的"承诺式"发起方式，能够节约非危机时期的资金成本，使五国的合作协议易于达成，合作机制得以成立。而随着五国合作机制成立，合作需要进入实质的运作阶段时，为克服"承诺式"的资金缴纳方式可能导致救助的滞后与不确定性，在仍然不具备法人地位的情况下，可借鉴 EFSD 的"实缴 + 委托"模式（"嵌入式"），将 CRA 的资源委托给金砖银行管理，但金砖银行要借鉴欧洲开发银行同时设立稳定职能部门和发展职能部门，两个部门相互独立但又相互合作；当金砖银行在业务的发展过程中面临协调可能出现的稳定功能与发展功能冲突的成本过高，甚至无法协调时，这种嵌入式的发展模式将不再合适（汤凌霄等，2016）。从长期看，借鉴 EFSF 和 ESM 的"虚实结合"模式更为合理，即 CRA 逐渐成为具备独立法人地位的国际组织，成员国除缴纳注册资本外，承诺资金部分主要用于提供信用担保，通过向市场发行融资工具等方式吸引私人资本参与救助，从而增加救助资金的来源渠道和有效性。

其次，针对贷款条件与 IMF 挂钩情况。CRA 目前尚未建立起自身的经济监测机构与谨慎性贷款等机制，为防范受援国的道德风险，保护援助国的利益，将其贷款规模的 70% 与 IMF 贷款挂钩。CMIM 同样将其贷款规模与 IMF 贷款挂钩，这种做法影响到受援国申请救助的积极性和资金使用的有效性，同时 IMF 所附加的贷款条件极其苛刻，CRA 如果一直依赖 IMF 的监测机制，长期将其贷款与 IMF 挂钩，将有悖于金砖国家推动全球经济金融治理体系朝着更加公平、合理的方向发展的初衷。因此，CRA 有必要推动自身的监测机构和审慎性贷款机制的建立与完善，包括建立风险评估体系、危机预警机制、针对不同类型的危机应对方案及合理的贷款条件的设定等方面。这一点上，CMIM 通过建立自身监测机制、逐步降低与 IMF 贷款挂钩比例的做法，为 CRA 提供了参考。如 AMRO，尽管目前处于初建阶段，在发挥经济监测的实际作用方面仍然有限，但其做法仍有可借鉴之处，如其每季度非公开发表的成员国监测报告，有利于鼓励成员国间坦诚地进行信息交换，CRA 也有望建立起类似 AMRO 的信息交换机制，并在信息的客观性和及时性方面超越 IMF 的相关监测报告（叶玉，2014）。随着监测能力的提升和实践经验的积累，CRA 可以对贷款的条件性设计进行完善，并逐步降低与 IMF 贷款挂钩比例，乃至最终完全脱钩。在完全脱钩之后，CRA、CMIM 和 IMF 可建立更为平等的合作关系，共同解决成员国的危机问题。这一点则可借鉴 EFSF 和 ESM 在欧债危机中与 IMF 一起共同救助希腊等危机国的模式，其中 IMF 在救助中主要起辅助作用，是危机救助中 EFSF 和 ESM 引入的一种外部机制。

最后，针对资金规模的有限性问题。CRA 条约强调当前 1000 亿美元的资金为创始资金，同时对修改承诺资金规模进行了相应的规定，这意味着日后 CRA 的资金规模可以扩充，一方面是基于原有成员国的扩充，另一方面新成员国的加入也使资金总规模得以扩大。因此，CRA 可以根据原有成员国经济运行情况动态调整承诺资金，同时也可通过吸收更多成员国的方式增加资金总规模。而解决资金规模有限性的根本途径还在于开拓多渠道的救助资金来源，如与其他国际性的或区域性的金融机构合作、通过资本市场吸引私人资本参与等（详见第七章）。

第三节　CRA 参与各方的收益与成本：基于修正的保险指数模型分析

一、CRA 参与各方收益和成本理论分析

（一）CRA 参与各方的收益

金砖各国参与 CRA 的收益主要包括直接收益和间接收益两个方面。直接收益体现为金砖各国可以在危机发生时使用储备库中其他国家出资的外汇储备，及时补充流动性，缓解短期性的流动性困难，抵御外部冲击，应对金融危机，维持各国国内金融体系的稳定；应急储备在增加各成员国流动性的同时，在各成员国经济周期存在差异的情况下，还可以降低成员国储备的波动性。间接收益体现为应急储备安排所具有的共同保险性质，可以减少金砖国家超额储备的积累，并将节约的储备用于推进各国国内和区域经济的建设，提升各国国家福利；同时，CRA 共同保险的性质，还有利于稳定预期，增强市场对金砖国家的信心，一定程度上可以防止由于市场投机因素导致的各国货币大幅贬值而引起的货币危机；应急储备还可以有效预防危机在金砖五国之间的传染及五国和其他国家之间的传染，避免系统性金融风险在区域、跨区域乃至全球范围内的传播，从而对全球金融安全网起到重要的补充作用；另外，外汇储备库通过增强流动性和协同政策反应降低风险传染性还有助于降低国际收支的波动性（Rosero，2011）。

（二）CRA 参与各方的成本

参与 CRA 的成本也包括直接成本和间接成本两个方面。各参与方的直接成本体现为由于受援国可能无法按时偿还救助资金而蒙受的资金损失，包括在

救援时可能无法准确判断危机国的经济形势是处于暂时性收支困境还是长期性的结构问题导致的危机，从而使本来用于缓解暂时性流动性困难的储备库资金用于支持危机国长期性的清偿力危机，导致资金无法收回；还包括危机国采取不当的危机处理措施使危机进一步恶化而无法偿还救助资金，使救援国蒙受损失。CRA 的间接成本主要体现为救援国的道德风险。一方面，危机国可能基于CRA 的共同保险性质，倾向于放松危机的预防和管理，甚至为了自身的利益而恶意拖欠救援资金及出现损害其他国家甚至全球金融稳定的"以邻为壑"的行为。另一方面，CRA "承诺式"的出资模式也可能导致成员国的道德风险问题。如前文所述，"承诺式"的出资模式下，只有成员国出现危机时，其他成员国才临时筹集所承诺的资金，如果所有成员国同时面临危机，或者大部分成员国面临危机，CRA 的资金就面临极大的滞后性和不确定性。同时，金砖国家成员国在经济增长速度和增长模式、对外贸易、外汇储备、金融结构和金融风险等方面具有较强的协动性，这些协动性导致金砖国家的金融风险具有系统性，即某个金砖国家发生稳定性问题可能会使投资者对另外一个金砖国家产生类似的稳定性问题的预期，面临稳定性问题或者使投资具稳定性问题预期的成员国，其最终理性的做法是将自有储备首先用于解决自身流动性问题或者稳定市场预期，从而无法或不愿或不足额购买事先承诺的出资份额，使 CRA 资金救助来源面临前述不确定的可能性（汤凌霄等，2016）。

二、保险指数的构建与修正

（一）保险指数的构建

Dodsworth（1992）和 Medhora（1992）构建了综合考虑外汇储备量增加及外汇储备波动性降低的保险指数。他们首先构建各国自有外汇储备的保险指数，具体计算公式如下：

$$C_i = \frac{R_i}{Var(R_i)} \tag{5-1}$$

式（5-1）中，C_i 为保险指数；R_i 为 i 国一定时期内实际的平均储备水平；$Var(R_i)$ 为 i 国同一时期自有外汇储备的波动率，通常以相应的标准差进行衡量。

在建立区域性外汇储备库后，一国将部分自有储备投入到储备库中，在遇到短期性流动性问题时，除自有储备外，还可以动用储备库中其他成员国出资的部分，此时，各成员国的保险指数公式演变为

$$C_i^{\rho} = \frac{R_i + \sum_{j \neq i} \rho R_j}{Var(R_i + \sum_{j \neq i} \rho R_j)} \quad\quad (5-2)$$

式（5-2）中，ρ 为区域性外汇储备库的建立程度（$0 < \rho < 1$），当 $\rho = 0$ 时表示没有建立外汇储备库，当 $\rho = 1$ 时表示建立完全的外汇储备库，即各国将各自的外汇储备均用于建立储备库；C_i^{ρ} 是 i 国在外汇储备库建立程度为 ρ 情况下的保险指数；R_j 为其他成员国 j 同时期的平均外汇储备水平。

Rosero（2011）进一步考虑了外汇储备库的建立对降低成员国国际收支波动性的作用，此时公式进一步演变为

$$C_i^{\rho^*} = \frac{R_i + \sum_{j \neq i} \rho R_j}{Var(R_i + \sum_{j \neq i} \rho R_j)(1 - \rho \pi)} \quad\quad (5-3)$$

式（5-3）中，π 为成员国因为外汇储备库而带来的国际收支波动性的降低程度。而量化各国参与外汇储备库的盈亏情况的思路：先将参与外汇储备库情况下的保险指数乘以未参与外汇储备时的储备波动性，此即一国在自有储备情况下想要达到参与外汇储备库保险指数所需要的外汇储备量，再将所计算的外汇储备量减实际外汇储备，即为参与外汇储备的盈亏。如果结果为正则表明参与外汇储备库可以节省外汇储备的积累，为收益；如果结果为负，则表明参与外汇储备库将要增加自有外汇储备的损耗，为亏损。具体的计算公式见式（5-4）和式（5-5）：

$$R^h = C_i^{\rho} Var(R_i) \quad\quad (5-4)$$

$$G/L = R^h - R_i \qu\quad (5-5)$$

其中，R^h 为一国在自有储备情况下想要达到参与外汇储备库保险指数所需要的外汇储备量；C_i^{ρ} 为参与储备库下的保险指数；$Var(R_i)$ 为 i 国外汇储备的波动率；R_i 为 i 国实际储备的平均值；G/L 为参与外汇储备库的收益或损失。

（二）保险指数的修正

汤凌霄等（2016）根据现行框架下，各国既定的承诺出资份额和借款乘数决定的最大借款额，考虑到受援国无法按时偿还资金而导致救助国资本损失的可能性，对保险指数模型进行了如下修正：

$$C_i^{\rho} = \frac{R_i + \sum_{j \neq i} \rho R_j - \beta R_0}{Var[R_i + \sum_{j \neq i} \rho R_j - \beta R_0](1 - \rho \pi)} \qu\quad (5-6)$$

式（5-6）中，β 为救助国向危机国提供的资金无法收回的概率；R_0 为 i 国承诺

出资额；其他变量含义与前文相同。

由于现行框架下，各国能迅速从 CRA 获得的最大资助金额还受与 IMF 贷款挂钩比例的影响，同时还面临受承诺出资模式下各国无法或者不愿或不足额缴纳承诺出资额的可能性，本书在汤凌霄等（2016）模型基础上，进一步考虑这些因素的影响，构建如下修正的保险指数模型：

$$C_i^\rho = \frac{R_i + \delta\sum\limits_{j\neq i}\rho_j(1-\alpha_j)R_j - \beta\rho_i R_i}{Var[R_i + \delta\sum\limits_{j\neq i}\rho_j(1-\alpha_j)R_j - \beta\rho_i R_i](1-\rho_i\pi)} \qquad (5\text{-}7)$$

由于当前框架下，各国承诺出资比例不同，故 ρ 表示为取不同值；δ 为能获得的救助资金与 IMF 贷款脱钩的比例；α_j 为 j 国无法或不愿兑现承诺出资额的概率；β 是救助国向危机国提供的资金无法收回的概率；i 国出资额表示为具体的参与度与其自有储备乘积的形式，分母中国际收支波动率降低对保险指数的影响相应地表示为 1 减去各自参与度与国际收支波动率降低程度的乘积。

三、CRA 参与各方成本和收益测算

（一）CRA 参与各方不同参与度下保险指数测算和盈亏分析

本节综合借鉴陈奉先（2015）、汤凌霄等（2016）的做法首先分阶段分析金砖各国在不同参与度下的保险指数和盈亏情况，以探讨各国参与 CRA 的动力问题。外汇储备数据为 1993~2016 年的年度数据，为总储备减黄金额度，其中，1993~2015 年的数据来源于世界银行 WDI 数据库，2016 年的数据来自 IMF 的 IFS 数据库。按照全球经济金融形势、亚洲金融危机和次贷危机，将数据划分为 1993~2000 年、2001~2006 年、2007~2016 年三个阶段进行对比分析，各个阶段数据的均值和标准差如表 5-4 所示。

表 5-4　　　　　　　　　各阶段数据的均值和标准差

单位：亿美元

国家	1993~2000 年		2001~2006 年		2007~2016 年	
	均值	标准差	均值	标准差	均值	标准差
巴西	421.03	99.63	521.22	178.46	3050.48	752.39
中国	1094.59	540.15	5698.98	3296.35	29369.26	7671.81
印度	238.23	87.86	1069.55	456.44	2852.14	309.41
俄罗斯	111.12	63.65	1236.73	994.75	4125.61	644.16
南非	35.07	21.94	122.04	73.42	392.77	56.61

1. CRA 成员国在不同参与度下的保险指数测算。根据式（5-3），在 $\pi=0$ 的情况下，对 CRA 成员国在不同参与度下的保险指数进行测算，结果如表 5-5 至表 5-7 所示。

表 5-5　　　　1993~2000 年金砖国家 CRA 不同参与度下的保险指数

国家	无 CRA	$\rho=0.05$	$\rho=0.1$	$\rho=0.3$	$\rho=0.5$	$\rho=0.7$	$\rho=0.9$	$\rho=1$
巴西	4.2259	4.7883	**4.9963**	4.4782	3.959	3.6535	3.4618	3.3911
中国	2.0265	2.1008	2.1747	2.4654	2.7461	3.0146	3.2694	**3.3911**
印度	2.7115	3.4883	3.8948	**3.9226**	3.6829	3.5284	3.4285	3.3911
俄罗斯	1.7458	2.8871	3.4297	**3.6246**	3.5219	3.453	3.408	3.3911
南非	1.5985	3.6078	**3.6846**	3.51	3.4458	3.4152	3.3974	3.3911

注：表中加粗部分为各国不同参与度下保险指数最大值，以下同。

从表 5-5 中可知，1993~2000 年，除巴西在 $\rho \geqslant 0.5$ 的情况下保险指数低于未参与 CRA 的保险指数外，其他金砖国家均可从参与应急储备安排的建设中获益。从最优参与度看，巴西和南非在 10% 的参与度下获益最大，中国在 100% 的参与度下获益最大，印度和俄罗斯则在参与度为 30% 时的获益最大。1997~1998 年，亚洲金融危机爆发，可能受危机影响，中国和印度参与 CRA 的意愿较强，而俄罗斯可能受亚洲金融危机及其国内金融危机影响，参与意愿也较强。从参与应急储备安排的边际收益看，中国在 10%~30% 参与度下的边际收益最大，巴西、印度、俄罗斯、南非均在 0~5% 的参与度下边际收益最大。

表 5-6　　　　2001~2006 年金砖国家 CRA 不同参与度下的保险指数

国家	无 CRA	$\rho=0.05$	$\rho=0.1$	$\rho=0.3$	$\rho=0.5$	$\rho=0.7$	$\rho=0.9$	$\rho=1$
巴西	2.9207	**3.7246**	3.4155	2.7988	2.6257	2.5469	2.502	2.4862
中国	1.7289	1.7734	1.8173	1.9872	2.146	2.2923	2.425	**2.4862**
印度	2.3432	2.9687	**3.1944**	2.9566	2.7242	2.5948	2.5153	2.4862
俄罗斯	1.2433	1.5936	1.8853	2.4532	**2.5465**	2.5329	2.5018	2.4862
南非	1.6622	**2.9051**	2.7421	2.5623	2.5196	2.5006	2.4899	2.4862

由表 5-6 中可见，2001~2006 年是国际经济金融形势相对稳定时期，巴西仍存在 $\rho \geqslant 0.3$ 情况下保险指数低于未参与 CRA 的保险指数，其他国家仍能从参与 CRA 中获益。从参与意愿看，除俄罗斯和中国外，其他国家参与应急储备安排的动力不强，其中中国参与意愿最强，愿意将 100% 的外汇储备用于建

设 CRA，俄罗斯的最优参与度为 50%；巴西和南非在 5% 的参与度下收益最大，印度的最优参与度为 10%。从边际收益看，中国和俄罗斯在 10%~30% 的参与度下最积极，巴西、印度和南非则均在 0~5% 的参与度下最积极。

表 5-7　　　　　2007~2016 年金砖国家 CRA 不同参与度下的保险指数

国家	无 CRA	$\rho=0.05$	$\rho=0.1$	$\rho=0.3$	$\rho=0.5$	$\rho=0.7$	$\rho=0.9$	$\rho=1$
巴西	4.0544	5.7820	6.2441	5.7889	5.4569	5.2826	5.1777	5.1396
中国	3.8282	3.8960	3.9637	4.2322	4.4971	4.7577	5.0136	5.1396
印度	9.2180	9.4870	7.8568	5.9514	5.4949	5.2931	5.1796	5.1396
俄罗斯	6.4046	7.8697	7.6533	6.1707	5.6145	5.3488	5.1946	5.1396
南非	6.9382	6.0395	5.5815	5.2566	5.1899	5.1612	5.1452	5.1396

从表 5-7 中可知，2007~2016 年，除南非没有动力参与 CRA 外，其他金砖国家均能从参与 CRA 中获益。其中，中国仍然在 100% 的参与度下收益最大，巴西的最优参与度为 10%，印度和俄罗斯愿意参与构建 5% 的应急储备安排。从边际收益看，中国仍在 10%~30% 的参与度下积极性最高，巴西、印度和俄罗斯在 0~5% 的参与度下参与意愿最强。可见，相对全球经济金融形势较稳定时期，次贷危机（2007 年）、全球金融危机（2008 年）、俄罗斯乌克兰危机（2014 年）并没有使所有国家参与 CRA 的意愿提升。

2. CRA 成员国各阶段最优参与度下的盈亏情况分析。由表 5-5 至表 5-7 可知，1993~2000 年，巴西、中国、印度、俄罗斯、南非最优参与度分别为 10%、100%、30%、30%、10%；2001~2006 年，巴西、中国、印度、俄罗斯、南非最优参与度分别为 5%、100%、10%、50%、5%；2007~2016 年巴西、中国、印度、俄罗斯、南非最优参与度分别为 10%、100%、5%、5%、0。

在上述各阶段最优参与度下，对金砖各国参与 CRA 的盈亏情况进行测算，结果如表 5-8 所示。1993~2000 年，中国从参与 CRA 中获得的收益最高，为 737.1 亿美元；俄罗斯参与的收益次之，为 119.59 亿美元；印度、巴西、南非的收益分别为 106.41 亿美元、76.76 亿美元、45.77 亿美元。2001~2006 年，中国参与的收益仍最多，上升至 2496.30 亿美元；俄罗斯的收益则大幅上升至 1296.36 亿美元，为前一阶段的 5.6 倍；其他成员国的收益较第一阶段也有不同程度的增加。2007~2016 年，中国参与的收益上升至 10060.89 亿美元，仍居收益第一位；巴西则跃升为第二位，收益为 1647.48 亿美元，分别为前两个阶段收益的 21.46 倍、11.48 倍；印度和俄罗斯的收益则较前两个阶段有所减少；南非由于没有参与 CRA 的动力，其收益为 0。

表 5–8　　　　　　　　CRA 成员国各阶段最优参与度下的盈亏情况

单位：亿美元

国家	1993~2000 年		2001~2006 年		2007~2016 年	
	R^h	G/L	R^h	G/L	R^h	G/L
巴西	497.7853	76.7553	664.6997	143.4797	4697.9615	1647.4815
中国	1831.6970	737.1070	8195.2838	2496.3038	39430.1488	10060.8888
印度	344.6396	106.4096	1458.0725	388.5225	2935.3689	83.2289
俄罗斯	230.7067	119.5867	2533.0899	1296.3599	5069.3736	943.7636
南非	80.8408	45.7708	213.2936	91.2536	392.77	0

表 5–9　　　　　　　　π =0.1 时 CRA 成员国各阶段盈亏情况

单位：亿美元

国家	1993~2000 年		2001~2006 年		2007~2016 年	
	R^h	G/L	R^h	G/L	R^h	G/L
巴西	502.8134	81.7834	664.6997	143.4797	4745.4157	1694.9357
中国	2035.2189	940.6289	9105.8709	3406.8909	43811.2764	14442.0164
印度	348.1208	109.8908	1503.1675	433.6175	2950.1195	97.9795
俄罗斯	233.0371	121.9171	2666.4104	1429.6804	5094.8478	969.2378
南非	81.2470	46.1770	214.3654	92.3254	392.7700	0

表 5–5 至表 5–8 中 CRA 成员国各阶段保险指数和盈亏情况的测算是基于 π =0 情况下的测算，即均未考虑应急储备对国际收支波动的降低效应。考虑应急储备在降低国际收支波动情况下 CRA 的盈亏情况，此时假设 π 由 0 上升至 0.1，结果如表 5–9 所示。对比表 5–8 可知，在其他条件相同的情况下，应急储备对国际收支波动的降低效应提高了 CRA 各成员国的收益。

（二）现行框架下 CRA 参与各方保险指数测算

对金砖国家而言，当前各国的出资额和出资比例是确定的，按各成员国承诺的出资额和相应借款乘数，中国、俄罗斯、巴西、印度、南非可获得的最大资助金额分别为 205 亿美元、180 亿美元、180 亿美元、180 亿美元、100 亿美元。根据式（5–7），分别探讨现行框架下，与 IMF 贷款不同脱钩比例、面临承诺出资模式下可获得救助资金的不确定性、危机国无法偿还贷款而出现资金损失的可能性、多个成员国同时发生危机等情况下，CRA 参与各方保险指数情况。

1. 与 IMF 贷款不同脱钩比例下 CRA 参与各方保险指数测算。探讨与 IMF 贷款不同脱钩比例下各成员国的保险指数情况，此时假设对所有成员国，均有 $\alpha_j = 0, \beta = 0, \pi = 0$，结果如表 5-10 至表 5-12 所示。其他条件不变的情况下，无论哪个阶段，各成员国参与 CRA 的保险指数均随其可获得救助资金与 IMF 的脱钩比例的增大而增大，由此可见，摆脱各国迅速可得救助资金对 IMF 贷款的依赖，有利于提升各国参与 CRA 的收益。此外，无论在哪种脱钩比例下，各国的保险指数均高于未参与 CRA 时的保险指数，可见，在现行框架下，即使各国可迅速获得的救助资金在一定程度上依附于 IMF 的贷款，但 CRA 的建立仍有利于各国整体收益的提升。

表 5-10　1993~2000 年与 IMF 贷款不同脱钩比例下 CRA 参与各方保险指数

国家	无 CRA	$\delta = 0.3$	$\delta = 0.5$	$\delta = 0.7$	$\delta = 1$
巴西	4.2259	4.7679	5.1293	5.4906	6.0326
中国	2.0265	2.1403	2.2162	2.2921	2.4060
印度	2.7115	3.3261	3.7358	4.1456	4.7602
俄罗斯	1.7458	2.5942	3.1598	3.7254	4.5738
南非	1.5985	2.9658	3.8774	4.7890	6.1563

表 5-11　2001~2006 年与 IMF 贷款不同脱钩比例下 CRA 参与各方保险指数

国家	无 CRA	$\delta = 0.3$	$\delta = 0.5$	$\delta = 0.7$	$\delta = 1$
巴西	2.9207	3.2232	3.4250	3.6267	3.9293
中国	1.7289	1.7475	1.7600	1.7724	1.7911
印度	2.3432	2.4616	2.5404	2.6193	2.7376
俄罗斯	1.2433	1.2975	1.3337	1.3699	1.4242
南非	1.6622	2.0708	2.3432	2.6156	3.0242

表 5-12　2007~2016 年与 IMF 贷款不同脱钩比例下 CRA 参与各方保险指数

国家	无 CRA	$\delta = 0.3$	$\delta = 0.5$	$\delta = 0.7$	$\delta = 1$
巴西	4.0544	4.1262	4.1740	4.2219	4.2936
中国	3.8282	3.8362	3.8416	3.8469	3.8549
印度	9.2180	9.3925	9.5089	9.6252	9.7997
俄罗斯	6.4046	6.4885	6.5444	6.6002	6.6841
南非	6.9382	7.4681	7.8214	8.1747	8.7046

2. 承诺资金不确定性下 CRA 参与各方保险指数测算。当前框架下，探讨承诺出资模式下可获得救助资金存在不确定性时 CRA 参与各方保险指数情况，此时假设对所有成员国均有 $\beta = 0$，$\pi = 0$，为讨论的简便性，这里仍假设对所有成员国，均有 $\alpha_i = \alpha_j = \alpha$，这种情况通常出现于各成员国以同样的概率面临危机的可能性。结果如表 5-13 至表 5-15 所示。在其他条件不变的情况下，无论哪个阶段，各成员国参与 CRA 的保险指数均随其他国家无法兑现承诺资金概率的增加而减小。可见，当金砖各国之间系统性金融风险越大，各国以同样的概率共同遭遇危机的可能性越大，各国从参与 CRA 获得的收益越小，从而"承诺式"出资模式的缺陷就越明显。

表 5-13　　1993~2000 年承诺资金不确定性下 CRA 参与各方保险指数

国家	无 CRA	$\alpha = 0.05$	$\alpha = 0.1$	$\alpha = 0.3$	$\alpha = 0.5$	$\alpha = 0.7$
巴西	4.2259	4.7408	4.7137	4.6053	4.4969	4.3885
中国	2.0265	2.1346	2.1289	2.1062	2.0834	2.0606
印度	2.7115	3.2954	3.2646	3.1417	3.0188	2.8959
俄罗斯	1.7458	2.5518	2.5093	2.3397	2.1700	2.0003
南非	1.5985	2.8974	2.8291	2.5556	2.2821	2.0087

表 5-14　　2001~2006 年承诺资金不确定性下 CRA 参与各方保险指数

国家	无 CRA	$\alpha = 0.05$	$\alpha = 0.1$	$\alpha = 0.3$	$\alpha = 0.5$	$\alpha = 0.7$
巴西	2.9207	3.2081	3.1930	3.1325	3.0719	3.0114
中国	1.7289	1.7466	1.7457	1.7419	1.7382	1.7345
印度	2.3432	2.4556	2.4497	2.4261	2.4024	2.3787
俄罗斯	1.2433	1.2948	1.2921	1.2813	1.2704	1.2595
南非	1.6622	2.0504	2.0300	1.9482	1.8665	1.7848

表 5-15　　2007~2016 年承诺资金不确定性下 CRA 参与各方保险指数

国家	无 CRA	$\alpha = 0.05$	$\alpha = 0.1$	$\alpha = 0.3$	$\alpha = 0.5$	$\alpha = 0.7$
巴西	4.0544	4.1226	4.1190	4.1046	4.0903	4.0759
中国	3.8282	3.8358	3.8354	3.8338	3.8322	3.8306
印度	9.2180	9.3838	9.3751	9.3402	9.3053	9.2704
俄罗斯	6.4046	6.4843	6.4801	6.4633	6.4466	6.4298
南非	6.9382	7.4416	7.4151	7.3091	7.2031	7.0972

3.危机国无法偿还贷款情况下 CRA 参与各方保险指数测算。当前框架下，假设对所有成员国α_j=0，π=0，探讨危机国无法偿还贷款而出现资金损失可能性下 CRA 参与各方保险指情况。从表 5-16 至表 5-18 可知，在其他条件不变的情况下，无论哪个阶段，当危机国无法偿还贷款的概率越大，各成员国资本损失越大，参与 CRA 的成本就越大，从而各方参与 CRA 的保险指数越小。因此，保证救助资金的安全和及时偿还，有助于提升金砖各成员国参与 CRA 的收益。

1993~2000 年，巴西、印度、俄罗斯在 $0<\beta\leqslant0.3$ 时的保险指数均大于没有参与 CRA 时的保险指数，且在β=0.3 时，三国的保险指数与未参与 CRA 的保险指数恰好相等，此时三国从 CRA 中获得的收益与成本恰好相等；中国在 $0<\beta\leqslant0.1$ 时参与保险指数大于未参与时的保险指数，而当危机国无法偿还贷款的概率上升至 0.3 时，中国参与 CRA 的保险指数低于仅持有自有外汇储备的保险指数，因此之后不再具有参与动力；南非则在危机国无法偿还贷款的概率上升至 0.7 时，参与 CRA 的保险指数低于未参与时，表明南非参与 CRA 的收益相对较大，足以抵消 70% 以内的资本损失，可见南非参与动力最大，这主要与当前框架下南非出资额相对较少，借款系数相对较高有关。对比可知，2001~2006 年及 2007~2016 年，各国参与 CRA 保险指数的变化趋势与 1993~2000 年的一致，巴西、印度、俄罗斯均在 $0<\beta\leqslant0.3$ 时具有参与动力，而中国在资本损失达到 30% 之后不再具有参与动力，南非则在资本损失达到 70% 之后不再具有参与动力。

表 5-16　1993~2000 年危机国无法偿还贷款情况下 CRA 参与各方保险指数

国家	无 CRA	β=0.05	β=0.1	β=0.3	β=0.5	β=0.7
巴西	4.2259	4.6776	4.5873	4.2259	3.8646	3.5033
中国	2.0265	2.1024	2.0644	1.9126	1.7608	1.6090
印度	2.7115	3.2237	3.1212	2.7115	2.3017	1.8920
俄罗斯	1.7458	2.4528	2.3114	1.7458	1.1802	0.6146
南非	1.5985	2.8519	2.7379	2.2821	1.8263	1.3706

表 5-17　2001~2006 年危机国无法偿还贷款情况下 CRA 参与各方保险指数

国家	无 CRA	β=0.05	β=0.1	β=0.3	β=0.5	β=0.7
巴西	2.9207	3.1728	3.1224	2.9207	2.7189	2.5172
中国	1.7289	1.7413	1.7351	1.7102	1.6853	1.6605

续表

国家	无 CRA	$\beta=0.05$	$\beta=0.1$	$\beta=0.3$	$\beta=0.5$	$\beta=0.7$
印度	2.3432	2.4418	2.4221	2.3432	2.2644	2.1855
俄罗斯	1.2433	1.2885	1.2794	1.2433	1.2071	1.1709
南非	1.6622	2.0368	2.0027	1.8665	1.7303	1.5941

表 5-18　2007~2016 年危机国无法偿还贷款情况下 CRA 参与各方保险指数

国家	无 CRA	$\beta=0.05$	$\beta=0.1$	$\beta=0.3$	$\beta=0.5$	$\beta=0.7$
巴西	4.0544	4.1142	4.1022	4.0544	4.0065	3.9587
中国	3.8282	3.8335	3.8309	3.8202	3.8095	3.7988
印度	9.2180	9.3634	9.3343	9.2180	9.1016	8.9853
俄罗斯	6.4046	6.4745	6.4605	6.4046	6.3487	6.2929
南非	6.9382	7.4240	7.3798	7.2031	7.0265	6.8498

4. 多个成员国同时发生危机情况下 CRA 参与各方保险指数测算。如前文所述，在承诺出资模式下，危机国为了自救可能无法或不再兑现承诺出资额，而非危机国在缴纳出资额的同时还可能面临危机国无法偿还救助资金的可能。极端的情况是其中四国均出现危机，而仅有一国参与救助。考虑到中国作为最大的外汇储备国，一方面，其经济基本面较为稳定从而发生危机的可能性相对其他四国较小，即使发生危机可以首先动用自身的外汇储备而需要向 CRA 求助的可能性相对较小。另一方面，在中国当前承诺出资额下，即使其他四个国家因发生危机而不兑现事先出资额，四国仍能从 CRA 中获得不与 IMF 挂钩的救助金额[①]。因此，本书仅探讨当前框架下，2007~2016 年，中国作为救助国缴纳救助资金，在其他四国同时遭受危机这种极端情况下各国的保险指数，并分危机国均兑现承诺和均不兑现承诺两种情形进行讨论。

（1）危机国均兑现承诺时 CRA 参与各方保险指数和盈亏情况。表 5-19 的结果是在中国缴纳 410 亿美元的承诺出资额但未提取资金，其他四国均兑现承诺资金并可获得各自最大借款额度的 30% 部分，各国均面临危机国不偿还救

---

　　① 金砖国家除中国外的其他四个成员国可迅速获得的资助金额为 54+54+54+30=192＜410 亿美元，从而各国可迅速获得的救助金额均可得到满足。一个国家参与救助，另外四个国家发生危机的其他组合，危机国可以迅速获得的最大金额无法均得到满足，如巴西作为救助国缴纳 180 亿美元，其他四国可迅速获得的最大救助金额为 61.5+54+54+30=199.5 亿美元＞180 亿美元。

助资金的可能性下，CRA 各参与方的保险指数情况。其中，各危机国的保险指数结果与表 5–18 中非极端情况下的结果一致，而对于非危机国中国而言，其保险指数仍随着危机国不偿还救助资金的概率增加而减小，且无论在哪种情况下，保险指数均小于未参与 CRA 的保险指数。这表明，在其他四国发生危机的情况下，中国作为唯一资金救助方，无法获得 CRA 的直接收益，但却面临资金成本的损失。在表 5–20 极端情况下的盈亏结果表明，虽然中国参与 CRA 的收益为负，但在资本损失概率为 $0 \leq \beta \leq 0.1$ 时，金砖五国总体的收益仍为正，因此只要通过合理的制度设计保证救助资金的安全性，即使在极端情况下，金砖国家构建 CRA 总体收益仍能为正。其中，对于中国而言，虽然参与 CRA 的收益为负，但没有量化在保险指数中的包括参与救助的负责任的国家形象、通过救助稳定市场预期等方面的收益使中国仍有动力参与 CRA；同时，一种集团联盟要得以形成，部分成员可能需要让渡部分利益，而中国在金砖国家联盟中，为促成集体行动"应急储备安排的成立"也让渡了部分利益。

表 5–19　　2007~2016 年危机国均兑现承诺时 CRA 参与各方保险指数

国家	无 CRA	$\beta = 0.05$	$\beta = 0.1$	$\beta = 0.3$	$\beta = 0.5$	$\beta = 0.7$
巴西	4.0544	4.1142	4.1022	4.0544	4.0065	3.9587
中国	3.8282	3.8255	3.8229	3.8122	3.8015	3.7908
印度	9.2180	9.3634	9.3343	9.2180	9.1016	8.9853
俄罗斯	6.4046	6.4745	6.4605	6.4046	6.3487	6.2929
南非	6.9382	7.4240	7.3798	7.2031	7.0265	6.8498

表 5–20　　2007~2016 年危机国均兑现承诺出资额下 CRA 参与各方盈亏情况

国家	$\beta = 0.05$	$\beta = 0.1$	$\beta = 0.3$	$\beta = 0.5$	$\beta = 0.7$
巴西	45	36	0	−36	−72
中国	−20.5	−41	−123	−205	−287
印度	45	36	0	−36	−72
俄罗斯	45	36	0	−36	−72
南非	27.5	25	15	5	−5
金砖五国	142	92	−108	−308	−508

（2）危机国均不兑现承诺出资额时 CRA 参与各方保险指数和盈亏情况。表 5–21 的结果是中国缴纳 410 亿美元的承诺出资额但未提取资金，其他四国

均不兑现承诺资金但仍可获得各自最大借款额度 30% 的部分，中国面临危机国不偿还救助资金的可能性，CRA 各参与方的保险指数情况。此时四个危机国由于未缴纳承诺资金从而没有资金损失。对中国而言，其参与 CRA 的保险指数情况与表 5-19 一致，其他四个危机国由于可以获得救助却不会面临资本金的损失，其保险指数均高于没有参与 CRA 的保险指数。从边际收益看，此时南非相对没有参与 CRA 的边际收益最大，印度次之。从表 5-22 的盈亏情况看，当中国面临的资本损失概率为 $0 \leq \beta \leq 0.3$ 时，金砖五国总体的收益仍然为正。因此，即使出现多个国家共同面临危机且无法兑现承诺资金时，只要能够保证救助国安全收回资金，金砖五国整体仍能从参与 CRA 中获益。

表 5-21　2007~2016 年危机国均不兑现承诺出资额时 CRA 参与各方保险指数

国家	无 CRA	$\beta=0.05$	$\beta=0.1$	$\beta=0.3$	$\beta=0.5$	$\beta=0.7$
巴西	4.0544	4.1262	4.1262	4.1262	4.1262	4.1262
中国	3.8282	3.8255	3.8229	3.8122	3.8015	3.7908
印度	9.2180	9.3925	9.3925	9.3925	9.3925	9.3925
俄罗斯	6.4046	6.4885	6.4885	6.4885	6.4885	6.4885
南非	6.9382	7.4681	7.4681	7.4681	7.4681	7.4681

表 5-22　2007~2016 年危机国均不兑现承诺出资额时 CRA 参与各方盈亏情况

国家	$\beta=0.05$	$\beta=0.1$	$\beta=0.3$	$\beta=0.5$	$\beta=0.7$
巴西	54	54	54	54	54
中国	−20.5	−41	−123	−205	−287
印度	54	54	54	54	54
俄罗斯	54	54	54	54	54
南非	30	30	30	30	30
金砖五国	171.5	151	69	−13	−95

四、结论

本节通过对已有保险指数模型进行修正，以测算不同情况下金砖国家参与 CRA 的保险指数和盈亏情况，得到的主要结论如下：

首先，分阶段测算金砖各国不同参与度下参与 CRA 的保险指数结果表明，不同阶段各国最优参与度存在一定的差异。其中，中国在各个阶级的最优参与度均为 100%，即中国参与 CRA 的意愿最强；而南非在 2007~2016 年没有参与动力；2007~2016 年各国参与 CRA 并未呈现金融危机驱动特点。在各个阶段最优参与度下，除南非在 2007~2016 年的收益为 0 外，其他金砖国家的收益均为正，且无论在哪个阶段，中国在 100% 的最优参与度下收益均最高。而应急储备对国际收支波动的降低效应则有利于提高 CRA 各成员国的收益。

其次，考虑现行框架下，救助资金与 IMF 贷款不同脱钩比例、承诺出资模式下可获得救助资金的不确定性、危机国无法偿还贷款而出现资金损失可能性、多个成员国同时发生危机等情况对 CRA 参与各方保险指数的影响，结果表明，在其他条件不变的情况下：

（1）无论哪个阶段，降低各成员国救助资金对 IMF 贷款的依赖程度，有利于提高各国参与 CRA 的收益；尽管现行框架下各国迅速可得的救助资金依附于 IMF 的贷款，但各国仍能从参与 CRA 中获益。

（2）无论哪个阶段，其他国家无法兑现承诺的概率越大，各成员国参与 CRA 的保险指数越小；各成员国以同样的概率共同遭遇危机的可能性越大，CRA 承诺出资模式的缺陷就越明显。

（3）无论哪个阶段，当危机国无法偿还贷款的概率越大，各成员国资本损失越大，参与 CRA 的成本就越大，各方参与 CRA 的保险指数就越小。各成员国可接受的最大资本损失概率存在一定的差异，其中，南非可接受的最大资本损失概率最大，可见，在当前框架下，南非参与 CRA 收益较高从而足以抵消较高的资本损失，这与其出资额相对较少、借款系数相对较高有关。

（4）当其他四国均面临危机，中国在作为唯一资金救助方的极端情况下，各国均兑现承诺资金时，中国参与 CRA 的收益为负，但在资本损失概率为 $0 \leq \beta \leq 0.1$ 时，金砖五国总体的收益仍为正；当四个危机国均不兑现承诺资金时，其保险指数均高于没有参与 CRA 的保险指数，中国面临的资本损失概率为 $0 \leq \beta \leq 0.3$ 时，金砖五国总体的收益仍然为正。可见，只要将救助资金损失率控制在一定范围内，参与 CRA 对金砖五国整体是有益的；中国在金砖国家联盟中通过让渡部分利益，促成集体行动应急储备安排的成立。

总之，金砖各国参与 CRA 的动力在不同阶段、不同成员国之间均存在一定差异，实际操作中，各国可在各自的最优参与度下参与构建 CRA。尽管在现有框架下，各成员国迅速可得的救助资金依附于 IMF 的贷款、CRA "承诺式"

的出资模式、各国资金可能面临无法收回等方面的问题，均可能降低各成员国参与 CRA 的收益，但对金砖国家整体而言，仍能从 CRA 的建立中获益；即使出现多国共同面临危机的极端情况，只要将出资国救助资金的损失概率控制在一定的范围内，金砖五国总体的收益仍可能为正，从而论证了当前金砖五国建立 CRA 的有效性。

本章小结

金砖国家应急储备安排作为金砖国家金融合作机制的重要组成部分，实质是一项跨区域的多边救助机制和金融安全网建设实践。CRA 在制度设计上有其鲜明的特点与合理的方面，但尚处于创始阶段，仍然存在较大的发展与完善空间。借鉴欧洲金融稳定基金和欧洲稳定机制、欧亚稳定和发展基金、清迈倡议多边化协议等现有区域金融安全网建设实践的经验，CRA 在出资模式、贷款条件、资金规模方面需要进一步改进和完善：一是克服当前"承诺式"的资金缴纳方式和无独立法人地位的缺陷，在不具备法人地位的情况下，借鉴 EFSD 的"实缴＋委托"模式，从长期看，借鉴 EFSF 和 ESM 的"虚实结合"模式从而成为具备独立法人地位的国际组织；二是借鉴 CMIM 的做法，建立自身监测机制，逐步降低与 IMF 贷款挂钩比例；三是解决资金规模有限问题，可通过定期扩充原成员国缴纳资本和吸收新成员方式扩充资本，吸引其他国际金融机构及私人资本参与。同时，通过修正保险指数模型，测算不同情况下金砖国家参与 CRA 的保险指数及其盈亏情况，结果表明，金砖各国参与 CRA 的动力在不同阶段、不同成员国之间均存在一定差异。在现行框架下，各国救助资金依附于 IMF 的贷款、CRA 承诺式的出资模式导致救助资金的滞后和不确定、各国资金可能面临无法收回等方面的问题，均可能降低各成员国参与 CRA 的收益，但对金砖国家整体而言，仍能从 CRA 的建立中获益。即使出现多国共同面临危机的极端情况，只要出资国救助资金损失概率控制在一定范围内，金砖五国总体的收益仍可能为正，从而论证了当前金砖五国建立 CRA 的有效性。

金砖国家金融合作机制对国际货币体系改革的影响

金砖国家金融合作机制是在国际金融危机爆发使当前国际货币体系亟待改革的背景下，金砖国家积极参与推动国际货币体系改革而形成的。金砖银行与应急储备安排作为金砖国家金融合作机制的重要组成部分，是对世界银行、IMF 等国际金融机构功能的补充，同时也有利于倒逼世界银行、IMF 的改革，随着两大机制不断完善，其与现有国际金融机构的竞争领域将增加。那么，应如何正确认识金砖银行、应急储备安排与世界银行、IMF 等已有国际金融机构的关系；金砖国家金融合作机制形成后，国际货币体系结构是否出现了新的变化，如何量化分析金砖国家金融合作机制对国际货币体系改革的影响，对这些问题的解答，无论是对金砖银行、应急储备安排的进一步发展，还是对于国际货币体系改革甚至全球治理改革均具有重要的意义。本章第一节基于互补性竞争理论分析金砖银行与现有国际金融机构的关系，同时构建市场未完全覆盖的分阶段 Hotelling 模型分析这种互补性竞争关系的动态性；第二节进一步分析应急储备安排与 IMF 的互补性竞争关系的体现；第三节使用社会网络分析法，实证分析金砖银行成立及其未来扩容对多边开发性金融体系的影响。

第一节 金砖银行与现有国际金融机构的关系：基于互补性竞争视角

由前文分析可知，金砖银行与现有国际金融机构的相关评论大致可分为挑战论、补充论及平行和互动论，但无论是哪种理论都仅反映了金砖银行在当前国际货币体系定位中的一个侧面。其中，挑战论强调金砖银行对当前国际货币体系治理结构的挑战，即将两者的关系看作对立和冲突的；而补充论则指出了金砖银行与现有国际金融机构之间的互补关系，但忽视了发达国家不愿放弃当前国际货币体系中的主导地位，而采取各种措施应对包括金砖国家在内的新兴市场国家的竞争，同时也没有强调金砖银行对现有国际金融机构改革的推进作用；平行和互动论则低估了金砖国家在推动国际货币体系过程中可能面临的阻碍因素（樊勇明和贺平，2015）。此外，这些理论主要基于静态的角度，而未分析金砖银行与现有国际金融机构关系的动态发展性。实际上，金砖银行在创立之初就无意成为已有国际金融机构的取代者或挑战者，而是作为这些机构在无法覆盖发展中国家基础设施建设和可持续发展的资金需求情况下的重要补充机制。同时，作为国际金融体系中的一个新成员，其体制机制方面的创新将成为倒逼现有国际金融机构改革的动力，即金砖银行与现有国际金融机构之间既有互补又有竞争，而且这种互补和竞争关系还将随着金砖银行运作机制的成熟及国际货币体系改革的推进而不断发展和变化。本节尝试从互补性竞争角度，基于无法完全覆盖市场的分阶段 Hotelling 模型动态分析金砖银行与现有国际金融机构的关系，以期更为全面地认识两者的关系及其对国际货币体系改革的影响。

一、金砖银行与现有国际金融机构互补性竞争关系及其对国际货币体系改革的作用

（一）竞争内涵的演变

传统意义的竞争主要指对抗性竞争，也称零和竞争，是指一方所得为另一方所失，得失的总和为零。而随着竞争环境的改变和竞争程度的加剧，竞争主体之间"你死我活"的对抗性竞争，不仅使其中一方受到伤害，还可能危及整

个行业，增加交易成本，使各方均无法实现最优化的结果（孙洪庆，2001）。而通过一定程度的合作与共享资源寻求竞争优势则成为主要的趋势，即各个主体之间的竞争主要体现为合作竞争，也称非零和竞争，即通过合作竞争之后，各方得失之和大于零的情况。在合作竞争这种新型的竞争关系中，竞争以合作为主要方式，合作的目的是强化竞争的优势。杨海轮（2002）则从资源配置方式的角度，指出对抗性竞争是指通过价值规律对稀缺性资源进行直接配置的过程，而合作竞争则是指在互补基础上通过契约或者隐合同的方式对资源进行配置的过程，前者的推动力量是价值规律，后者的推动力则是互补性。

一些学者提出了相容性竞争的概念。谢伟良（1994）指出，竞争不一定完全表现为"你死我活"的搏斗，市场中也存在强弱并存、两强或者多强并存、相互渗透共得稳定等现象，这些竞争现象称为相容性竞争，即竞争各方通过不断努力获得一定竞争优势后，在总体竞争格局下，谋求一定时期内无须直接正面冲突的市场份额，各得其利，共存共荣的竞争模式。莫旭麟（2000）进一步从竞争要素的角度，按竞争对象与竞争目标是否具备共享性，将竞争分为相容性竞争和不相容性竞争。其中，竞争目标具有共享性的竞争即为相容性竞争，且相容竞争中的胜负、优劣、强弱是相对的，如综合国力强者并不一定在各个领域、各个方面均绝对强，而综合国力弱者在某一方面可能领先于强者；同时，相容性竞争是竞争各方进行周期性较量的互动过程，某一回合较量的终结是下一回合较量的开始。

樊勇明和贺平（2015）提出了包容性竞争的概念，指在发展和增长过程中，不同国家、不同发展模式、不同体制机制、不同意识形态之间的互动博弈关系，该竞争模式既强调竞争，也强调包容，竞争与包容并不是对立的两个方面，而是可以实现有机统一的。包容性竞争中，竞争是增加各方福利的手段，目的是实现共赢，而非"你死我活"的结局。朱杰进（2016）则按新旧机制是否共同享有一定的原则与规范，将国际机制的竞争区分为挑战性竞争和补充性竞争，其中新旧机制共享一定原则与规范的竞争即为补充性竞争，这种竞争不仅不会使国际规则秩序混乱，反而有利于提升全球治理的有效性，使国际经济秩序实现更为有效的"升级换代"（李巍，2016）。刘光溪（1996）则提出了互补性竞争的观点，强调互补与竞争的动态、整体和互动关系，指出互补性竞争关系的内涵体现为参与各方在某个时期的主导关系为竞争，另一个时期内的主导关系为互补，而非主体之间某些方面存在竞争，某些方面存在互补。竞争和互补是相互依存的，没有竞争便不存在互补，竞争扩大了互补的内涵，互补关系的发展提高了竞争的层次并扩大了竞争的范围，从而形成竞争和互补相互转化、互融互促的动态发展格局。

本节基于竞争的相容性而非对抗性，综合前述学者提出的相容性竞争、包容性竞争、补充性竞争、互补性竞争的内涵，采用刘光溪（1996）提出的互补性竞争分析金砖银行与现有国际金融机构之间的关系，既突出金砖国家与现有国际金融机构关系的具体体现，又强调这种关系的动态发展特征及其影响。因此，本书将互补性竞争定义为新旧机制或机构之间，在实现相同或相似的目标过程中，取长补短与相互合作，同时相互竞争，结果是新机制不断创新，旧机制或机构不断改革，国际体系运行效率得以提高，且互补和竞争的关系是动态发展的，表现为某个阶段以互补为主，某个阶段以竞争为主，两者相互依存，互融互促。

（二）金砖银行与现有国际金融机构的互补性竞争关系

金砖银行与现有国际金融机构的互补性竞争关系主要体现在以下三个方面：

第一，金砖银行的创立及其在机制体制方面的创新，有利于填补发展中国家巨额的资金需求缺口。包括世界银行在内的现有国际性多边金融机构，在支持发展中国家的过程中，一方面，主要从发展援助的角度，注重向这些国家"输血"，相关申请条件烦琐并附带极其苛刻的条件，从而使大部分发展中国家很难真正从这些机构的援助中受益。另一方面，世界银行等金融机构的援助相对发展中国家巨大的需求而言可谓是杯水车薪，如在基础设施建设方面，世界银行等现有多边开发金融机构仅满足全球基础设施投资需求的 2%~3% 的份额，发展中国家每年都存在 1 万亿 ~1.5 万亿美元的基础设施资金缺口。2008 年国际金融危机后，全球经济陷入衰退，基础设施投资由此成为各国尤其是发展中国家经济增长的重要引擎，然而在资金需求增加的同时，来自公共部门和私人部门的资金却均出现明显的下降，从而进一步加剧了资金需求缺口。在此背景下，以支持金砖国家及其他发展中国家基础设施建设和可持续发展为宗旨的金砖银行的成立，无疑成为对当前巨大资金缺口的填补。而金砖国家致力于有效的治理结构、均等的话语权分配、贷款的便利性及附加条件宽松性、更加注重国别体系的环境与社会框架等方面机制体制设置的创新（朱杰进，2016），使更多的发展中国家不会因为严苛的条件而被拒之门外，从而增加了资金的有效供给，进一步填补市场资金缺口。需要强调的是，金砖银行在治理结构、话语权分配、贷款政策、环境与社会框架等业务程序和制度的创新，既是金砖银行能够参与支持发展国家可持续发展、填补资金缺口的原因，也是其倒逼世界银行等现有多边开发银行和国际货币体系改革的动力。换句话说，金砖银行的体制机制创新是构成其与现有多边开发银行互补性竞争关系的基础因素。

第二，金砖银行与现有国际金融机构在目标和原则上的一致性，将进一步推动金砖银行与国际金融机构互补性竞争关系。以金砖银行和世界银行为例，金砖银行的宗旨是支持金砖国家及其他发展中国家的基础设施建设和可持续发展，这与世界银行"消除极端贫困、推动全球共同繁荣和可持续发展"的目标是一致的，由此也为两者的合作留下了空间。世界银行行长表示欢迎金砖银行等新的多边开发银行的建立，并称期盼这些机构和世界银行及其他私营部门的合作伙伴一起，实现促进经济增长和惠及最贫困人群的共同使命，世界银行也将寻找创新性的新途径和这些新的开发性机构合作。目前，金砖银行与世界银行也开展了合作的实践：2016年9月9日，世界银行行长与金砖银行行长签署了谅解备忘录，正式确立了两家机构感兴趣的共同领域，包括探索和寻求项目联合融资机会、咨询服务机会，根据各自的政策和程序促进双方业务和知识的交流，促进人员的借调、交流等方面[①]。此外，世界银行在支持发展中国家的过程中，也尝试进行理念和战略的转变，例如，金墉指出，世界银行应由"知识型银行"转向"解决方案型银行"，通过与各种民间部门和研究机构合作，从日常中学习、发现并支持解决各种发展问题的方案，同时通过将"知识"与"才能"转化成"科学的传导"，并在各种发展课题中加以落实，以加速这种转型[②]，从而表明世界银行正由原来的"程序导向"转向"结果导向"、由"理论导向"转向"实践导向"（朱杰进，2014）；金墉还首次提出"交付科学"

---

① 世行与金砖国家新开发银行签署合作谅解备忘录，http://bd.mofcom.gov.cn/article/jmxw/201609/20160901396214.shtml。

② 世界银行行长金墉呼吁打造"问题解决型"世行，http://news.sohu.com/20121012/n354766147.shtml。

的新理念，即通过建立起交付经验与方法知识库，帮助进行实践操作的人员更为系统、深入地理解社会经济发展存在的问题并提出切实有效的解决问题的方案，以提高服务贫困人群的交付水平[①]。在借款战略上，世界银行开始由"国别援助"转向"国别伙伴框架[②]"，采取与借款国合作的方式，更强调发展合作的针对性。可见，两个机构之间合作范围的广泛性，一方面体现在双方将共享相应的目标、原则和规范，业务上相互交流和借鉴，同时也体现了世界银行未来改革方向与金砖银行发展方向的趋同性（朱杰进，2016），即如何更有效地为发展中国家及全球的可持续发展服务，也是金砖银行与现有国际金融机构在现阶段及未来所竞争的内容。

第三，从动态的角度看，金砖银行与现有国家金融机构的关系，现阶段以互补为主导，未来以竞争为主导，无论哪个阶段，互补与竞争均体现为互融互促的关系。当前，金砖银行仍处于创始阶段，尽管在体制机制方面进行了创新，但与之相关的制度框架和运营政策才刚刚形成，其运行的效果还有待实践的检验，并通过实践不断修正和完善。同时，金砖银行在业务经营、资金的筹集尤其是吸引私人资本等方面缺乏经验，因而需要向世界银行等现有金融机构借鉴、学习并与其合作。在发展中国家开发性金融需求缺口仍然巨大的情况下，即使通过合作，短期内也无法完全覆盖这部分需求，从而决定了当前阶段，包括金砖银行在内的新型开发性金融机构与现有国际金融机构的关系主要以互补为主。而随着金砖银行业务的开展、运营制度的完善，以及世界银行等现有金融机构的不断改革，两者在业务的创新、改进、拓展等方面将以竞争为主。但无论哪个时期，金砖银行与现有国际金融机构之间的关系始终是互补与竞争共存，互融与互促。

---

① 新浪网，http://blog.sina.com.cn/s/blog_91741e3a0102wh0x.html。

② "国别伙伴框架"具体指在伙伴框架制定之前，首先对借款国进行系统性的国别诊断，以识别其发展过程中面临的可能制约因素，分析可获得的所有信息，同时推动世界银行和借款国间进行公开和前瞻性对话，为框架的制定提供全面的数据和参考资料。另外，伙伴框架的制度还从借款国对本国发展目标的愿景出发，并保持一定的灵活性，如根据借款国的优先领域及其国情变化和在借款实施中的经验不断进行修改。

（三）金砖银行与现有国际金融机构互补性竞争关系对国际货币体系改革的作用

金砖银行与现有多边开发机构的互补性竞争机制，对促进国际货币体系改革具有非常重要的作用。一方面，如前文所述，如何更有效地为发展中国家及全球的可持续发展提供服务，将是金砖银行与现有国际金融机构竞争与合作的内容，金砖银行在治理结构、话语权分配、贷款政策、环境与社会框架等方面创新的努力，是倒逼世界银行等现有多边开发银行改革的动力。另一方面，随着金砖银行实践的推进，在其开放、包容的理念下，使越来越多的新兴经济体和其他发展中国家可能加入，或者使其他的国家或集团模仿建立类似金砖银行的新开发金融机构，从而有望建立和形成更大的非西方主导的国际金融网络，这也将进一步倒逼世界银行、IMF 等国际金融机构加速改革。随着金砖银行运作进一步成熟和完善，世界银行等金融机构对自身进行改革之后，两者将在业务创新、改进、拓展等方面展开竞争，且在竞争中进行合作，从而使发展中国家能够获得更多、更有效的开发性金融服务。可见，金砖银行与现有多边开发机构互补竞争关系动态发展的结果将使国际货币体系改革朝着更加合理、公平、有效的方向发展。

二、金砖银行与国际金融机构互补性竞争关系的动态性：基于 Hotelling 模型的分析

传统 Hotelling 模型通常假定市场可以完全被覆盖，而未考虑当厂商提供产品超过消费者负担范围时，消费者选择放弃购买，使市场无法完全被覆盖的情况。这种市场无法完全被覆盖的情形与现实中世界银行等现有国际金融机构提供苛刻条件，使发展中国家贷款等方面的需求无法得到有效满足的事实相符。本节以金砖银行和世界银行的关系为例，考虑市场无法被完全覆盖时的 Hotelling 模型，用于分析两个机构之间的互补性竞争关系。模型分为世界银行首先进入市场阶段、金砖银行进入市场阶段、金砖银行与世界银行竞争为主阶段三个阶段，从而体现互补性竞争关系的动态发展性。

（一）模型的基本假定

1. 发展中国家开发性金融需求市场是长度为 1 的线性市场，发展中国家即开发性金融消费者均匀地分布在 [0，1] 之间（如图 6–1 所示）。

（图示）

0 ————————————————————————— 1

图 6-1　发展中国家开发性金融消费者分布情况

2. 发展中国家获得单位开发性金融产品的基本效用为 V。

3. 国际开发性金融机构在提供开发性金融产品时，除收取价格可能存在差异外，由于审批程序、附带的条件、提供咨询及技术支持等方面的附加服务等存在差异，从而使消费者的效用存在差异，本节以"空间差异"表示。世界银行、金砖银行的单位空间差异不同，分别为 t_1、t_2，其中审批程序越冗繁、附带条件越苛刻、提供的附加服务越少，空间成本越大。

4. 国际开发性金融机构的成本函数是线性的，固定成本为 0，每个国际开发性金融机构的单位成本存在差异，世界银行、金砖银行的单位成本分别为 c_1、c_2，由于世界银行首先进入市场，并在向发展国中家提供开发性金融产品方面积累了一定的经验，因此有 $0 < c_1 < c_2$。

5. 国际金融机构产品对发展中国家的吸引力存在网络外部性，即国际金融机构已有的市场份额越大，其吸引力越强。世界银行和金砖银行的网络外部性因子分别为 β_1、β_2，β_1、β_2 均为正常数。

（二）不同阶段模型的构建和推导

1. 世界银行进入市场的阶段。

（图示）

0 ——————————————— y ————————— 1

图 6-2　世界银行进入阶段

如图 6-2 所示，考虑世界银行开始位于位置 1 处，当其进入市场，为消费者提供价格为 p_1 的产品时，位于位置 y 处的消费者获得的效用：

$$U_1 = V - (1-y)t_1 - p_1 \tag{6-1}$$

假设 y 为消费者选择放弃消费世界银行提供产品的位置，即 $U_1 = 0$ 可得

$$y = 1 - \frac{V - p_1}{t_1} \tag{6-2}$$

$U_1 < 0$ 的消费者将放弃购买，其需求无法得到满足。即世界银行进入发展中国家市场后，位置小于 $1 - \dfrac{V-p_1}{t_1}$ 的发展中国家的需求无法得到满足。

此时世界银行的利润为

$$\pi_1 = (p_1 - c_1)(1-y) = (p_1 - c_1)\frac{V - p_1}{t_1} \tag{6-3}$$

π_1 对 p_1 求导得

$$\frac{\partial \pi_1}{\partial p_1} = \frac{V - 2p_1 + c_1}{t_1} \tag{6-4}$$

令导数为 0 可得

$$p_1 = \frac{V + c_1}{2} \tag{6-5}$$

代入 y 的表达式（6-2）可得

$$y^* = 1 - \frac{V - c_1}{2t_1} \tag{6-6}$$

则世界银行市场份额为

$$1 - y^* = \frac{V - c_1}{2t_1} \tag{6-7}$$

可见，世界银行所提供产品的单位成本越高，提供产品的程序越冗繁、附加条件越苛刻，提供咨询及技术支持等附加服务越少，其所占有的市场份额越低。此时仍有 $(1 - \frac{V - c_1}{2t_1})$ 的发展中国家的金融需求无法得到满足。

2. 金砖银行进入市场阶段。

图 6-3　金砖银行进入阶段

如图 6-3 所示，金砖银行进入发展中国家开发性金融市场时，世界银行已占有一定的市场份额 $(1-y^*)$。

（1）金砖银行市场份额情况。

x 为消费者选择放弃消费金砖银行提供产品的位置，此位置消费者的效用：

$$U_2 = V - xt_2 - p_2 = 0 \tag{6-8}$$

可得

$$x = \frac{V - p_2}{t_2} \tag{6-9}$$

金砖银行获得的利润

$$\pi_2 = (p_2 - c_2)x = (p_2 - c_2)\frac{V - p_2}{t_2} \tag{6-10}$$

π_2 对 p_2 求导得

$$\frac{\partial \pi_2}{\partial p_2} = \frac{V - 2p_2 + c_2}{t_2} \qquad (6-11)$$

令导数为 0 可得

$$p_2 = \frac{V + c_2}{2} \qquad (6-12)$$

代入式（6-9）可得，金砖银行市场份额为

$$x^* = \frac{V - c_2}{2t_2} \qquad (6-13)$$

同样，金砖银行进入市场后，其提供金融产品的单位成本越低，程序越简单、附加条件越宽松，提供咨询及技术支持等方面的附加服务越多，其可获得的市场份额越高。

（2）世界银行市场份额情况。

对世界银行而言，m 为消费者选择放弃消费世界银行提供产品的位置，此位置消费者的效用：

$$U_1 = V - (y^* - m)t_1 - p_1 + \beta_1(1 - y^*) = 0 \qquad (6-14)$$

可得

$$m = y^* - \frac{V + \beta_1(1 - y^*) - p_1}{t_1} \qquad (6-15)$$

$$\pi_1 = (p_1 - c_1)(1 - m) = (p_1 - c_1)\left[1 - y^* + \frac{V + \beta_1 1(- y)^* - p_1}{t_1}\right] \qquad (6-16)$$

π_1 对 p_1 求导得

$$\frac{\partial \pi_1}{\partial p_1} = \frac{(1 - y^*)t_1 + V + \beta_1(1 - y^*) - 2p_1 + c_1}{t_1} \qquad (6-17)$$

令导数为 0 可得

$$p_1 = \frac{(1 - y^*)t_1 + V + \beta_1(1 - y^*) + c_1}{2} \qquad (6-18)$$

式（6-18）代入式（6-15）可得

$$m^* = \frac{1 + y^*}{2} - \frac{V + \beta_1(1 - y^*) - c_1}{2t_1} \qquad (6-19)$$

世界银行的市场份额为

$$\frac{1 - y^*}{2} + \frac{V + \beta_1(1 - y^*) - c_1}{2t_1} \qquad (6-20)$$

可见，除单位成本和空间成本外，世界银行的网络外部性也是决定世界银行市场份额的重要因素，其前期占有的市场份额越大，网络外部效应越强，当

前所占的市场份额越大。

假设 $m^* > x^*$，即此时仍有（m^*-x^*）部分发展中国家的需求无法得到满足。

3. 金砖银行与世界银行竞争为主阶段。

随着业务的开展，金砖银行将积累一定的经验，并提供更加完善的开发性金融服务；同时，世界银行也进行了改革，以期为发展中国家提供更多和更可行的金融服务。此时，假设市场将可完全被覆盖，金砖银行与世界银行将竞争剩余市场份额。

图 6-4　金砖银行与世界银行竞争阶段

如图 6-4 所示，位置 i 处，消费者从世界银行和金砖银行获得产品的效用分别为

$$U_1 = V + \beta_1(1-m^*) - p_1 - (m^*-i)t_1 \tag{6-21}$$

$$U_2 = V + \beta_2 x^* - p_2 - (i-x^*)t_2 \tag{6-22}$$

$U_1=U_2$ 时，发展中国家选择哪一家银行无差异，此时：

$$i = [\beta_2 x^* - \beta_1(1-m^*) + p_1 - p_2 + m^* t_1 + x^* t_2]/(t_1+t_2) \tag{6-23}$$

世界银行和金砖银行提供产品的利润函数分别为

$$\pi_1 = (p_1-c_1)\{1-[\beta_2 x^* - \beta_1(1-m^*) + p_1 - p_2 + m^* t_1 + x^* t_2]/(t_1+t_2)\} \tag{6-24}$$

$$\pi_2 = (p_2-c_2)[\beta_2 x^* - \beta_1(1-m^*) + p_1 - p_2 + m^* t_1 + x^* t_2]/(t_1+t_2) \tag{6-25}$$

式（6-24）和式（6-25）分别对 p_1 和 p_2 求导，可得

$$\frac{\partial \pi_1}{\partial p_1} = \frac{(1-m^*)t_1 + (1-x^*)t_2 + \beta_1(1-m^*) - \beta_2 x^* - 2p_1 + p_2 + c_1}{t_1+t_2} \tag{6-26}$$

$$\frac{\partial \pi_2}{\partial p_2} = \frac{m^* t_1 + x^* t_2 + \beta_2 x^* - \beta_1(1-m^*) - 2p_2 + p_1 + c_2}{t_1+t_2} \tag{6-27}$$

令导数为 0 可得

$$p_1 = [\beta_1(1-m^*) - \beta_2 x^* + (2-m^*)t_1 + (2-x^*)t_2 + 2c_1 + c_2]/3 \tag{6-28}$$

$$p_2 = [\beta_2 x^* - \beta_1(1-m^*) + (1+m^*)t_1 + (1+x^*)t_2 + 2c_2 + c_1]/3 \tag{6-29}$$

将式（6-28）和式（6-29）代入式（6-23）中，可得世界银行和金砖银行市场份额分别为

$$i = [\beta_2 x^* - \beta_1(1-m^*) + (1+m^*)t_1 + (1+x^*)t_2 + c_1 - c_2]/3(t_1 + t_2) \quad （6\text{--}30）$$

$$1 - i = [\beta_1(1-m^*) - \beta_2 x^* + (2-m^*)t_1 + (2-x^*)t_2 + c_2 - c_1]/3(t_1 + t_2) \quad （6\text{--}31）$$

由式（6–30）和式（6–31）可知，在竞争为主的阶段，其他条件相同时：（1）世界银行向发展中国家提供金融产品过程中，相关审批程序越冗繁、附带条件越苛刻，提供咨询、技术支持等方面的附加服务越少（t_1 越大），其占有的市场份额越小，而金砖银行占有的市场份额越大[①]；（2）国际金融机构在发展中国家开发性金融市场中的份额与各自的网络外部性成正比；（3）对金砖银行而言，其提供金融产品的单位成本越小、其占有的市场份额越大，世界银行占有的市场份额将减少。

（三）模型的结论

综合上述模型，可得如下结论：（1）在金砖银行未成立之前，世界银行由于本身资金的限制及其在提供产品过程中附加条件的苛刻性及审批程序的冗繁性等，使发展中国家的开发性金融需求无法得到完全和有效的满足，因此金砖银行的成立是对现有国际金融机构在满足发展中国家金融需求方面的有效补充。（2）现阶段，金砖银行与世界银行均致力于满足未被覆盖的发展中国家金融需求；对金砖银行而言，通过提高产品提供的效率、结合发展中国家的实际情况放松附加条件甚至不附加条件，并提供咨询及技术支持等附加服务，才能使更多的发展中国家的需求得以满足；由于世界银行首先进入市场，在业务经营方面积累了较为丰富的经验，其在咨询、技术支持等附加服务上更具竞争力，金砖银行需要在这些方面向世界银行学习，而世界银行在产品提供的效率方面则需要提高，因此需要进行改革。（3）随着金砖银行业务的开展，积累了一定的经验，同时世界银行对自身进行改革之后，两者的关系更多地体现为竞争关系，在竞争的过程中，均需不断提高效率、提供更为丰富的附加服务和降低成本，才能保持和扩大市场份额，且竞争的同时也应有合作和互动。总之，金砖银行与世界银行的关系是一种动态的互补竞争关系。

[①] $\dfrac{\partial i}{\partial t_1} = [\beta_1(1-m^*) - \beta_2 x^* + (m^* - x^*)t_2 + c_2 - c_1]/3(t_1 + t_2)^2$；前文假设 $x^* < m^*, c_1 < c_2$，由于世界银行首先进入市场，通常 $\beta_1(1-m^*) > \beta_2 x^*$，从而有 $\dfrac{\partial i}{\partial t_1} > 0, \dfrac{\partial(1-i)}{\partial t_1} = -\dfrac{\partial i}{\partial t_1} < 0$。

三、结语

金砖银行的创立，是金砖国家参与全球经济金融治理、为新兴市场国家争取国际货币体系中的代表性和话语权的一次有益实践。金砖银行在支持金砖国家及其他发展中国家基础设施建设和可持续发展的实践中，与现有的国际金融机构是一种互补性竞争关系。一方面，金砖银行的创立，是对发展中国家开发性金融产品巨额需求缺口的填补，因而与现有国际金融机构在支持发展中国家方面首先主要体现为互补关系。与此同时，金砖银行与世界银行为消除全球贫困和推动全球可持续发展目标的一致性，也使二者的合作存在广泛的空间。另一方面，如何更有效地支持发展中国家的发展，是金砖银行与世界银行、IMF等现有国际金融机构竞争的内容，因而金砖银行在治理结构、话语权分配、贷款政策、环境与社会框架等方面的体制机制创新，成为推动世界银行、IMF等现有国际金融机构和国际货币体系改革的动力所在。金砖银行与现有国家金融机构的互补竞争关系是动态发展的，现阶段以互补为主导，未来以竞争为主导，无论哪个阶段，互补与竞争均体现为互融互促的关系。国际货币体系的改革将伴随着金砖银行与现有国际金融机构的互补性竞争关系的发展而不断推进。在互补性竞争关系中，保持各自优势是金砖银行与现有国际金融机构保持有效运转的基础，同时各方在不断发展的国际环境中，吸取、采纳、模仿与应用对方的经验，取长补短，协同发展，良性竞争，从而共同构建更加有效的全球经济金融治理体系。

当然，目前金砖银行仍处于初始阶段，其制度框架和各种运营政策才刚刚形成，500亿美元的规模也并不能完全满足发展中国家的融资需求。但作为一个新的机构，一种创新，可以被其他的国家或集团所模仿，由此进一步增加市场的资金供给。可以说，在传统金融提供者减少的情况下，任何新的资源都将是受欢迎的，金砖银行及其他新金融机构的成立对于每个国家而言都是利好的（卡努托，2014）[1]。

---

[1] 世行与金砖银行的合作是大势所趋，http: //finance.ifeng.com/a/20140716/12730579_0.shtmlhttp: //finance.ifeng.com/a/20140716/12730579_0.shtml。

第二节　CRA 与 IMF 的互补性竞争关系分析

CRA 与 IMF 的关系类似前文金砖银行与世界银行的关系，即 CRA 与 IMF 的关系也表现为动态的互补性竞争关系，其中两者的竞争关系同样体现为两者在为发展中国家提供服务的有效性方面，其对国际货币体系改革的影响机制与金砖银行相似，具体表现详见第五章，这里不再赘述。本节主要探讨 CRA 与 IMF 当前互补关系的具体体现。

首先，在应对危机过程中，CRA 与 IMF 相辅相成、相互补充。一个国家在抵御危机时，应该建立起包括国家、区域和全球三个层次的应对机制。其中，最高一级流动性支持为各国的外汇储备，危机国政府可以自主地、无条件地迅速动用外汇储备应对危机；第二层次的流动性支持是区域性的流动性安排，其具有更为充足的救助能力与附带较少条件、快速救助的优势；第三层次的流动性支持则是来自国际性多边金融机构的贷款，其优势在于具有更为广泛的风险分担作用。在应对危机方面，三个层次的流动性支持相互补充，相互配合（Rajan 和 Siregar，2004）。当最高层次的国家层面的流动性耗尽时，相对全球层次流动性支持的滞后性和可能较为严格的附加条件，区域层次的流动性支持则显得更为重要。因此，CRA 作为区域或跨区域性的危机应对机制，在成员国应对危机方面，成为连接国家层次和全球层次应对机制的重要机制。具体而言，CRA 由于对成员国的经济情况更为了解，反应更为迅速，因此在一般性冲击和危机初期为成员国提供支持，可以提振市场信心，避免危机进一步蔓延；但由于资金规模的有限性，在危机中后期仍需要 IMF 等国际金融机构提供支持，即在危机发展过程中，CRA 主要对危机初期起到缓冲作用，而 IMF 则在危机的中后期发挥作用，从而承担最后贷款人作用。当然，未来随着资金规模的扩大及其运行机制的完善和成熟，CRA 在危机应对中将发挥主要作用，IMF 的外部救助则变为辅助性的，两者相互合作与配合，从而构成更加有效的危机应对体系和更为坚固的全球金融安全网。

其次，从全球治理这种全球公共产品的提供来看，CRA 发挥了补充性作用。IMF 在发挥全球治理作用过程中，尤其是为发展中国家提供流动性支持时，附带苛刻的条件，甚至在某些领域不愿也无力提供相应的支持。CRA 支持条件较为宽松，并且可能在上述领域予以支持，从而形成与 IMF 错位发展、相互补充的局面。

最后，从相关制度安排看，CRA 是 IMF 的重要补充。如前文所述，由于尚未建立起自身的经济监测机构与谨慎性贷款等机制，为保护资金融出方的利益，防范资金融入方的道德风险，CRA 将其贷款规模的 70% 部分及其还款期限与 IMF 贷款挂钩。同时，CRA 还要求资金融入方必须履行与 IMF 协定的监督义务和披露信息的义务。此外，在结算货币上，无论是出资还是借款、还款均以美元进行结算，因此，CRA 运行机制仍然依赖于美元而非金砖国家自身的货币。可见，CRA 支持当前美元为主导、IMF 等为主导的国际金融体系（张嘉明，2014）。

第三节 金砖银行对多边开发性金融体系的影响：基于社会网络分析法的实证分析

一、问题的提出

作为第一家由新兴经济体主导的跨区域性的多边开发银行，金砖银行的成立有利于促进金砖国家及其他发展中国家基础设施建设与可持续发展，同时，其包容、开放、共赢的理念和较为合理的机制设计，对发展中国家推动国际金融机构的机制创新和推动国际货币体系乃至全球治理体系改革，起到了重要的示范作用。那么，金砖银行成立后，国际多边开发性金融体系的结构是否出现了新的变化，金砖国家能否成为推动多边开发性金融体系改革的主导力量，如何量化金砖银行对多边开发性金融体系的影响，对这些问题的解答，无论是对金砖银行的进一步发展，还是对于国际货币体系改革乃至全球治理改革均具有重要意义。

已有研究表明，无论是分析金砖国家与现有国际金融机构的关系，还是分析金砖国家对全球经济金融治理体系的影响，其分析的行为主体实质均为国家，而行为主体对体系的影响主要体现为该行为主体在体系中对其他行为主体的影响和受其他行为主体的影响，即最终体现为行为主体影响和被影响的程度（王惟晋，2016）。王惟晋（2016）基于国家行为体的能力排序变化，采用社会网络分析法，分析亚投行对国际发展融资体系的结构性影响。本书借鉴王惟晋（2016）的做法，使用社会网络分析法实证分析金砖银行对多边开发性金融体系的影响。但本书在研究设计上和王惟晋（2016）的做法存在如下差异：一是除单纯考察金砖银行成立对多边开发性金融体系影响外，还使用金砖银行成立后即 2014 年的实际数据进一步验证；二是设计相关的扩容原则，对比分析金砖银行在吸收新成员前后各国在多边开发性金融体系中的投票权和影响力情况，以期为金砖银行的未来扩员及其在多边开发性金融体系中影响力的提升提供有益的启示。

二、多边开发性金融体系网络模型的构建

（一）社会网络的含义

网络是指节点与节点间的某种关系构成的集合，而社会网络则指作为节点上的社会行动者及其之间关系的结合，这里的行动者可以是个人、群体、组织机构及国家，包括 1- 模网络和 2- 模网络（刘军，2014）。其中，1- 模网络是指来自同一集合的行动者之间的关系网络，如 30 个国家间的贸易往来关系、同班 50 位同学间的朋友关系等；2- 模网络则为两个不同集合的行动者之间的关系网络，如五年级 40 名同学与四年级 35 名同学之间的朋友关系。有一类特殊的 2- 模网络，即一个集合的行动者隶属于另一集合的行动者，如国家和其参与的国际机构之间的关系，也称为隶属关系网络[①]。本书的行动者包括国家和多边开发银行，其中国家与多边开发银行的关系网络为隶属的 2- 模网络，而研究国家之间的相互影响则为 1- 模网络。

（二）网络模型的构建

各国在多边开发性金融体系中的影响力与其在多边开发银行中的投票权大小及其是否在多个多边开发银行具有成员资格息息相关，那些具有较大投票权甚至一票否决权的国家往往能左右多边开发银行的决策，影响多边开发银行的资源配置（Kilby，2006）。同时，主要多边开发银行相同的主导股东，使全球的决策过程具有连锁效应（Suzuki 和 Nanwani，2005），具有影响力的国家往

---

① 刘军.整体网络分析——UCINET 软件实用指南（第二版）[M]. 上海：格致出版社、上海人民出版社，2014：7.

往在多个多边开发银行拥有投票主导权。本书以多边开发银行成员国为节点，并基于各国在主要多边开发银行的投票权大小为各个节点赋值，从而构建相关的 2- 模关系网络，同时将 2- 模关系网络转化成国家与国家的 1- 模关系网络，以量化分析各国相互间的影响与被影响情况，从而量化金砖银行的成立及其扩容对多边开发性金融体系的影响。

1. 国家—银行的 2- 模网络矩阵。

在国家维度选取上，本书以 G20 成员国为考察对象，因为 G20 作为重要的国际合作机制，其成员国经济规模约占全球的 85%，人口接近世界人口的 2/3，基本上包括了世界主要的经济体，这些成员国影响力排序变化基本可以反映当前多边开发性金融体系的结构变化情况，同时本书也将金砖国家作为整体，以反映金砖国家总体影响力变化[1]。在多边开发银行维度上，除金砖银行外，本书选取标普评级中具有 AAA 级最高国际信用评级的全球性或区域性多边开发银行为考察对象，包括国际复兴开发银行（IBRD）、欧洲投资银行（EIB）、欧洲复兴开发银行（EBRD）、亚洲开发银行（ADB）、非洲开发银行（AfDB）、亚洲基础设施投资银行（AIIB）、泛美开发银行（IADB）、伊斯兰开发银行（ISDB）。矩阵各元素数值为认缴资本规模调整后，各国在所选多边开发银行中的投票权。调整系数为各多边开发银行总认缴资本规模除以国际复兴开发银行总认缴资本规模。矩阵元素数值具体计算方法：$x_{ij}=p_{ij}\beta_j$。其中，i 代表国家或集团，$i=1, 2, \cdots,$ 20，21；j 代表多边开发银行，$j=1, 2, \cdots, 10$；p_{ij} 为国家 i 在多边开发银行 j 中的投票权；β_j 为多边开发银行 j 总认缴资本规模与国际复兴开发银行总认缴资本规模比值。

在时间选择方面，基于 2013 年各成员国在主要开发银行的投票权矩阵，加入金砖银行相应列，以单纯考察金砖银行成立的影响，相关矩阵如表 6-1 所示。同时，为进一步验证金砖银行的影响，本书还使用了金砖银行成立后 2014 年各成员国在主要多边开发银行的实际投票权情况数据，相关矩阵如表 6-2 所示。

---

① 其中，欧盟属于超主权行为体，本书将其视为与其他主权国家具有同等地位的行为体进行分析，表述中不再区分。

表 6-1　金砖银行成立后 G20 国家在主要多边开发银行中的投票权矩阵（2013 年）

单位：%

	ADB	AfDB	EBRD	EIB	IADB	IBRD	ISDB	NDB
阿根廷	0.00	0.05	0.00	0.00	6.36	1.12	0.00	0.00
澳大利亚	3.61	0.00	0.15	0.00	0.00	1.33	0.00	0.00
巴西	0.00	0.20	0.00	0.00	6.36	2.24	0.00	4.48
加拿大	3.28	1.72	0.50	0.00	2.31	2.43	0.00	0.00
中国	3.99	0.51	0.00	0.00	0.00	4.42	0.00	4.48
欧盟	0.00	0.00	0.44	0.00	0.00	0.00	0.00	0.00
法国	1.58	1.69	1.32	22.88	1.10	3.75	0.00	0.00
德国	2.75	1.85	1.32	22.88	1.10	4.00	0.00	0.00
印度	3.93	0.10	0.00	0.00	0.00	2.91	0.00	4.48
印度尼西亚	3.24	0.00	0.00	0.00	0.00	0.98	0.29	0.00
意大利	1.28	1.09	1.32	22.88	1.10	2.64	0.00	0.00
日本	9.36	2.47	1.25	0.00	2.89	6.84	0.00	0.00
墨西哥	0.00	0.00	0.02	0.00	4.09	1.68	0.00	0.00
俄罗斯	0.00	0.00	0.58	0.00	0.00	2.77	0.00	4.48
沙特阿拉伯	0.00	0.09	0.00	0.00	0.00	2.77	0.00	0.00
南非	0.00	2.17	0.00	0.00	0.00	0.76	0.00	4.48
韩国	3.17	0.21	0.15	0.00	0.00	1.57	0.00	0.00
土耳其	0.42	0.05	0.17	0.00	0.00	1.08	0.79	0.00
英国	1.41	0.76	1.32	22.88	0.56	3.75	0.00	0.00
美国	9.30	2.95	1.46	0.00	17.34	15.85	0.00	0.00
金砖国家	7.92	2.98	0.58	0.00	6.37	13.10	0.00	22.40

注：1. 除 NDB 外，其他多边开发银行投票权均为 NDB 成立前 2013 年的情况。

2. 非洲开发银行、欧洲复兴开发银行和欧洲投资银行、伊斯兰银行的认缴资本均按当年相应货币兑美元汇率换算成美元；由于欧洲投资银行是欧洲复兴开发银行的成员，英国、法国、德国、意大利四国在欧洲复兴开发银行投票权 = 各自在欧洲投资银行投票权 × 欧洲投资银行在欧洲复兴开发银行投票权 + 各自在欧洲复兴开发银行投票权。以下同。

数据来源：原始数据来源于各多边开发银行官方网站及其年度报告，以下同。

表6-2 金砖银行成立后 G20 国家在主要多边开发银行中的投票权矩阵（2014 年）

单位：%

	ADB	AfDB	EBRD	EIB	IADB	IBRD	ISDB	NDB
阿根廷	0.00	0.04	0.00	0.00	6.93	1.12	0.00	0.00
澳大利亚	3.25	0.00	0.14	0.00	0.00	1.33	0.00	0.00
巴西	0.00	0.18	0.00	0.00	6.93	2.24	0.00	4.30
加拿大	2.96	1.54	0.48	0.00	2.48	2.43	0.00	0.00
中国	3.60	0.46	0.00	0.00	0.00	4.42	0.00	4.30
欧盟	0.00	0.00	0.42	0.00	0.00	0.00	0.00	0.00
法国	1.43	1.52	1.26	21.93	1.18	3.75	0.00	0.00
德国	2.48	1.67	1.26	21.93	1.18	4.00	0.00	0.00
印度	3.54	0.09	0.00	0.00	0.00	2.91	0.00	4.30
印度尼西亚	2.90	0.00	0.00	0.00	0.00	0.98	0.80	0.00
意大利	1.15	0.98	1.26	21.93	1.18	2.64	0.00	0.00
日本	8.44	2.23	1.19	0.00	3.10	6.84	0.00	0.00
墨西哥	0.00	0.00	0.02	0.00	4.46	1.68	0.00	0.00
俄罗斯	0.00	0.00	0.56	0.00	0.00	2.77	0.00	4.30
沙特阿拉伯	0.00	0.08	0.00	0.00	0.00	2.77	0.00	0.00
南非	0.00	1.97	0.00	0.00	0.00	0.76	0.00	4.30
韩国	2.86	0.18	0.14	0.00	0.00	1.57	0.00	0.00
土耳其	0.38	0.04	0.16	0.00	0.00	1.08	2.24	0.00
英国	1.28	0.68	1.26	21.93	0.60	3.75	0.00	0.00
美国	8.38	2.66	1.40	0.00	18.60	15.85	0.00	0.00
金砖国家	7.14	0.00	0.56	0.00	6.94	13.10	0.00	21.48

此外，为考察金砖银行的扩容和影响力的进一步提升问题，本书设计如下扩容原则：（1）假设金砖银行中金砖国家不再增加认缴资本，仍按平权决策，借鉴非洲开发银行的做法，保持 60% 的总投票权，以保持金砖特色，40% 的投票权分给新加入成员，因此金砖银行最终总认缴资本为 833.33 亿美元（500 亿美元 /0.6）；（2）加入成员国及其投票权参照非洲开发银行和亚投行的做法：英国、法国、德国、意大利国家投票权参照亚投行；美国、日本未参与亚投行，则视为不参与金砖银行，其他 G20 国家有参与非洲开发银行的参照非洲开发银行投票权，未参与非洲开发银行但参与亚投行的国家参照亚投行投票权。剩余投票权则分配给其他非 G20 国家，其具体分配额和国家这里不做假定。则最终 G20 其他参与

国包括阿根廷、澳大利亚、加拿大、法国、德国、意大利、印度尼西亚、沙特阿拉伯、韩国、土耳其、英国。在此扩容原则下，对比金砖银行在扩容前后各国在多边开发性金融体系中的投票权情况并构建相应的矩阵，如表6-3所示。

表6-3　金砖银行扩容前后G20国家在主要多边开发银行中的投票权矩阵
（2016年或2017年数据）

单位：%

	ADB	AfDB	EBRD	EIB	IADB	IBRD	ISDB	NDB	AIIB	NDB（扩容后）
阿根廷	0.00	0.03	0.00	0.00	7.37	0.91	0.00	0.00	0.00	0.03
澳大利亚	2.67	0.00	0.12	0.00	0.00	1.37	0.00	0.00	1.29	1.15
巴西	0.00	0.13	0.00	0.00	7.37	1.83	0.00	3.80	0.00	3.80
加拿大	2.43	1.29	0.42	0.00	2.60	2.50	0.00	0.00	0.00	1.22
中国	2.96	0.39	0.01	0.00	0.00	4.54	0.00	3.80	9.72	3.80
欧盟	0.00	0.00	0.37	0.00	0.00	0.00	0.00	0.00	0.00	0.00
法国	1.17	1.25	1.12	19.39	1.23	3.86	0.00	0.00	1.19	1.19
德国	2.04	1.38	1.12	19.39	1.23	4.12	0.00	0.00	1.54	1.31
印度	2.91	0.09	0.00	0.00	0.00	2.99	0.00	3.80	2.80	3.80
印度尼西亚	2.52	0.00	0.00	0.00	0.00	1.00	0.59	0.00	1.18	1.06
意大利	0.95	0.81	1.12	19.39	1.28	2.71	0.00	0.00	0.93	0.77
日本	6.93	1.83	1.06	0.00	3.25	7.03	0.00	0.00	0.00	0.00
墨西哥	0.00	0.00	0.02	0.00	4.74	1.73	0.00	0.00	0.00	0.00
俄罗斯	0.00	0.00	0.50	0.00	0.00	2.84	0.00	3.80	2.21	3.80
沙特阿拉伯	0.00	0.07	0.00	0.00	0.00	2.84	0.00	0.00	0.92	0.06
南非	0.00	1.69	0.00	0.00	0.00	0.78	0.00	3.80	0.00	3.80
韩国	2.35	0.16	0.12	0.00	0.00	1.62	0.00	0.00	1.30	0.15
土耳其	0.31	0.11	0.14	0.00	0.00	1.11	1.67	0.00	0.94	0.84
英国	1.05	0.59	1.12	19.39	0.63	3.86	0.00	0.00	1.08	0.97
美国	6.91	2.19	1.24	0.00	19.48	16.30	0.00	0.00	0.00	0.00
金砖国家	5.86	2.29	0.51	0.00	7.37	12.98	0.00	18.99	14.72	18.99

注：在前述扩容原则下，扩容后金砖银行中非金砖国家投票权计算方式为其在表中非洲开发银行或亚洲开发银行数据经相应认缴规模进行调整，以保持数据计算的一致性和可比性，如澳大利亚在扩容后

$$NDB\ 投票权 = 1.29 \times \frac{金砖银行扩容后总认缴资本}{亚投行总认缴资本}。$$

2. 国家—国家 1– 模网络矩阵。

要考察国家间的相互影响，需要构建国家与国家之间的社会网络关系，因此需要将前述国家—银行的投票权 2– 模矩阵进行转化。转化的依据为各国在多边开发性金融体系中的总投票权差异。假设 x_i 为国家—银行的投票权 2– 模矩阵各行的和，$i=1，2，\cdots，21$，则新矩阵 C 计算方法为

$$C = \begin{bmatrix} x_1 - x_1 \cdots x_1 - x_{21} \\ \vdots \quad \vdots \ddots \quad \vdots \\ x_{21} - x_1 \cdots x_{21} - x_{21} \end{bmatrix}_{21 \times 21}$$

矩阵第 i 行表示 i 国对其他国家的影响，第 j 列表示 j 国受到其他国家的影响（由于表格较长，这里不再列出国家—国家 1– 模矩阵的具体形式）。

3. G20 各国在多边开发性金融体系中的影响力。

各国在多边开发性金融体系中的相互影响既包括直接影响也包括间接影响。在社会网络分析法中，常规的影响力指数只考虑个体之间直接的关系而忽略了间接关系，胡贝尔影响力指数（Hubbell Influence Index）则克服了这一缺陷，同时考察行为体之间的直接影响和间接影响。胡贝尔影响力指数将矩阵视为开放的系统，考虑输出和输入的影响，即考虑个体间的影响和被影响情况，因而更符合实际[1]。因此，本节使用该方法计算 G20 各国在多边开发性金融体系中的影响和被影响情况，以考察金砖银行的成立对多边开发性金融体系的影响。胡贝尔影响力指数的具体计算方法为

$$T = aC + a^2 C^2 + \cdots + a^k C^k + \cdots = I + \sum_{k=1}^{\infty} a^k C^k \qquad （6-32）$$

其中，a 为衰减因子，$a=0$ 表示完全衰减，$a=1$ 表示无衰减，出于建模的方便性，通常假设 a 为常数，但 a 的值小于矩阵 C 主特征值绝对值的倒数；k 为关系距离；C 为所考察关系矩阵。式（6-32）的极限值为 $(I-aC)^{-1}$。

三、实证结果分析

本节使用 UCINET 6.0 软件，计算前述各国胡贝尔影响力指数，其中衰减

---

[1] 刘军. 整体网络分析——UCINET 软件实用指南（第二版）[M]. 上海：格致出版社、上海人民出版社，2014：141.

因子在前文所述原则下取值为 0.001，结果如表 6-4 和表 6-5 所示，可见：

第一，在当前多边开发性金融体系中，发达经济体的影响力大于被影响力，而新兴经济体的被影响力大于影响力。在发达经济体中，美国对其他国家的影响力远大于其被其他国家的影响力，2013 年美国的影响力是其被影响力的 5.3 倍，金砖银行成立后，影响力与被影响力倍数有所下降，但仍在 4.5 倍左右，2014 年实际值则为 4.7 倍左右。德国、法国、英国、意大利等发达经济体 2013 年影响力与其被影响力比值均在 2 倍以上，日本该比值为 1.43 倍，金砖银行成立后，其数值均有所下降。而包括金砖国家在内的新兴经济体受其他国家的影响均大于其发出的影响。欧盟在多边开发性金融体系中的影响力也小于其被影响力。

第二，金砖银行成立后，金砖国家排序上升，其他新兴经济体排序下降，发达经济体的影响力排序没有实质变化。表 6-4 显示：金砖银行成立后，金砖各国影响力排序均得以提升，其中，中国、巴西超越加拿大由原来的第 9 位、第 10 位，分别提升到了第 8 位、第 9 位；印度由第 12 位上升至第 10 位；俄罗斯由第 17 位上升到第 12 位；南非则从第 18 位上升到第 14 位。从 2014 年实际排序看，中国和巴西分别为第 9 位和第 8 位，印度第 10 位，俄罗斯第 13 位，南非第 14 位；墨西哥、澳大利亚、韩国、印度尼西亚等新兴经济体的排序则下降；对美国、德国、法国、英国、日本、意大利等发达经济体而言，尽管由于金砖国家整体影响力排序上升而位次下降 1 位，但其在多边开发性金融体系的核心地位并没有发生实质性的变化；欧盟则在金砖银行成立前后均处于最底端的位次。

第三，金砖银行扩容后各国的影响力排序情况。表 6-5 显示，主要发达经济体的排序仍然保持不变，金砖国家中，中国、巴西、印度的排序不变，俄罗斯下降一个位次，南非下降两个位次。其他参与国家中，在金砖银行中投票权较多的澳大利亚、加拿大、印度尼西亚位次上升，其中澳大利亚由第 17 位上升到第 14 位，加拿大上升一个位次，印度尼西亚由第 18 位上升到第 16 位；而投票权较少的国家中，韩国则下降了两个位次，阿根廷、沙特阿拉伯和土耳其位次保持不变。未参与国家中，墨西哥由第 13 位下降到第 15 位；欧盟的位次仍然未受影响。从影响力数值上看，未参与国家影响力数值有所下降；金砖国家则在让渡部分投票权情况下，影响力有所下降；新加入国家中，除阿根廷、韩国、沙特阿拉伯有所下降外，其他国家均有所上升。

表 6-4　　NDB 成立前后多边开发性金融体系 G20 各国胡贝尔影响力指数

NDB 未成立前国际开发融资体系 G20 各国胡贝尔影响力指数（2013 年）			NDB 成立后国际开发融资体系 G20 各国胡贝尔影响力指数（2013 年）			NDB 成立后国际开发融资体系 G20 各国胡贝尔影响力指数（2014 年）		
排序	国家	影响力	被影响力	排序	国家	影响力	被影响力	排序	国家	影响力	被影响力

排序	国家	影响力	被影响力	排序	国家	影响力	被影响力	排序	国家	影响力	被影响力
1	美国	1.556	0.294	1	金砖国家	1.612	0.207	1	金砖国家	1.556	0.279
2	德国	1.303	0.547	2	美国	1.489	0.33	2	美国	1.511	0.324
3	法国	1.272	0.577	3	德国	1.24	0.578	3	德国	1.235	0.6
4	金砖国家	1.246	0.604	4	法国	1.21	0.608	4	法国	1.206	0.629
5	英国	1.241	0.609	5	英国	1.179	0.64	5	英国	1.176	0.659
6	意大利	1.233	0.616	6	意大利	1.172	0.647	6	意大利	1.169	0.666
7	日本	1.088	0.762	7	日本	1.029	0.79	7	日本	1.028	0.807
8	加拿大	0.844	1.006	8	中国	0.849	0.97	8	巴西	0.871	0.964
9	中国	0.818	1.032	9	巴西	0.847	0.972	9	中国	0.854	0.981
10	巴西	0.816	1.034	10	印度	0.811	1.007	10	印度	0.817	1.018
11	阿根廷	0.791	1.059	11	加拿大	0.789	1.03	11	加拿大	0.798	1.037
12	印度	0.78	1.07	12	俄罗斯	0.743	1.076	12	阿根廷	0.764	1.071
13	墨西哥	0.757	1.092	13	阿根廷	0.737	1.082	13	俄罗斯	0.755	1.08
14	韩国	0.744	1.106	14	南非	0.735	1.084	14	南非	0.743	1.092
15	澳大利亚	0.744	1.106	15	墨西哥	0.704	1.115	15	墨西哥	0.726	1.109
16	印度尼西亚	0.732	1.117	16	澳大利亚	0.69	1.128	16	澳大利亚	0.699	1.136
17	俄罗斯	0.71	1.14	17	韩国	0.69	1.128	17	韩国	0.699	1.136
18	南非	0.702	1.148	18	印度尼西亚	0.679	1.139	18	印度尼西亚	0.698	1.137
19	沙特阿拉伯	0.7	1.149	19	沙特阿拉伯	0.648	1.171	19	土耳其	0.683	1.152
20	土耳其	0.693	1.156	20	土耳其	0.641	1.178	20	沙特阿拉伯	0.663	1.172
21	欧盟	0.653	1.196	21	欧盟	0.602	1.217	21	欧盟	0.616	1.219

表6-5　　　NDB扩容前后多边开发性金融体系G20各国胡贝尔影响力指数

NDB未吸收新成员G20各国胡贝尔影响力指数（2016年或2017年）				NDB吸收新成员G20各国胡贝尔影响力指数（2016年或2017年）			
排序	国家	影响力	被影响力	排序	国家	影响力	被影响力
1	金砖国家	1.776	0.034	1	金砖国家	1.767	0.042
2	美国	1.46	0.35	2	美国	1.452	0.358
3	德国	1.169	0.641	3	德国	1.186	0.624
4	法国	1.139	0.672	4	法国	1.153	0.657
5	英国	1.11	0.7	5	英国	1.12	0.689
6	意大利	1.1	0.71	6	意大利	1.106	0.703
7	中国	0.991	0.82	7	中国	0.982	0.827
8	日本	0.965	0.845	8	日本	0.957	0.853
9	巴西	0.833	0.977	9	巴西	0.825	0.985
10	印度	0.823	0.988	10	印度	0.814	0.995
11	俄罗斯	0.761	1.049	11	加拿大	0.774	1.036
12	加拿大	0.759	1.051	12	俄罗斯	0.753	1.057
13	阿根廷	0.741	1.069	13	阿根廷	0.734	1.076
14	墨西哥	0.707	1.103	14	澳大利亚	0.701	1.109
15	南非	0.702	1.108	15	墨西哥	0.699	1.111
16	韩国	0.689	1.121	16	印度尼西亚	0.696	1.114
17	澳大利亚	0.687	1.123	17	南非	0.694	1.115
18	印度尼西亚	0.684	1.126	18	韩国	0.684	1.126
19	土耳其	0.665	1.145	19	土耳其	0.673	1.137
20	沙特阿拉伯	0.656	1.154	20	沙特阿拉伯	0.649	1.161
21	欧盟	0.59	1.22	21	欧盟	0.582	1.227

四、结论及启示

（一）结论

首先，以美国为首的发达国家仍然是当前多边开发性金融体系的主导者，金砖银行的成立对这些国家影响力很小，并没有改变其主导地位。目前，美国、德国、法国、意大利、英国、日本等主要经济体在主要多边开发银行中均拥有较多的投票权，其中，美国在国际复兴开发银行、泛美开发银行、欧洲复兴开发银行投票权比例最大，在亚洲开发银行投票权仅次于日本；日本主导亚洲开发银行，并在国际复兴开发银行中是次于美国的第二大股东国；英国、法国、德国、意大利则共同主导欧洲复兴开发银行和欧洲投资银行。这些国家作为多边开发性金融体系的核心国，拥有体系的话语霸权，即能够控制主要多边开发银行的议程，制定符合其自身利益的相关条款，并对其他国家尤其是需要多边开发资金资助的发展中国家发号施令。金砖银行作为仅有金砖国家参与的跨区域性多边开发银行，相对主要多边开发银行，其初始资本规模较小，因此，金砖银行的成立对主要发达经济体的影响微乎其微。尽管金砖银行的成立，使世界银行、亚洲开发银行等主要多边开发银行开始重视对基础设施建设方面的支持，但其重点关注的仍是环境、社会等相关领域议题（王惟晋，2016）。

其次，金砖银行成立后金砖各国及其整体影响力得以提升，但在多边开发性金融体系中的作用仍然微弱。金砖银行成立后，金砖各国在多边开发性金融体系中的地位得以提升，其中俄罗斯和南非提升的较多，中国、巴西的排序基本不变。尽管金砖国家作为一个整体，影响力加总后超过美国，但由于各国之间合作还处于初步阶段，在国际金融舞台中还不能完全以一个声音说话。同时，金砖国家在主要多边开发银行中的话语权与主要发达经济体仍相去甚远，因此，无论从各国看还是总体看，金砖银行在多边开发性金融体系中的作用仍然有限。此外，对于中国而言，2015年之后，基于其在新建的亚洲基础设施投资银行中的主导地位，其影响力排序有了质的飞跃，在本书计算方法下，其在多边开发性金融体系中的地位甚至超越了日本，但这种源于一家多边开发银行主导地位而形成的影响力，很容易被新的、高信用级别并由发达国家主导的多边开发银行成立所影响，因而这种影响力仍然十分脆弱（王惟晋，2016）。

最后，在吸纳新成员方面，在保持金砖特色的情况下，金砖国家通过让渡部分权力吸引新成员加入，金砖大部分国家不受影响，发达经济体不受影响，未加入的非主导国家排序则下降，加入国家中投票权较多的国家排序上升。对于多边开发性金融体系中能力较弱的发展中国家，在现有开发银行中的地位无法改变的情况下，加入金砖银行，获得较多的投票权，在获得更多融资支持的同时可以参与银行相关决策，从而改变自身在多边开发性金融体系中的影响力。

（二）启示

一是推动主要多边开发银行投票权改革。鉴于金砖各国在当前多边开发性金融体系中的地位较为低下的根本原因是其在主要多边开发银行中的投票权过少，缺乏话语权，因此有必要积极推动主要多边开发银行投票权改革。G20 成员中包括金砖国家在内的新兴经济体可通过 G20 峰会对话机制进一步推动主要多边开发银行尤其是世界银行投票权改革，积极争取与其经济地位相对应的话语权，同时积极争取加入已有的多边开发银行或推进新的多边开发银行建设，是各国实现总投票权增加、影响力得以提升的重要途径。

二是在新成员的选择上，以提升金砖银行的影响力为原则，尽量减少"搭便车"现象。吸引实力雄厚的英国、法国、德国、意大利等发达国家的参与，有利于金砖银行获得较高的国际信用评级，减少在国际金融市场上的融资成本，同时有利于金砖银行与这些国家主导的已有多边开发银行，如欧洲复兴开发银行、欧洲投资银行等进行合作。而鉴于英国、法国、德国、意大利等发达国家已加入中国主导的亚投行，因此争取四国对金砖银行的支持是可行的。而其他处于非主导地位的新兴经济体及其他中小国家参与包括金砖银行在内的多边开发银行，是其维护国家利益、提升影响力的最佳战略选择，因此可以预期将有较多的中小国家愿意加入金砖银行。但鉴于集体行动中的"搭便车"问题，一些国家可能通过微小的成本加入，便可获得较大的收益。除金砖国家可容忍的"搭便车"程度之外，金砖银行在吸纳成员上应提高门槛，吸引财政状况良好、经济运行稳定的国家，同时制定相应的激励相容机制，惩罚已有的"搭便车"的国家，从而减少银行运营成本，提升决策效率。如前文所述，在吸引新成员后，还应定期扩充成员国认缴资本，争取更高的国际信用评级，减少融资成本，提升金砖银行的资本实力，从而有效提升各成员国的投票权和影响力。

本章小结

基于互补性竞争理论分析金砖银行与现有国际金融机构的关系，同时构建市场未完全覆盖的分阶段 Hotelling 模型分析其动态性，结果表明：金砖银行的创立，是对现有国际货币体系下发展中国家开发性金融产品巨额需求缺口的填补；金砖银行与世界银行为消除全球贫困和推动全球可持续发展目标的一致性，使二者的合作存在广泛空间；如何更有效地支持发展中国家的发展，是金砖银行与现有国际金融机构现阶段及未来竞争的内容，也是推动现有国际金融机构和国际货币体系改革的动力所在。从动态角度看，金砖银行与现有国际金融机构的关系，现阶段以互补为主导，未来以竞争为主导，无论哪个阶段，互补与竞争均体现为互融互促的关系。应急储备安排与 IMF 的关系同样体现为互补性竞争关系。金砖国家金融合作机制与现有国际金融机构互补性竞争关系的动态发展将使国际货币体系改革朝着更加合理、公平、有效的方向发展。

金砖银行的成立对国际货币体系改革的推进具有重要的示范意义。通过社会网络分析法实证分析金砖银行成立及其未来扩容对多边开发性金融体系的影响，结果表明：金砖银行成立后，以美国为首的发达国家仍然是当前多边开发性金融体系的主导者，金砖各国及其整体影响力有所提升，但在多边开发性金融体系中的作用仍十分微弱；在保持金砖特色下，通过让渡部分权力吸引新成员加入，金砖大部分国家将不受影响，加入国家中投票权较多的国家受益，未加入的主导国不受影响，非主导国影响力则下降。为提升在当前国际货币体系中的话语权和影响力，金砖银行需要通过加强与主要多边开发银行的合作并推动其投票权改革，新成员的选择上要尽量减少"搭便车"现象，以减少银行运营成本，提升决策效率。

第七章 >>>

完善金砖国家金融合作机制的策略

由前文分析可知，金砖国家在金融合作机制建设方面取得了较大的进展，但仍存在较多问题，如由于金融合作依赖的经济、政治、文化基础较为薄弱而面临金砖国家之间的利益分歧问题，金融合作中面临金砖国家与其他新兴经济体和发展中国家之间的"搭便车"问题，金砖国家与发达国家之间的利益冲突问题，金砖银行和应急储备安排仍需进一步完善，金融合作有待进一步深化等。因此，金砖国家除第三章所述要处理好同其他新兴经济体和发展中国家、发达国家的外部关系外，还需要处理好金砖国家间的内部关系，进一步完善金融合作机制，深化金融合作，从而促进国际货币体系改革。本章第一节提出进一步完善金砖银行与应急储备安排的具体建议，第二节则从推进金砖国家货币国际化、提升金砖国家国际金融话语权两个角度，分别提出推动金砖国家本币结算、金融市场互联互通，推动金砖能源联盟、金砖国家信用评级机构的建立，加强金融监管合作和文化领域合作，完善相关配套机制，最终携手共进、共同发声，深化金融合作，推进国际货币体系改革等方面的具体措施，使金砖国家在内外兼修之下，走出合作困境，真正打破美国在国际贸易、国际金融机构、金融市场定价、能源、信用评级等领域的过度特权，实现国际货币体系的多元化发展。

第一节　完善金砖银行与应急储备安排的相关建议

一、加强与现有国际金融机构的合作与错位发展

如前文所述，金砖银行与应急储备安排作为由新兴经济体主导的新型国际金融机构或机制，与现有国际金融机构的关系体现为互补性竞争关系，而且这种关系是动态发展的，现阶段以互补为主，未来以竞争为主，但无论哪个阶段互补与竞争均体现为互融互促的关系。因此，在现阶段的发展中，金砖银行与应急储备安排与世界银行及其他多边开发银行、国际货币基金组织等国际金融机构应加强合作，并在业务上实现错位和差异化发展。

（一）加强与现有国际金融机构合作

1. 加强金砖银行与现有多边开发银行合作。

一是加强与世界银行、亚洲开发银行、非洲开发银行等多边开发性金融机构合作，共同推动全球基础设施发展（详见第五章第二节）。

二是深入对接"一带一路"倡议，加强与亚投行、丝路基金合作，共同促进"一带一路"沿线国家基础设施互联互通。"一带一路"沿线国家大部分是发展中国家，这些国家在基础设施、轨道交通及城市综合开发等方面均存在巨大的资金需求，其中基础设施一项就存在十分广阔的需求市场，因此，"一带一路"倡议为金砖银行带来了巨大的机遇。金砖银行可与同样定位于基础设施建设但侧重于亚洲基础设施建设的亚投行以及专门为"一带一路"沿线国家的社会经济发展等相关项目提供资金支持的丝路基金相互补充，共同合作推动"一带一路"沿线国家的发展。具体而言，金砖银行可以与亚投行和丝路基金在具体项目上进行合作交流，共同分担风险和共享信息，同时加强在风险控制、社会责任、绿色金融等方面的合作，共同研究设计新型开发银行的创新模式，促进"一带一路"沿线国家及全球可持续发展。

2. 加强应急储备安排与现有多边化机制合作。

一是加强与IMF的合作。应急储备安排作为区域性的金融安全机制，是对IMF全球性金融安全机制建设的补充。全球金融安全网建设需要二者的共同合作，而作为新设的金融安排，其在救助资金的管理和使用、风险的控制等方面

也需要借鉴 IMF 的经验。CRA 放宽了贷款条件，克服了 IMF 贷款严苛的条件对危机国救助的限制的缺陷，但也应该保证贷款在借款国的还贷能力范围内，控制贷款的风险，这方面的具体操作可借鉴 IMF 的浮动分层贷款模式，即按贷款资金规模设定贷款条件，同时附随借款国的经济金融和财政状况的评估审查，定期提交贷款监测报告；为全面了解借款国经济发展情况及对其危机时期经济发展提供指导意见，CAR 可借鉴 IMF 的做法，在非危机时期，对成员国经济运行情况和经济政策进行监测，定期发布相关的季度或年度报告。此外，在与金砖银行的联系方面，CRA 可借鉴 IMF 与世界银行的做法，与金砖银行设立共同的机构发展委员会，对成员国相关的合作议题进行商议，同时可考虑在金砖银行内部设立监测机构，加强两者的横向合作。

二是积极探寻与 CMIM 合作。如前文所述，CRA 在制度设计上实际上大部分借鉴了 CMIM 的做法，因此，两者有必要加强沟通和交流，共同推进制度的完善。CRA 和 CMIM 可在贷款政策和经济监测方面实现交流与和合作。在贷款政策方面，CRA 借鉴 CMIM 与 IMF 逐步脱钩的做法，同时在脱钩比例上，两者进行沟通和交流，通过探讨与 IMF 完全脱钩的条件准备和制度设计，实现各自的独立性；在经济监测上，CRA 可与 CMIM 实现部分信息共享和监测技术的合作，这是因为 CMIM 大部分成员也是新兴经济体，中国是 CRA 的最大股东，也是 CMIM 的最大股东，其他部分金砖成员国和 CMIM 部分成员国在地理位置上毗邻，相互间也存在较大的交流空间（叶玉，2014）。

（二）实现与现有国际金融机构错位与差异化发展

金砖银行与应急储备安排的成立，本身就是对世界银行、IMF 等现有金融机构的"拾遗补阙"，其定位的领域和业务是世界银行和 IMF 等现有国际金融机构要么由于资金限制无法涉足，要么由于条件苛刻不愿涉足的领域，如前文所述，已有多边开发银行倾向于支持人均收入较高、人口较多、金融市场较发达的国家基础设施项目，而那些贫穷的、人口较少、金融市场更落后的发展中国家基础建设需求更无法得到满足；IMF 苛刻的条件使陷入危机的发展中国家无法真正获得救助。因此，金砖银行可侧重那些收入较低、人口较少、经济发展较慢但政治稳定的国家，并侧重于这些国家的交通、能源、环境保护等可持续发展领域，实现与世界银行等已有多边开发银行的错位发展；而 CRA 则应在 IMF 不愿和无暇顾及的发展中国家相关问题上予以支持。

此外，金砖银行与应急储备安排需要通过制度设计、贷款和救助条件、投资方式、服务方式等方面的创新，实现与现有国际金融机构的差异化发展。现有国际金融机构管理人员大多来自发达国家，对借款国或项目所在国的情况并不了解，因此在贷款方案设计上通常容易脱离实际情况，使借款或项目无法得到合理的支持，而金砖银行和应急储备安排的成员国是主要的借款方，相关的管理人员也主要来自金砖成员国，对成员国及其他发展中国家的实际情况较为了解，可以创新服务和投资方式，制定出更符合借款国实际情况的方案，由此实现与现有国家金融机构的差异化发展。

二、进一步完善内部运行机制

金砖银行和应急储备安排作为一种新兴的、创新性的国际金融合作平台，需要一套完善和健全的内部治理及运作制度保证其持续运行。从两种金融合作机制设想的提出到集体行动下达成的合作，最终形成成熟的运作模式、合理的股权结构及有效的激励约束机制，金砖银行和应急储备安排仍需很长的路要走。

对于金砖银行而言，平权的决策机制设计是各国走出集体行动困境并得以最终成立的关键，但也意味着金砖银行决策过程中缺乏主导者和绝对控制人，在成员国发生意见分歧的时候，会增加决策的成本，降低决策的效率。因此，在金砖银行章程、治理架构及内部流程的制定过程中，应充分考虑决策的效率问题。在既有的平权决策框架下，设立独立的争议沟通与裁决机制，当成员国出现意见分歧时，该机制在实现金砖国家总体发展、共赢、包容的理念和原则下，根据实际情况进行分析并提出解决的方案，提高决策的效率，防止相关决策长期拖延，影响金砖银行发展目标；在公平的前提下，设计相应的条件如综合考虑成员国的经济实力及其他因素，动态调整成员国的份额和投票权，实现投票权与经济实力相匹配。此外，进一步制定吸收新成员的章程和细则，在保持金砖特色的原则下，吸收新成员，实现总体投票权的分散化和决策的多元化。

对应急储备安排而言，承诺式的资金发起模式有利于五国较快达成协议，成立合作机制，但也面临危机时救助资金的不确定和滞后性等方面的问题，同时其贷款与 IMF 挂钩也影响危机救助的独立性和危机国最终的真正使用，因此有必要改变应急储备安排的资金缴纳模式，逐步实现与 IMF 的脱钩，同时也需要通过增加新成员和增加认缴资本的方式增加资金规模（详见第五章）。

三、建立有效的风险控制体系

建立健全有效的风险防控体系，保证贷款资金和投资资金的安全，对金砖银行保持稳健的财务状况及获得更高的信用评级至关重要。金砖银行有必要致力于建立和完善贷款项目、其他投资项目相关的风险预警和管理体系。其中，对于贷款项目，金砖银行在发展初期更多的是主权贷款或主权担保贷款，在贷款过程中，需要评估和审核项目的主权风险和国别信用风险，因此有必要建立主权风险和国别信用风险的管理机制，尤其是对国别信用风险的测量和监控机制，注重偿债能力分析和债券指标的可持续分析等[①]；对私人部门贷款，可参照商业银行贷款风险管理，形成贷前、贷中、贷后的风险管理体系，强调担保的作用，同时注重对项目风险的审核和贷后跟踪及动态管理。而无论是主权贷款还是私人贷款，金砖银行均应建立项目的评价反馈机制，可借鉴世界银行的记分卡制度，记录相关业务的发展情况，总结项目贷款的经验，从而为之后业务的开展奠定基础。同时，由于贷款项目的运行还受借款国家宏观环境的影响，因此有必要形成针对借款国政治经济环境及国际政治经济环境的变化设置宏观上的风险预警和应对体系，这一机制可与前文所提的 CRA 应建立的危机预警机制下的监测机构和审慎性贷款机制进行整合，利用 CRA 相关监测机构对成员国经济金融情况进行监测及对贷款进行审慎性风险管理的技术，对借款国的宏观环境进行监测和实行审慎性贷款。此外，还应建立严格的激励约束机制，对于失信借款人进行严厉的处罚，对信用良好的借款人给予优惠的利率和更多的贷款额度。对于非贷款类投资风险，如股权投资，要在充分了解项目或相关机构运行情况的基础上进行投资，同时可采取利率和汇率的远期、期货、期权、互换等金融衍生工具管理可能面临的利率风险和汇率风险。

四、寻求多渠道资金来源

已有多边开发银行资金来源包括股本融资和债务融资，初始资金主要来源于成员国的实缴资本，后期业务运行资金主要来源于债务融资，包括发行债券、项目融资和银团贷款等，其中长期债务融资为主要的外部资金来源。此外，多

---

① 马翀 . 亚投行贷款风险控制机制研究 [D]. 北京：外交学院硕士论文，2017：33-34.

边开发银行还接受捐赠和一些特别基金的委托，如国际复兴开发银行管理了十多个赠款项目和 850 多个捐款方信托基金，亚洲开发银行以发达国家或地区的捐赠款与股本金为基础，设立了开发基金、特别技术基金、来源于日本捐赠的特别基金等（万志宏和黎艳，2015）。处于初始运营阶段的金砖银行，目前资金主要来源于成员国的认缴资本，未来业务的发展急需寻求多渠道的资金来源。在债务融资方面，金砖银行首先寻求在成员国的发债机会，在当前发行的人民币绿色债券基础上，尽快发行其他成员国货币计价债券，以降低债券的成本与汇率风险；债券发行的重要渠道则来源于国际市场，因此，如何获得更高的信用评级从而以较低的成本发行债券就十分重要。

此外，探索基础设施融资的 PPP 模式，也是金砖银行业务资金来源的重要渠道。现有多边开发银行在基础设施的 PPP 业务方面积累了丰富的经验，金砖银行基础设施 PPP 业务的开展首先需要与这些机构进行充分的交流与合作。而金砖国家本身也积累了 PPP 项目的良好实践，各成员国之间可相互学习，借鉴经验，促进合作。尽快成立 PPP 项目准备基金，为政府官员的培训、咨询公司的聘请、项目的前期准备等提供资金支持，保证项目前期工作的顺利进行。已有多边开发银行通常也设立类似的 PPP 项目专项准备基金，由于资金规模不大，该基金前期垫付的费用相对投资总额而言并不大，最后实际上是由社会资本承担，基金从社会资本方回收费用后，可继续投入下一个项目，基金具有循环性（肖光睿，2017）①，因此，该基金的成立具有很强的可行性，基金的资金来源可由各成员国以资本金的方式等额出资。在 PPP 模式中，金砖银行可充当共同贷款者、股权投资者、业务担保者及提供技术咨询等不同的角色。根据不同的角色，金砖银行可设立职责分离的业务部分，如分别建立 PPP 业务贷款部、投资部、援助部和服务部。其中，贷款部负责一般基础设施项目的融资，包括官方和私人的借贷，以收取利息为主要收入来源；投资部负责对基础设施项目的股权投资，以投资回报为收入来源；援助部负责对发展中国家的无息或低息贷款或者一些捐赠业务，不以利润为目标；服务部则主要提供担保、业务咨询、技术援

---

① 陈益刊.金砖国家首提 PPP 项目准备基金　有望开辟基础设施合作新路径 [EB/OL].http：//finance.china.com/news/11173316/20170905/31289012_1.html.

助等服务，包括有偿和无偿的咨询和技术服务，有偿部分以服务费收入为主要来源，由此实现资金和业务的可持续发展。在 PPP 模式中，参与主体涉及政府和私人机构，各方合作过程中要有明确的利益分配机制和有效的争端解决机制，以保障项目的顺利进行与各方利益的实现。同时，金砖银行对项目的可行性、业务风险的预测和监控、项目的信息披露、项目的绩效评价等均应纳入前述风险管理体系中。只有在有效的风险监控体系、科学合理的利益分配机制和明确的问责机制下，才能实现各方互利共赢，有效吸引社会资本参与，推动发展中国家基础设施建设，促进金砖银行的资金与业务的可持续发展。

对于应急储备安排而言，其初始资金来源于五国的认缴资本，运行过程中的收入包括应急储备基金的投资收益和部分利息收入。当前应急储备要真正发挥其金融安全建设的职能，还需要不断扩大资金的规模，包括由五国定期增加资本和通过吸引新成员的方式增加资本。同时，应急储备基金应交给专业投资团队或者机构进行管理，在全球范围内进行投资，在实现保值的前提下，实现最大限度的增值。而当 CRA 实现嵌入式发展，即嵌入金砖银行中之后，救助资金可部分来源于金砖银行的捐赠资金及以金砖银行作为主体通过资本市场吸引的资金。

五、提升研究能力，推动知识银行的功能建设

1996 年，世界银行行长提出将世界银行建设成"知识银行"（Knowledge Bank），即通过各种途径提高知识服务和业务的战略地位，促进经济发展知识的创造、分享、传播及实施，以实现世界银行在国际社会知识伙伴关系中的引领地位的战略目标。此后，"知识银行"也成为传统多边开发银行的重要功能定位，以实现各自在国际经济金融治理中能够发挥更广泛作用的战略目标（潘晓明，2016）。金砖银行在发挥其基础设施投融资功能促进金砖国家及发展中国家硬件设施发展的同时，也有必要推进知识功能的建设以促进这些国家软件设施的发展，从而为发展中国家提供更多的综合性服务和争取更多的国际金融话语权。目前，世界银行、亚洲开发银行等传统开发银行均建立了较为成熟的知识功能体系，在为发展中国家提供资金支持的同时，通过设立专门的研究部门，提供经济形势分析、政策建议和技术支持，实现知识的创造、分享与传播。金砖银行可借鉴世界银行、亚洲开发银行等传统多边开发银行的做法，推进其

知识功能的建设。

第一，设立专门的研究部门。可设立总行研究部门和各区域中心研究部门，其中总行研究部门负责对金砖国家宏观经济进行分析与预测，对贸易、金融、投资、能源、环境和可持续发展等问题进行深入研究，为金砖国家国内政策制定及相互合作提供建议，同时对金砖国家在社会与经济发展方面的经验进行总结，以扩大金砖国家在其他发展中国家的影响力和增加对世界经济发展的知识贡献（潘晓明，2016）；区域（如非洲区域中心）研究部门则对所在区域宏观经济进行分析和预测，并以区域项目为单位，具体负责项目的调查和评估，并配合总行研究部门，提供相关的数据和研究结果。金砖银行研究部门的相关成果还可为 CRA 所用，或者下设一个方向提供 CRA 运行过程中所需的相关研究，以实现资源的有效配置。

第二，加强知识研究力量的建设。金砖银行研究部门功能的发挥，需要研究力量的支撑，即强大的知识创造力量至关重要。金砖银行可定期邀请各国及国际上知名学者进行学术交流，聘请知名专家专职或兼职支持金砖银行的相关研究，还可借助这些专家学者广泛的学术资源和人脉资源，形成金砖银行在世界各地的知识网络，获得有力的外部支撑（潘晓明，2016）。同时，加大对优秀研究型人才的引进力度，提高培训人员的理论和实践研究能力，形成强大的内部知识研究力量。

第三，进行能力培训。提供能力培训，实现知识的传播是多边开发银行的普遍做法。金砖银行可设立专门的培训部门，对金砖国家及其他发展中国家进行能力培训。能力培训不仅有利于金砖银行成果的推介，还可为培训对象国决策的制定提供支持。为减少成本，提升成员国及其他国家参与培训的积极性，培训可在各个国家进行，由当地政府或区域研究部门提供培训所需的设施，金砖银行提供专家及其他培训所需的软件条件。

第二节　完善金砖国家金融合作机制的其他措施

除进一步完善金砖银行和应急储备安排外，金砖国家还应在本币结算、金融市场互联互通、能源、信用评级、金融监管、文化等方面展开更广泛与深入的合作，从而在推动金砖国家货币国际化增强国际货币权力的同时，提升金砖国家在能源、信用评级、国际金融机构等领域的话语权，提升整体文化软实力，最终形成依托于实体而具有广泛影响力的合作机制，为新兴经济体与其他发展中国家谋求合理的利益和地位。

一、推动双边和多边贸易结算本币化

金砖五国间双边和多边贸易结算的本币化，有利于减少各国对美元结算的过度依赖，降低美元汇率波动及各国货币与美元换汇的交易成本，有利于推动金砖国家货币国际化，从而促进国际货币体系的多元化发展。目前，金砖国家中，中国和俄罗斯本币结算起步较早且具有一定的规模，但其他成员国间的本币结算才刚刚开始，相关的基础设施建设有待进一步完善。与此同时，金砖国家作为一个新兴的跨区域性经济合作集团，各国之间的经济往来尽管日益密切，但其紧密性还远不如各国与发达国家的经济往来，加上各国货币国际化程度仍然较低、币值波动较大等因素，金砖各国要真正放弃美元转而使用成员国本币直接结算，还需各国共同努力推进。

第一，完善本币结算相关制度与基础设施。由于金砖五国的资本市场还未完全开放，各国在汇率形成机制、金融法律法规、金融机构的运行效率等方面均存在较大的差异，在一定程度上阻碍了本币结算的开展。一方面，金砖国家需要通过加快国内金融市场改革、增加金融市场开放度、完善汇率形成机制等促进本币结算，同时降低本币结算门槛，鼓励企业和金融机构选择本币结算，如给予采用本币结算贸易企业在报关、退税、转移支付等方面的优惠；另一方面，推动并完善本币结算相关的基础设施建设，拓宽本币清算渠道，扩大结算范围，如各国中央银行间加强沟通与协作，解决货币境外清算行与代理行的设立问题，增加国内清算网点，增强商业银行设立本币账户的审批权限，简化本币结算相关手续，降低结算费用，拓宽本币清算机构服务范围等。

第二，继续深化货币互换，推进本币直接结算功能的有效发挥。尽管中国人民银行与俄罗斯、巴西、南非等金砖国家中央银行已签署双边货币互换协议，但这些互换货币仍停留在中央银行账户上，并未有效进入各国商业银行与企业的货币授信，没有进入市场流通，因而无法真正发挥促进双边贸易与投资的结算功能。金砖各国应继续深化货币互换，除增加货币互换规模外，可考虑将中央银行层面的双边或多边货币互换额度分配到相关的商业银行和企业，发挥货币互换的贸易融资、信用证开立及其他贸易结算和投资结算功能。具体方法上，借鉴中国实际使用中韩本币互换协议项下人民币的做法，金砖成员国中央银行可以将互换协议下的本国货币以其他国家货币的形式借给商业银行，再由商业银行发放给企业作为贸易融资贷款或者以开立信用证的形式给企业融资等，用于支付从对方进口的货物与服务款项，或者授信给企业用于对方的直接投资等，从而真正发挥货币互换对贸易和投资的促进作用。

第三，推进金砖各国货币国际化进程，增强各国本币结算主动性。增加各国货币的可接受性和稳定性是贸易企业和商业银行愿意主动使用本币结算的基础。这就需要各国加强合作，共同推进本币国际化进程。实际上，金砖国家本币结算及货币互换是推进各国货币国际化的重要手段，反过来又需要各国货币国际化的支持，因而需要多管齐下不断加快推进金砖国家货币国际化，进而实现国际货币体系多元化。一方面，各国需要不断改革和完善各自的金融体系，适时适度开放金融市场，增加其他成员国使用本币的信心。另一方面，通过已有的金融合作机制尤其是金砖银行为其他国家基础设施提供金砖国家货币资金支持，有利于增加金砖国家货币在金砖国家及其他发展中国家的流通。同时，也可积极探索建立超主权货币即金砖货币，按照一定的权重将金砖各国货币纳入，并推动其在贸易、投资往来中的使用。

二、加强资本市场合作，完善交易所联盟机制

资本市场合作是金砖国家金融合作的重要内容之一，在各国资本市场不尽完善的情况下，加强资本市场合作和共同抵御冲击对金砖国家金融市场稳定发展具有重要的意义。具体而言，金砖国家可在本币资金的跨境流动、债券市场、股票市场等方面加强合作。

首先，加强金砖国家本币资金跨境流动合作。在货币互换基础上，金砖国家可考虑两两之间使用本币相互投资，允许贸易结算项下的本币资金进行跨境债券或股票投资。这有利于解决本币跨境贸易结算的回流渠道，同时可推进本币在投资项下的使用。相对开放美元、欧元等其他货币的投资，本币投资规模不会超过各国国内规模，因此可以避免资金大规模流动的冲击，降低了资本项目的风险。

其次，加强债券市场合作，实现各国债券市场互联互通。良好的金融合作

机制离不开金砖国家本币融资的一体化，而债券市场的互联互通则是实现本币融资一体化的重要方面。在债券市场互联互通的情况下，各成员国企业和项目主体均可以在本国和其他成员国发行债券，从而拓宽了资金需求主体的融资渠道，也增加了各国资金供给主体投资方式的多元化。在充分考虑各国法律与政策的情况下，鼓励五个成员国在会计准则趋同与审计监管方面的协调与合作，同时建立企业信用信息共享机制，为金砖国家债券市场的互联互通奠定基础；成员国可根据各自外汇储备情况共同出资成立金砖国家本币债券基金，为债券的发行提供担保和增信，以保证金砖国家本币融资的可持续发展；建立统一的债券交易实时结算系统，实现结算数据的互联互通。在具体的合作模式上，可借鉴中国内地和中国香港的"债券通"模式，各国首先推进债券市场基础设施之间的互联互通，投资者再经五国互联互通或者两两之间互联互通的机制安排，投资于其他成员国债券市场。

最后，推进金砖各国股票市场合作。金砖国家股票市场合作主要体现在股票市场监管、证券交易所和交叉上市等方面的合作。其中，监管合作需要各国监管机构通过签署监管备忘录等加强监管信息、监管技术等方面的沟通与交流（详见监管合作部分）；在证券交易所合作方面，2011年10月金砖五国成立了交易所联盟，作为金砖国家金融合作的重要内容之一，目前五国实现基准股市指数衍生产品互挂买卖，未来将考虑开发金砖国家新股指数相关衍生品和相关金融服务，实现包括衍生品和现货市场的相互上市，进一步完善交易所联盟相关机制建设；交叉上市则是允许成员国符合条件的企业在本国发行成员国货币或本币标价股票，同时也鼓励本国符合条件的企业到成员国市场发行本币或对方货币股票，实现股票市场的互联互通。

三、推动金砖能源联盟建立

2017年，金砖五国在厦门峰会上强调了能源对各国经济发展的战略重要性，指出要致力于加强金砖国家的能源合作，全面落实2030年可持续发展议程。实际上，在能源合作方面，2010年俄罗斯就提出了建立金砖国家能源合作机制倡议；2014年，俄罗斯总统普京在巴西的福塔莱萨峰会上进一步提出了"金砖国家能源联盟"的概念，建议以能源联盟为组织框架，建立金砖国家能源政策研究所与燃料储备库。目前，金砖国家中，印度和南非缺电现象非常严重，从而影响到了人民的生活和企业的生产；中国也是能源需求的进口国；俄罗斯尽管石油和天气资源丰富，但也面临全球原油价格暴跌、欧盟联手摆脱对俄罗斯天然气依赖的困境；巴西是拉丁美洲的重要产油国，2035年可能崛起为世界的第六大原油生产国，同时，其天然气生产将迎来飞跃发展，2030年或可满足其国内的能源需求，但由于巴西石油主要在深水油田，开采技术复杂、开采费用高，需要巨额的资金支持①。因此，金砖国家在能源方面存在一系列亟须解决的问题，而加强能源合作、研究成立金砖能源联盟机制，是各国能源问题的重要纾解之道，从而有利于重塑当前的国际能源供求结构与能源定价机制，为发展中国家争取在能源领域的定价权和话语权。成立金砖能源联盟，需要各国在能源政策方面加强沟通和协议，同时设计合理的机制以平衡各方利益，促成合作的进行也显得尤为重要。

四、推动本土评级机构国际化，成立金砖联合信用评级机构

当前，全球信用评级市场实际上被美国的标普、惠誉、穆迪三大机构垄断，在主权信用评级上，对发达国家和发展中国家的评级常常存在双重标准，其对发展中国家和新兴经济体的评级往往存在不公平、不公正之处，体现为在新兴经济体经济快速上升时期，迟迟不给予应有的信用评级，而在这些经济体经济调整或困难时期，却迅速下调评级；在对多边机构等超主权信用评级上，其评级方法在科学性和合理性方面仍有待改进，同时该评级方法往往也考虑了成员国的主权信用评级，因此对金砖银行等由新兴经济体或发展中国家主导的多边机构评级来说，可能会不公正、不公平。为打破三大评级机构的评级霸权，获得更加合理的主权评级和多边机构超主权信用评级，金砖国家有必要建立自己的信用评级体系，推动本土评级机构国际化，增加评级影响力，同时联合建立金砖国家评级机构。2017年9月，厦门峰会，金砖五国政策性银行签署《金砖国家银行合作机制信用评级合作谅解备忘录》，共享信用评级结论，为金砖国家信用评级合作奠定了政策基础。同时，金砖国家在本土评级机构的国际化、组建联合信用评级机构方面也具有一定的实践基础。本土评级机构国际化方面，

---

① 李硕冰．俄罗斯再提"金砖能源联盟"用意[J]．中国石油企业，2014（7）：18–20．

中国大公国际在 2011 年分别接受俄罗斯政府、葡萄牙 BES 银行委托为其提供信用评级服务，2013 年，中国大公下属大公欧洲资信评估有限公司则获得了欧盟信用评级机构的执照，正式启动了在欧洲的评级业务；南非的 GCR 作为非洲区域最大和最具影响力的评级机构，评级业务遍布所有证券，业务遍及 25 个非洲国家市场，并在津巴布韦、肯尼亚、尼日利亚设立了区域分支机构。在组建联合评级机构方面，2012 年，在中国香港，中国大公国际与俄罗斯信用评级公司、美国伊根—琼斯公司联合成立世界信用评级集团；2014 年，印度、巴西、南非评级机构与葡萄牙、马来西亚评级机构联合组建了国际评级机构 ARC Ratings，评级服务遍布亚洲、欧洲、非洲及美洲①。因此，金砖国家可在已有信用评级机制基础上，通过五国合作，进一步促进和完善信用评级体系建设，推动本土评级机构国际化和联合组建金砖评级机构。

首先，在国内信用评级体系建设方面，五国可以在信用标准方面进行研讨和交流，制定科学合理的信用价值标准体系；分享各国在征信体系建设尤其是普惠信用、中小企业征信体系、农村信用体系、政府债券和企业债券及其他机构评级等业务方面的经验；交流信用信息安全、信用法治建设等制度安排，从而共同完善各国信用评级体系，促进评级业务发展。

其次，在本土评级机构国际化方面，各国相互交流国际化经验，共享国际评级技术和业务发展经验，共同提升评级机构国际影响力。同时，加强国际信用信息的共享，降低国际信用信息不对称，具体可依托金砖银行平台，推动金砖各国共享国际市场信息，降低本国企业的贸易成本和投资者投资成本。其中，2017 年 11 月 2 日，中国信用评级机构东方金诚和俄罗斯信用评级机构（Analytical Credit Rating Agency）签署信用评级合作备忘录，共同开展评级分析研究、技术与评级数据方面的合作，是金砖国家信用评级合作的良好开端。

最后，在组建联合评级机构方面，基于已有实践经验，金砖五国可就联合建立评级机构相关设想进行研讨和推进，包括评级机构治理、评级方法的设置和评级规范等方面。同时，筹建金砖国家信用评级行业协会，加强与亚洲、欧

---

① 莫莉. 金砖国家酝酿建立联合评级机构 [EB/OL]. http://www.chinabond.com.cn/cb/cn/xwgg/cjxw/cjyw/gjxw/20170905/148177843.shtml.

洲、非洲、美洲等信用评级协会的合作与协调。从而实现对金砖银行及其业务、金砖国家整体、金砖各国、其他发展中国家信用评级的自主性，减少对三大评级机构的评级依赖，提升金砖国家及发展中国家信用评级的话语权。

五、加强金融监管合作

在金砖国家金融市场加大相互开发力度的同时，对金融风险的预防、识别、控制难度也不断加大，因此金砖国家金融合作过程中有必要加强金融监管合作。成员国政府可通过签订金融合作协议与谅解备忘录，为各国监管机构建立信息交换、危机处置、机构设立、人员培训及交流等方面的对话机制，可通过已有的金砖国家财政部部长与中央银行行长会议、金砖国家银行合作机制年会及金融论坛或研讨会等形式保持沟通与合作。同时，随着资本市场合作开展，还可建立金砖国家资本市场合作机制年会探讨资本市场监管问题。定期探讨各国金融监管过程中所面临的难题及其解决途径、应对危机的监管政策等，并共同推进宏观审慎监管与微观审慎监管相结合的原则，共享监管信息，防止监管可能的漏洞，以提升金砖国家金融合作的深度、广度及效率。

六、加强金砖国家间的文化合作，提升金砖国家文化软实力

建构主义认为，国际合作实质上是一种文化现象，金砖国家金融合作作为一种国际区域合作，其有序发展也离不开各国间文化的交流与合作。首先，金砖国家的文化取向对金砖国家对话机制的构建、金融合作的形成和政策的协调及实施均具有重要影响。只有了解各国的文化特质及金砖国家金融合作所需的文化共性，确定恰当的身份定位，形成金砖国家间共同的文化价值，金砖国家金融合作才能得以顺利进行。其次，在发达国家文化霸权下，金砖国家间在保持和尊重各自文化多样性基础上寻求文化价值共性，有利于推动世界文化的多元化发展和提升金砖国家文化软实力，从而为金砖国家金融合作提供文化实力的支持。最后，金砖国家整体身份认同是金砖国家包括金融领域在内的合作得以推进的重要动因，而文化身份认同则是金砖国家整体身份认同的重要基础，因而对金砖国家金融合作也具有重要意义。

目前，金砖国家已经开启了文化机构间的常态化合作，包括共拍电影，成立金砖国家图书馆联盟、美术馆联盟、博物馆联盟、儿童戏剧联盟等；2015 年

7月，金砖国家领导人签署了《金砖国家政府间文化合作协定》，2017年7月在第二届金砖国家文化部部长会议期间五国代表进一步签署了2017~2021年落实金砖国家政府间文化合作协定的行动计划，从而标志着金砖国家文化合作迈入了务实的新阶段。但金砖国家间的文化差异较大，彼此间的交流与合作仍有待进一步加深。在强调包容性的理念下，即相互尊重各自多样化文化的基础上，实现文化的交融，具体可从如下三个方面推进：一是以青年一代作为文化交流的主要对象。由于青年一代更容易接受多元文化，文化的交流和传播的效果更大，因此，金砖国家在文化交流中以青年为主体，培育青年文化交流使者[①]。可通过加强金砖国家间高等教育合作，如大学间合作互派留学生、访学青年教师，定期举行高校校长论坛，组织人文科技交流夏令营或冬令营、大学生体育比赛、文化参访等活动，促进各国青年的交流。二是加强文化产品贸易，推进文化产业转型升级。各成员国首先要推动各自文化产业转型升级，增加文化内涵与文化产品的附加值，鼓励创意文化产品的生产，提升各自文化实力和国际市场影响力。与此同时，加强金砖国家文化产品贸易，加深对彼此文化产品的了解，共同合作推进文化产品的创新。三是加强在学术领域的合作，提升金砖国家文化软实力。提升金砖各国包括金融文化在内的文化影响力，在现有的国际学术资源基础上，整合金砖国家学术资源，加强学术交流与合作，发展金砖国家的学术规范和学术用语，形成发展中国家价值取向和政策主张的学术思想和知识体系，提升金砖国家在文化学术领域的话语权。

七、协力推进全球经济金融治理机制的完善

金砖国家应以始终代表新兴经济体和发展中国家的利益为出发点，彼此支持，协力推进全球经济金融治理机制的改革和完善。由前文分析可知，金砖国家作为一个整体在开发性金融体系中的能力已经超过美国，尽管每个国家在世界银行和IMF的投票权远低于美国份额，但作为一个整体，金砖五国在世界银行的投票权合计为13.1%，次于美国的15.85%；在IMF完成2010年改革方案后的投票权合计为14.3%，次于美国的16.5%，同时金砖五国均为G20成员国。

---

① 张胜.金砖国家青年对中国文化认知调查[EB/OL]. http://news.gmw.cn/2017–09/21/content_26259742.htm.

因此，在国际金融舞台上，金砖国家若能协同发声，其对国际经济金融秩序将会产生重要的影响，有利于提升金砖国家和发展中国家在国际金融机构改革、国际规则的制定等方面的话语权，从而使国际规则、国际货体系朝着更有利于发展中国家的方向发展，促进全球经济金融平衡与持续发展。而金砖国家能否共同发声生，有赖于各国的政治互信及其在前述各个方面的合作。

八、建立和完善相关的配套机制

进一步巩固和推进金砖国家峰会机制，在当前金砖国家银行合作机制的基础上，建立和完善各国中央银行货币政策的协调和监管合作机制；建立多层次的协调机制、合作争端的调解机制等，减少成员国家的矛盾和冲突；建立金融人才的培养、金融信息的披露和共享、金融智库建设等方面的合作与协调机制，推进金融合作进程。同时，金砖国家作为整体，还应建立起与发达国家的沟通协调机制，以减少和缓解金融合作过程中与发达国家的矛盾和冲突，具体可在G20 机制基础上，进一步建立金砖国家与主要发达国家的多对一或者多对多的对话机制。此外，金砖国家还要处理好与其他新兴经济体及发展中国家的关系，加强与这些国家沟通、交流与合作，并推动相应合作的机制化与常态化，倾听其他发展中国家的声音，实现互利合作与共同发展，并在国际事务中共同争取合理的利益（详见第三章）。

本章小结

金砖国家金融合作机制建设取得了较大的进展，但仍存在较多问题，除要处理好同其他新兴经济体和发展中国家、发达国家的外部关系外，还需要处理好金砖家间的内部关系，进一步完善金融合作机制，推进金融深化合作，从而促进国际货币体系改革。通过加强与现有国际金融机构的合作与错位发展、进一步完善内部运行机制、建立有效的风险控制体系、寻求多渠道资金来源、推动知识银行功能建设等，有利于进一步完善金砖银行和应急储备安排。从推进金砖国家货币国际化增强国际货币权力、提升金砖国家国际金融话语权两个角度出发，通过推动金砖国家本币结算、金融市场互联互通，推动金砖能源联盟、金砖国家信用评级机构的建立，加强金融监管合作和文化领域合作，完善相关配套机制等措施，有利于推动金砖国家在内外兼修之下，携手共进、共同发声，真正打破美国在国际贸易、国际金融机构、金融市场定价、能源、信用评级等领域的过度特权，实现国际货币体系的多元化发展。

第八章

中国参与金砖国家金融合作的方略

金砖国家金融合作是中国参与维护发展中国家权益、提升发展中国家国际金融话语权、构建发展中国家命运共同体、参与和推动国际货币体系改革的重要国家战略。金砖国家金融合作是金砖各国谋求和提升国际货币权力和国际金融话语权的过程，同时其深化也需要金砖各国尤其作为引领者的中国通过各种措施提升国际货币权力和国际金融话语权。本章从中国与金砖国家金融合作的关系出发，分析在当前国内金融深化改革、金砖国家金融合作及"一带一路"倡议的背景下，中国如何进一步推动人民币国际化以增强人民币国际货币权力，积极争取国际金融话语权，从而为金砖国家金融合作机制建设及国际货币体系改革作出贡献。

第一节 中国与金砖国家金融合作

一、中国在金砖国家金融合作中的作用

金砖国家合作十年来，中国始终表现出非常积极的态度，既是金砖国家合作的倡议者，也是金砖合作机制的推动者，更是推动金砖合作新局面的引擎者（王磊，2017），同时在与其他金砖国家优势互补情况下深化合作，共同推进国际货币体系改革。

（一）中国是金砖国家合作的倡议者与发起者

作为创始成员国之一，中国始终基于推动全球治理变革的高度，积极联合

其他四个金砖国家，推动发展中国家合作与共同发展。在中国积极的推动下，金砖国家合作顺利开启并不断推进，由此成为发展中国家为谋求共同利益进行合作、推动全球治理改革的一个崭新平台：2006 年，中国作为金砖合作的倡议者和创始成员国之一，联合俄罗斯、印度及巴西四个国家正式启动金砖合作并举行了首次外交部长会晤；2009 年，四国领导人举行了首次会晤，中国积极参与筹备工作，同时在 2008 年国际金融危机影响不断加深的情况下，中国仍保持良好的经济发展态势，为金砖国家经济稳定注入了活力与信心；2010 年作为第一任轮值主席国，中国启动了金砖国家的首次扩容，成功邀请南非加入金砖国家；2011 年中国三亚峰会，首次推动金砖国家本币贸易结算，加强各国金融合作，并签署了《金砖国家银行合作机制金融合作框架协议》，为金砖合作增加了新动力；2013 年德班峰会上，习近平主席提出了金砖国家包括一体化大市场、陆海空大联通、多层次大流通及人文大交流的四大建设目标，成为金砖合作整体框架的重要指导；同时，他在 2014 年福塔莱萨峰会提出的"开放、包容、合作、共赢"的金砖精神，对金砖国家合作机制的建设意义深远；2017 年厦门峰会，在"深化金砖伙伴关系，开辟更加光明未来"的主题下，更是成为金砖国家承上启下的一次历史性会晤。

（二）中国是金砖国家内部的引擎者

在政治方面，金砖国家中，只有中国和俄罗斯是联合国安理会常任理事国，因此，相对巴西、印度、南非，中国在国际政治事务中拥有一定的话语权。同时，中国在处理与发展中国家的关系方面，始终将自身利益与发展中国家利益紧密联系，支持发展中国家的自主发展和维护发展中国家正当权益，从而进一步提升了中国的政治影响力。在经济方面，从经济规模看，中国是世界第二大经济体，遥遥领先于其他四国。同时，在巴西、俄罗斯经济增长放缓甚至负增长的情况下，中国经济始终保持较快和稳定的增长，从而保证了金砖国家整体的经济稳定。在金融方面，中国是全球外汇储备规模最大的国家，使中国在应对流动性危机和建立多边开发性金融机构方面具有优势，可为金砖国家整体提供金融资源和金融安全支持；在货币国际化方面，随着人民币加入 SDR、"一带一路"建设推进，人民币国际化程度也将不断提升，从而为金砖国家货币国际化方面积累了一定的经验。

（三）通过优势互补深化合作，共同推进国际货币体系改革

金砖各国各有优势，如巴西自然资源丰富、农业较发达、航空等部分工业领域具有一定的国际竞争力，在拉丁美洲具有较大的影响力；印度在研发能力、劳动力结构、金融体系的开放度等方面具有较大的优势，在南亚具有较大的影响力；俄罗斯则工业基础较为雄厚，自然资源丰富，政治经济影响力较大；南非部分矿产资源丰富，军工业具有一定的国际市场（连平，2016）。因此，在金砖国家金融合作中不存在绝对的领导者，中国也不争当领导者，而是始终坚持平等、协商的原则，在各国优势互补的情况下，充分发挥优势，改革不足，共同推动金砖国家金融合作机制发展，巩固和提升与发展中国家的合作，进而共同推进国际货币体系朝着更加合理、公正的方向发展。

二、金砖国家金融合作与人民币国际货币权力

（一）国际货币权力与人民币国际化

国际货币权力（Monetary Power）是指一国在货币事务上独立决策并对他国实施有效影响的能力，包括自治力（Autonomy）和影响力（Influence）。自治力是指一国独立行动而不受别国影响的能力；影响力是指一国通过强迫或诱惑其他国家改变行动的能力（Cohen，2008）。自治力是国际货币权力的基础，在国际货币体系中体现为避免由于国际收支失衡导致的被迫调整的能力，包括通过推迟调整时间来减小调整成本的推迟力（Power to Delay）和把调整成本转嫁给别国的转嫁力（Power to Deflect），其中，转嫁力通常用一国经济的开放度和适应能力来衡量。经济开放度通常以国际贸易与 GDP 比值来表示，该值越大，一国经济受外部冲击的影响越大，转嫁力越小；而以要素流动性衡量的适应力越强，一国经济调整和恢复时间越短，转嫁力越大。影响力包括被动（Assive）影响力和主动（Active）影响力。通常，一国在拥有自治力的同时，就自动形成了被动影响力；主动影响力则是一国基于自身利益主动诱惑或强迫其他国家改变诸如对内对外货币金融政策等方面的行动。

人民币国际货币权力即指中国在货币事务上独立决策并对其他国家（地区）实施有效影响的能力。从自治力看，作为非国际货币发行国，中国要推迟国际收支调整的时间，只能通过使用国际储备或者对外借款的形式，尽管目前中国拥有充足的外汇储备，但如果单纯依靠这种方式，储备也有耗尽的时候，而对

外借款的能力也会受到限制，这也决定了当前人民币的推迟力是有限的。同时，人民币的转嫁力也是有限的，一方面，中国贸易总额占 GDP 的比重较高（见表 8-1），以此衡量的中国经济的对外开放程度较高，从而遭受外来冲击的可能性较大；另一方面，中国要素的流动性尤其是资本的流动性相对较低，因而，一旦经济遭受冲击，其调整和恢复的速度可能受到影响。从影响力看，中国受其他货币尤其是美元的被动影响和主动影响较大[①]，而作为非国际货币，人民币对他国的被动影响力和主动影响力则较小。因此，当前人民币的国际货币权力无论是自治力还是影响力仍有限。

国际货币体系演变下的国际货币权力变迁表明，一国要形成其国际货币权力，首先必须推动本国货币的国际化，同时通过各种措施提升该国的国际金融话语权。因此，要形成和增强人民币的国际货币权力，除了下文将提及努力提升中国的国际金融话语权外，根本途径在于推进人民币的国际化。

表 8-1　　　　　　　　2006~2017 年部分国家贸易额占 GDP 比重

单位：%

年份 国家	2006	2007	2008	2009	2010	2011	2012	2013	2014	2015	2016	2017
中国	64.48	62.10	57.45	44.61	48.89	50.60	48.11	46.57	44.88	39.45	37.03	37.80
巴西	26.04	25.29	27.26	22.11	22.52	23.70	24.77	25.56	24.69	26.95	24.57	24.12
印度	46.59	46.16	53.76	46.78	49.69	55.62	55.79	53.84	48.92	41.95	40.35	41.07
俄罗斯	54.73	51.71	53.38	48.44	50.36	47.90	47.11	46.19	47.70	49.18	46.23	46.73
南非	60.28	63.68	72.87	55.42	55.99	60.11	60.90	64.24	64.43	61.60	60.79	58.18
加拿大	67.98	66.19	66.92	58.35	60.06	62.33	62.40	61.97	64.06	65.53	64.35	64.06
法国	56.10	56.42	57.40	50.46	54.87	58.79	59.70	59.76	60.48	61.75	61.13	62.87
德国	77.08	79.37	80.94	70.67	79.30	84.75	85.87	84.84	84.49	85.76	84.27	86.90

---

① 美元对中国的被动影响力体现为美国货币政策的调整通过汇率渠道、贸易渠道、国际大宗商品价格等渠道对中国产生溢出效应；而主动影响力典型地体现于美国对华的汇率外交上，如 2009 年之后美国屡次向中国施压，要求人民币升值，多次威胁要将中国列入汇率操纵国，并取得了一定意义上的成功，2010 年 10 月到 2013 年 12 月人民币兑美元汇率分别较初期升值了 9%。当然，相对 1985 年《广场协议》后日元对美元升值的失控局面，人民币对美元的升值遵循主动、渐进和可控的原则，无论从升值幅度看还是从速度看，都在中国货币当局的可控范围内，因此美元货币权力对中国影响相对有限（李俊久和姜默竹，2013）。

续表

年份\国家	2006	2007	2008	2009	2010	2011	2012	2013	2014	2015	2016	2017
意大利	53.29	55.21	54.72	45.61	52.35	55.58	56.18	55.47	55.76	56.92	56.35	59.51
日本	30.33	33.09	34.40	24.49	28.61	30.39	30.64	34.15	37.55	35.60	31.27	—
英国	55.83	52.20	56.47	54.44	59.03	62.56	61.44	61.35	58.50	56.48	58.58	62.46
美国	26.87	27.96	29.94	24.77	28.18	30.89	30.71	30.23	30.16	27.89	26.58	—

数据来源：世界银行 WDI 数据库。

（二）金砖国家金融合作与人民币国际化的关系

金砖国家金融合作的深化需要金砖各国货币国际化尤其是人民币国际化的支持，同时金砖国家金融合作本身也有利于人民币国际化。

一方面，金砖国家本币结算的推进需要金砖国家货币国际化的支持，其中人民币国际化更是首当其冲。由前文分析可知，金砖国家本币结算过程中，由于金砖国家货币国际化程度较低，币值波动较大，各国贸易企业和商业银行并不积极主动使用本币结算，因而阻碍了本币结算的进行。因此，要增加金砖国家本币结算主体的积极性，提高金砖国家货币国际化程度是重要的途径，而中国作为金砖国家金融合作的引领者，推进人民币的国际化尤为重要。

另一方面，金砖国家金融合作也有利于推进人民币国际化，人民币的"金砖化"是人民币国际化的重要途径。首先，本币结算的推进是金砖各国货币国际化的重要手段。对于人民币而言，随着金砖各国本币结算规模的扩大，人民币在金砖国家贸易结算的比例将不断提升，从而实现人民币贸易结算功能的"金砖化"。其次，金砖银行和应急储备安排有利于人民币国际化。中国可通过金砖银行向其他金砖国家、发展中国家提供人民币贷款和援助，尤其是推动国内金融机构参与人民币计价的辛迪加贷款；在基础设施建设项目中，除人民币资金支持外，中国作为制造大国还可提供基础设施建设所需的各种设备与基础产品，这些产品可以使用人民币计价；中国企业"走出去"过程中，可投资于金砖银行和金砖国家以及其他发展中国家发行的人民币计价债券及其他金融产品，同时其他国家企业和机构也可购买人民币金融产品并使用人民币购买中国产品；而应急储备安排作为一种货币互换安排，既增加了人民币在金砖国家外汇储备中的份额，也有利于增强人民币的国际储备职能。

三、金砖国家金融合作与中国国际金融话语权

国际金融话语权的含义如第二章所述，就其内容而言，这一话语权涉及对国际金融身份、事务、事件的定义权，国际金融制度、规则、标准的制定权，国际金融活动是非的评议权、裁判权、解释权，重大国际金融会议议题的选择权及其程序的审定权；一国能否获得这些话语权取决于其硬实力和软实力情况，同时一国在人文和社会科学研究的先进性如在政治、经济、金融思想及学术方面的领先地位对其国际金融话语权的形成也具有重要的作用（张谊浩等，2012）。金砖国家金融合作是金砖各国谋求前述各个方面国际金融话语权的过程，同时金砖国家金融合作的深化需要包括中国在内的各国国际金融话语权的提升。

一方面，金砖国家合作机制是在金砖国家在国际舞台上话语权严重缺失的背景下产生的，因此金砖国家合作的基本诉求之一便是增加金砖国家在经济、金融、政治等领域的国际话语权。这种诉求在历届峰会中均得以体现，如 2009 年第一届金砖峰会，四国呼吁建立更加多元化的国际货币体系，提升新兴经济体、发展中国家在国际金融机构中的发言权与代表性，第三次峰会也重申了这一诉求；第四次峰会呼吁建立更具代表性的国际金融架构；第九次峰会重申推动全球经济治理改革，提升新兴市场国家与发展中国家发言权和代表性（张志洲，2017）。而金砖银行和应急储备安排的设立既是对现有国际金融机构的补充，也是金砖国家谋求在国际开发性金融领域和危机救助方面的话语权的体现。基于中国在金砖国家金融合作机制中的重要角色，金砖国家共同谋求国际金融话语权对增强中国国际金融话语权同样具有重要的意义（张志洲，2017）。

另一方面，金砖国家金融合作深化及金融合作机制建设和完善需要包括中国在内的金砖各国国际金融话语权的提升。由前文分析可知，金砖国家金融合作机制的推进，需要各国"内外兼修"，包括各国经济金融发展硬实力和文化等软实力的提升，增强在金融信息领域、金融市场定价领域、文化领域等方面的话语权，而中国作为金砖国家金融合作的引领者，无论是自身发展还是推进金砖合作机制的需要，中国均应率先在国际舞台中争取有利于发展中国家的国际金融话语权。因此，中国国际金融话语权的提升同样有助于提升金砖国家乃至发展中国家整体的国际金融话语权，从而推进金砖国家金融合作机制的完善

和深化发展。

总之，中国在金砖国家过去十年的合作中发挥了非常重要的作用，在未来的合作及参与国际货币体系改革的过程中，同样需要"内外兼修"。本书将从国际货币权力和国际金融话语权两个角度，分析中国推进金砖国家金融深化合作，进而推进国际货币体系改革的策略。

第二节　增强人民币国际货币权力：
推进人民币国际化

一、人民币国际化现状

近年来，中国基于国家战略高度，加快人民币国际化的步伐，双边货币互换、人民币跨境结算业务，则是人民币国际化进程中的"伟大的跨越"（朱孟楠和叶芳，2012），人民币国际货币的各个职能也取得了较大的进展。

（一）货币互换情况

自 2008 年 12 月以来，为了促进双边贸易和投资，增强与周边国家或地区的货币合作，中国与 30 多个国家和地区的货币当局签订了规模总额超过 3.3 万亿元人民币的双边本币互换协议。2014 年 5 月 30 日，中国人民银行首次实际使用了中韩本币互换协议下的 240 万元人民币，以韩元的形式借给商业银行，再由商业银行发放给企业作为贸易融资贷款，用于支付从韩国进口的货物和服务款项，从而降低了两国企业的融资与汇兑成本，对进一步推动中国和韩国的双边贸易与投资具有重要作用。尽管此次实际运用的中韩本币互换协议的规模并不大，但对与其他国家或地区的货币互换的使用具有示范作用，从而对人民币的国际化有着里程碑式的意义。2018 年末，人民银行和境外中央银行或货币当局签署的双边本币互换协议中，境外中央银行或货币当局动用人民币余额为327.86 亿元，人民银行动用外币余额折合 4.71 亿美元，对双边贸易和投资起到了积极作用。

（二）跨境人民币业务发展情况

在中国一系列政策及市场的推动下，跨境人民币业务无论在经常项目下还是资本项目下均取得了重大进展。

1. 人民币跨境贸易结算情况。

人民币跨境贸易结算业务自 2009 年试点以来，在区域范围和业务范围方面均获得了较大的进展，同时业务规模上也取得了快速发展（见图 8-1 和图 8-2）。2009 年，企业通过银行进行结算的跨境人民币累计达 35.8 亿元，2010 年迅速增长至 5063.4 亿元，2011 年扩大到 2.08 万亿元，此后跨境贸易人民币结算业务稳步增长，2015 年达 7.23 万亿元，2016 年和 2017 年分别下降至 5.23 万亿元和 4.36 万亿元。

此外，从跨境人民币结算的收付比例来看，试点以来跨境人民币结算的出口实收远低于进口实付，尤其是在货物贸易中，这种现象被称为"跛足"的人民币跨境贸易结算。例如，2010 年第一季度货物贸易结算收付比约为 1∶10；2010 年第二季度、第三季分别为 1∶8.64、1∶8.86。2011 年之后，"跛足"问题明显改善，其中，2011 年收付比为 1∶1.7，大于 2010 年的 1∶5.5；2012~2014 年这一比例分别为 1∶1.2、1∶1.46、1∶1.4；2015~2017 年，包括经常项目和资本项目跨境人民币收付比分别为 1∶0.96、1∶1.6、1∶1.07。

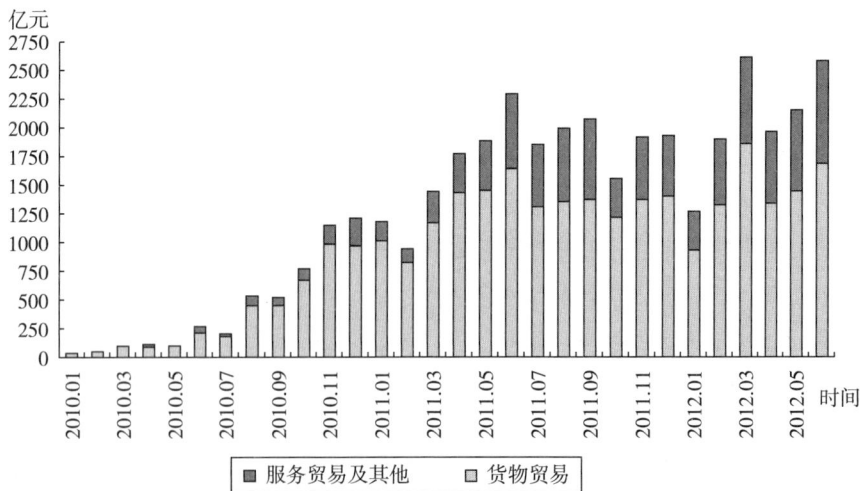

数据来源：中国人民银行。

图 8-1　2010 年 1 月至 2012 年 6 月跨境贸易人民币结算按月情况

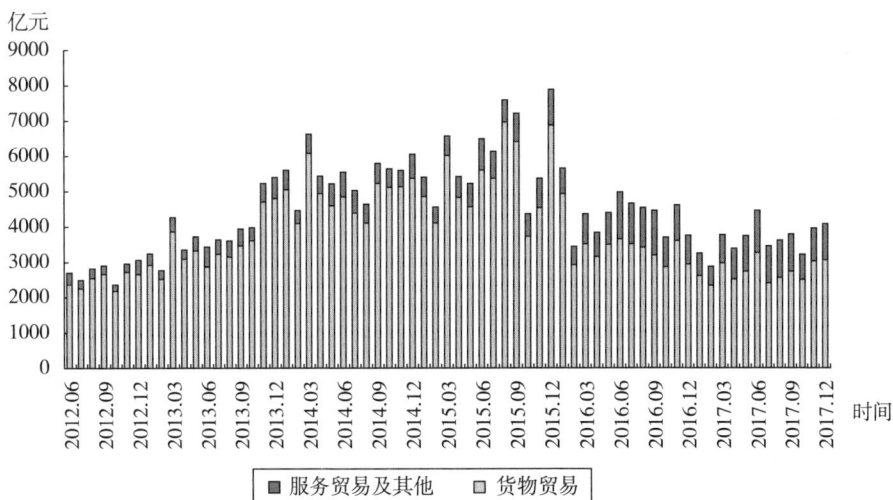

数据来源：中国人民银行。

图 8-2 2012 年 6 月至 2017 年 12 月跨境贸易人民币结算按月情况

2. 资本项目下人民币跨境业务发展情况。

（1）跨境直接投资人民币结算情况。自 2010 年以来，人民币银行按照"风险可控、稳步有序"的原则，开展了人民币境外直接投资个案试点，其中，新疆成为全国首个试点。2010 年所有试点地区共办理人民币跨境投资 427 亿元，获得批准的跨境融资人民币结算试点项目有 16 个、获批金额为 814 亿元，已放贷 13 个、金额 275 亿元。2011 年 1 月和 10 月人民银行先后公布了《境外直接投资人民币结算试点管理办法》和《外商直接投资人民币结算业务管理办法》，获准境内企业可用人民币在境外进行直接投资，境外的企业和个人也可根据规定以人民币对华直接投资，从而掀开了资本项目下人民币国际化新的一页。如图 8-3 所示，自 2011 年以来，人民币对外直接投资（ODI）、外商直接投资（FDI）结算金额不断增长，其中，2011 年人民币对外直接投资结算金额为 201.5 亿元，2014 年增长至 1865.6 亿元，2016 年更是迅速增长至 10619 亿元，是 2011 年的 52.7 倍，但 2017 年下降至 4568.8 亿元，同比下降了 88.7%；外商直接投资方面，2011 年人民币结算金额为 907.2 亿元，2012 年为 4481.3 亿元，同比增长 76.7%，此后迅速增长，2015 年达 15871 亿元，2016 年和 2017 年表现为下降趋势，2017 年该值为 1.18 万亿元。

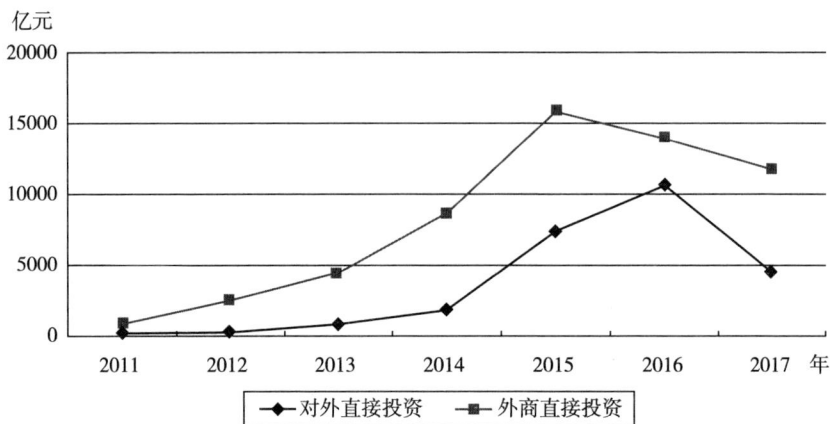

亿元

数据来源：中国人民银行。

图 8-3 2011~2017 年人民币跨境投资结算情况

（2）跨境金融投资人民币结算情况。2010 年 8 月，人民币银行允许境外中央银行、港澳清算行、境外参加行三类机构进入银行间债券市场以人民币进行投资。截至 2016 年 12 月底，获准进入银行间债券市场的境外机构达 407 家，包括境外中央银行、国际金融机构及主权财富基金等 58 家，境外商业银行 112 家，非银行类金融机构 28 家，金融机构产品类投资者 204 家，其他类型机构投资者 5 家；2017 年进入银行间债券市场的境外机构则达 866 家，通过直接入市 617 家，"债券通"入市 249 家。

2011 年 12 月开始试点人民币合格境外机构投资者（RQFII）制度以来，截至 2017 年末，共 18 个国家和地区获得了 RQFII 额度，共计人民币 1.74 万亿元，2017 年，RQFII 资金流入 483 亿元，流出 397 亿元，净流入 86 亿元。从国家和地区看，RQFII 主要集中在美国和中国香港，其中，中国香港额度最多，为 5000 亿元人民币，比例为 28.7%；美国次之，额度为 2500 亿元人民币，比例为 14.4%；韩国和新加坡分别为 1200 亿元和 1000 亿元；英国、德国、法国均为 800 亿元；卡塔尔为 300 亿元；加拿大等国则为 500 亿元（见图 8-4）。

亿元

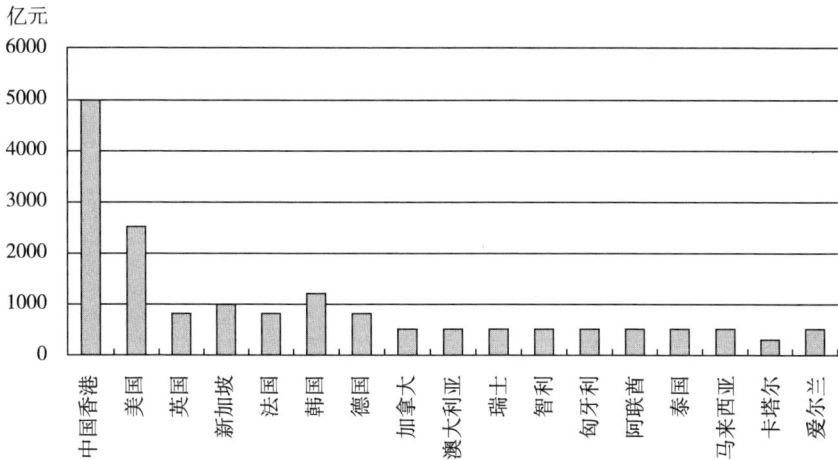

数据来源：中国人民银行。

图 8-4　RQFII 国家和地区额度构成情况

3. 人民币跨境使用基础设施建设发展情况。

一是组建人民币跨境支付系统。为满足全球不同时区人民币业务发展需要，2012 年初人民银行决定组建人民币跨境支付系统（CIPS），建设分两期进行，一期采用实时全额结算方式，主要为跨境贸易、跨境投融资及其他跨境人民币业务提供清算和结算服务；二期则采用混合结算方式，以提高人民币跨境与离岸资金清算、结算效率。2015 年 10 月 8 日，CIPS 系统一期成功上线；2016 年，人民银行进一步推动 CIPS 系统建设和直接参与者扩容；2016 年 7 月，首家境外直接参与者中国银行（香港）有限公司接入 CIPS，使 CIPS 业务量大幅提升。2018 年 5 月，CIPS（二期）全面投产，符合要求的直接参与者同步上线。2017 年，CIPS 累计处理人民币跨境支付业务 125.91 万笔共计 14.55 万亿元；截至 2018 年 5 月，CIPS 共有 31 家直接参与者、724 家间接参与者，覆盖全球 6 大洲共 87 个国家和地区，业务实际覆盖全球 150 个国家和地区，2381 家法人金融机构。二是建立人民币清算银行。人民币清算安排有利于境外企业、金融机构在跨境交易和结算中使用人民币，对推进人民币跨境业务的发展具有非常重要的作用。自 2003 年中国银行（香港）有限公司设立人民币清算服务以来，截至 2018 年 6 月底，人民银行已在 23 个国家和地区建立人民币清算安排（见表 8-2），区域覆盖东南亚、中东、欧洲、美洲、非洲和大洋洲。

表 8-2 境外人民币业务清算行分布情况

序号	时间	国家和地区	清算行
1	2003 年 12 月	中国香港	中国银行（香港）有限公司
2	2004 年 9 月	中国澳门	中国银行澳门分行
3	2012 年 12 月	中国台湾	中国银行台北分行
4	2013 年 2 月	新加坡	中国工商银行新加坡分行
5	2014 年 6 月	英国	中国建设银行伦敦分行
6	2014 年 6 月	德国	中国银行法兰克福分行
7	2014 年 7 月	韩国	交通银行首尔分行
8	2014 年 9 月	法国	中国银行巴黎分行
9	2014 年 9 月	卢森堡	中国工商银行卢森堡分行
10	2014 年 11 月	卡塔尔	中国工商银行多哈分行
11	2014 年 11 月	加拿大	中国工商银行（加拿大）有限公司
12	2014 年 11 月	澳大利亚	中国银行悉尼分行
13	2015 年 1 月	马来西亚	中国银行（马来西亚）有限公司
14	2015 年 1 月	泰国	中国工商银行（泰国）有限公司
15	2015 年 5 月	智利	中国建设银行智利分行
16	2015 年 6 月	匈牙利	中国银行匈牙利分行
17	2015 年 7 月	南非	中国银行约翰内斯堡分行
18	2015 年 9 月	阿根廷	中国工商银行（阿根廷）股份有限公司
19	2015 年 9 月	赞比亚	赞比亚中国银行
20	2015 年 11 月	瑞士	中国建设银行苏黎世分行
21	2016 年 9 月	美国	中国银行纽约分行
22	2016 年 9 月	俄罗斯	中国工商银行（莫斯科）股份公司
23	2016 年 12 月	阿拉伯联合酋长国	中国农业银行迪拜分行
24	2018 年 2 月	美国	美国摩根大通银行

数据来源：中国人民银行 2018 年人民币国际化报告。

（三）人民币国际货币职能的发展情况

一是在计价货币方面。作为全球支付货币，人民币自 2011 年以来在全球支付领域份额呈稳步增长态势，2015 年 8 月人民币超越日元，成为全球第四大支付货币，仅次于美元、欧元与英镑，但之后排名开始回落，2018 年 7 月，人民币在全球交易使用排名第五，占比为 2.04%。与美元和欧元超过 30% 的份额相比，人民币的市场占有率仍然很低，而且人民币的使用主要集中在中国香港，占比为 73%。根据 SWIFT 报告，向中国支付的货币中，美元依然是主要货币，支付金额占比达 98%；除中国台湾人民币支付额达 15% 外，全部国家和地区人民币支付总份额在 1%~2%。在机构使用方面，截至 2017 年 6 月，全球使用人民币付款的金融机构有 1900 多家，约 1300 家机构与中国或中国香港使用人民币进行国际支付，以人民币支付结算的境外机构数量超过 300 家，这些机构主要分布在亚洲、欧洲、美洲、中东及非洲等区域。

二是在兑换机制方面，人民币已和多种货币建立了市场化的兑换机制。目前，在中国外汇交易中心挂牌交易的货币包括美元、欧元、日元、卢布等 24 种货币。银行间外汇市场先后推出了人民币对南非兰特、韩元等 12 个外币直接交易。其中，人民币与新兴经济体货币直接挂牌交易，可消除进出口企业因使用美元等第三方货币进行结算的汇兑成本及避免因第三方汇率波动的风险，同时也可降低银行在办理新兴经济体货币业务的成本和风险，有利于中国与新兴经济体经贸往来的深化，从而推动人民币跨境贸易结算业务进一步发展。2017 年，人民币对外币（不含美元）直接交易的即期成交额达 1.4 万亿元人民币，占银行间外汇市场即期交易比例为 3.32%，而 2010 年前这一比例不到 0.5%。

三是在投资货币方面，人民币的使用也在不断扩大。不仅企业投资人民币，越来越多国家的中央银行也在参与人民币投资。根据渣打银行的研究报告，截至 2014 年 4 月，全球至少有 40 个国家的中央银行投资人民币，越来越多国家的中央银行也在准备把人民币加入其投资组合中。这些中央银行主要是与中国贸易往来密切或是外汇储备规模较大且需要进行多元化投资的国家。而从非居民持有境内人民币金融资产看，截至 2017 年末，非居民持有境内人民币金融资产余额达 4.29 万亿元，包括境外机构持有的股票市值与债券托管，余额分别为 1.17 万亿元和 1.20 万亿元；境外机构人民币贷款余额为 7390 亿元；非居民的境内银行同业往来账户存款、境外个人和境外机构存款等人民币存款，余额为 1.17 万亿元（见表 8-3）。

表 8-3 非居民持有境内人民币金融资产情况

单位：亿元

项目	2016 年 3 月	2016 年 6 月	2016 年 9 月	2016 年 12 月	2017 年 3 月	2017 年 6 月	2017 年 9 月	2017 年 12 月
股票	5709.5	6012.1	6562.2	6491.9	7768.2	8680.4	10210.3	11746.7
债券	6799.5	7639.8	8059.6	8526.2	8301.6	8921.0	11041.9	11988.3
贷款	7782.7	7474.2	7081.9	6164.4	6995.5	8176.6	7806.9	7390.0
存款	12744.5	12529.4	11307.2	9154.7	9242.5	11809.7	11338.4	11734.7
合计	33036.2	33655.5	33010.9	30337.2	32307.8	37587.7	40397.5	42859.7

数据来源：中国人民银行。

四是在价值储藏职能方面，近年来，人民币被越来越多的国家或地区纳入其储备资产。2017 年上半年，欧洲中央银行增加了等值 5 亿欧元的人民币外汇储备；2018 年 1 月 15 日德国和法国宣布已经将人民币纳入外汇储备；据不完全统计，新加坡、俄罗斯等 60 多个国家和地区已将人民币纳入其外汇储备。尽管在这些国家外汇储备中人民币所占比重仍然较低，如泰国的外汇储备中人民币的比重还不到 1%，同时，截至 2017 年末，人民币储备在整体已分配外汇储备中占比也仅为 1.22%，但这也折射出人民币已发挥了部分价值储藏的职能，并具有广阔的前景。

二、人民币境外交易空间分布的影响因素：基于拓展的引力模型的实证分析

国际清算银行 2016 年全球外汇市场调查数据显示，美元、欧元、日元、英镑、瑞士法郎等国际货币的外汇交易主要集中在英国、美国、新加坡、日本、中国香港等国家和地区，而这些国家和地区因此也成为全球前五大外汇交易中心，并集中了全球 77% 的外汇交易额，可见，国际货币境外交易存在明显的区域不平衡特征。那么，国际货币境外交易在空间分布上还具有哪些方面的特征？形成这些特征的因素是什么？人民币境外交易的空间分布是否也呈现类似的特征？如何在当前中国金融改革正在不断深化、"一带一路"倡议实施、人民币加入 SDR 货币篮子等新契机下，借鉴主要国际货币的经验，进一步推动人民币国际化？本节试图对这些问题进行研究和思考。

（一）主要国际货币境外交易空间分布特征

根据国际清算银行 1995~2016 年每三年公布一次的全球外汇市场交易数据，选择 1995 年涵盖的 25 个国家（地区）作为样本中的目标国家（地区）[①]，计算美元、欧元、日元、英镑、瑞士法郎五种主要国际货币在目标国家（地区）的外汇交易平均占比，结果如表 8-4 所示。可见，五种国际货币的境外交易主要呈现如下分布特征：

表 8-4 主要国际货币境外交易比例的空间分布

单位：%

目标国家或地区	美元	欧元	日元	英镑	瑞士法郎
澳大利亚	3.95	1.85	2.81	4.02	1.39
奥地利	0.49	—	0.28	0.35	1.31
比利时	1.05	—	0.39	1.85	0.71
加拿大	2.26	0.86	0.77	2.05	1.06
丹麦	1.91	3.14	0.63	1.67	2.52
芬兰	0.22	—	0.03	0.22	0.69
法国	3.61	—	2.28	5.62	4.47
德国	3.94	—	2.93	6.12	6.03
希腊	0.14	—	0.30	0.11	0.19
中国香港	6.36	2.88	6.27	6.18	1.88
爱尔兰	0.31	—	0.20	1.47	0.20
意大利	0.95	—	0.49	1.10	0.70
日本	9.06	4.22	—	6.29	1.72
卢森堡	0.93	—	0.53	1.26	1.42
荷兰	1.61	—	0.78	3.10	2.65
新西兰	0.35	0.08	0.13	0.21	0.04
挪威	0.64	0.73	0.12	0.44	0.28

[①] 1995 年国际清算银行统计数据样本涵盖的国家（地区）为 26 个，由于巴林（Bahrain）其他数据大部分不可得，在不影响样本代表性的情况下，将其剔除；尽管 1998 年后国际清算银行统计的国家或地区不断增加，但从 2016 年数据看，样本国家或地区外汇交易市场交易总量占世界外汇市场交易总量的比重达 94% 以上，因此不影响样本的代表性。

续表

目标国家或地区	美元	欧元	日元	英镑	瑞士法郎
葡萄牙	0.10	—	0.06	0.17	0.10
新加坡	8.06	5.04	9.83	9.93	4.71
南非	0.50	0.15	0.07	0.41	0.06
西班牙	0.78		0.19	1.19	0.31
瑞典	0.96	1.76	0.22	0.98	0.63
瑞士	4.96	6.42	3.33	7.44	—
英国	42.15	48.62	38.63	—	41.87
美国	—	23.03	23.99	35.77	24.19

注：表中数据为 5 种主要货币在 25 个国家（地区）外汇交易市场交易份额 1995~2016 年的平均值。其中，欧元诞生之前 1995 年、1998 年数据主要为样本中欧元区成员国货币（德国马克和法国法郎）与其他欧洲货币体系成员国货币（other EMS）之和。

数据来源：国际清算银行每 3 年进行一次统计的外汇交易数据。i 货币在 j 国的外汇交易占比 $=i$ 币在 j 国的外汇交易量 $/i$ 币的境外交易总量（i 币世界交易总量 $-i$ 币在其发行国的交易量），"—"表示 i 币在其发行国（区域）的交易量被排除在外。

一是五种主要国际货币的境外交易主要集中在英国和美国，英镑以外的其他货币在英国外汇交易份额基本在 40% 以上，美元以外的其他货币在美国的外汇交易份额在 20%~35%；五种货币在法国、德国、日本、新加坡、中国香港、瑞士等国家或地区的交易份额也相对较高。这可能是因为英国和美国拥有全球性的国际金融中心，金融市场高度开放，并能提供最为广泛和最具深度的金融服务，从而有利于促进国际货币在两国的交易和使用。而法国、德国、日本、新加坡、中国香港、瑞士等国家或地区金融开放度较高，同时也具有全球性国际金融中心。

二是英镑在中国香港和新加坡的外汇交易份额均高于其他货币的份额。可能是因为新加坡、中国香港曾经是英国的殖民地，和英国具有相同的语言，在英国长期影响下，与英国的文化异质性相对较小，从而增加了对英镑的认同感和接受度。

三是从纵向看，除英国和美国外，日元在亚洲国家或地区即中国香港和新加坡的份额相对其他国家更高；从横向看，英镑和瑞士法郎在大部分欧元区国家的份额大于其他货币。这一点可能与这些国家或地区之间的地理距离相对较近有关。

（二）主要国际货币境外交易空间分布影响因素的实证分析

1. 计量模型设定。

本书在已有研究基础上，基于主要国际货币外汇市场交易国别数据，综合借鉴 Qinghe 等（2015）的计量模型设定方法及綦建红等（2012）的计量分析方法，分析国际货币的空间分布及其影响因素，以期对人民币国际化产生有益的启示。本书计量模型和 Qinghe 等（2015）存在相似的地方，但研究设计上存在如下主要差别：一是强调文化因素对国际货币空间分布的影响，引入文化异质性指标作为文化距离的代理变量；二是为了避免因解释变量过多可能导致多重共线性等问题，本书主要考虑理论上会影响国际货币空间分布且易于量化的重要因素，作为规模因素、距离因素、金融因素、政治因素等因素的代表变量，而不考虑目标国是否为岛国、是否为民主法治国等虚拟变量因素；三是数据处理及计量方法存在差异；四是将模型进一步应用于分析人民币境外交易空间分布的影响因素。具体地，本书综合考虑经济、贸易、投资等规模因素以及地理距离因素以及金融因素、政治因素等多方面因素，并引入文化距离因素，在传统引力模型基础上，设定如下计量模型。

$$share_{ij,t} = \beta_0 + \beta_1 M_{ij,t} + \beta_2 CD_{ij} + \beta_3 GD_{ij} + \beta_4 F_{i,t} + \beta_5 P_{ij,t} + \varepsilon_{ij}$$

其中，$share_{ij,t}$ 是被解释变量，表示五种主要国际货币在目标国外汇市场交易份额，$M_{ij,t}$、CD_{ij}、GD_{ij}、$F_{i,t}$、$P_{ij,t}$ 分别表示规模变量、文化变量、地理距离变量、金融变量和政治变量，各类变量包含的具体变量及其含义如表 8-5 所示；ε_{ij} 为随机扰动项。

2. 数据来源及处理。

本书数据为面板数据，横截面为美国、欧元区、日本、英国、瑞士对其他目标国家的相关数据，时间序列为 1995~2016 年每三年共 8 个时间序列[①]。各变量处理及原始数据来源如表 8-5 所示，主要规模变量的原始数据单位均为百万美元。

文化异质性指标的计算，主要借鉴张军和陈磊（2015）的做法，以 Hofsted 官方网站公布的权力距离、不确定性规避、个人或集体主义、男性度或女性度、

---

① 在不影响代表性的情况下，解释变量 2016 年相关数据主要以 2015 年最新数据代替。

长短期导向、放纵与约束六个维度文化数据，使用马氏距离法进行计算，从而消除各文化维度之间的相关性对估计结果的影响[①]。具体计算方法为

$$culture_{ij} = \sqrt{(X_i - X_j)C^{-1}(X_i - X_j)^T}$$

式中，$culture_{ij}$ 为国际货币发行国 i 与目标国 j 的文化异质性；X_i、X_j 分别为货币发行国 i 和目标国 j 的 Hofstede 六个维度数值向量；矩阵 C 是所考察全部国家的六个文化维度值矩阵 M 的协方差矩阵。各向量或矩阵具体形式如下：

$$X_i = (x_{i1}, x_{i2}, x_{i3}, x_{i4}, x_{i5}, x_{i6}), \quad X_j = (x_{j1}, x_{j2}, x_{j3}, x_{j4}, x_{j5}, x_{j6})$$

$$M = \begin{bmatrix} x_{11} & x_{12} & \cdots & x_{16} \\ \vdots & \vdots & \ddots & \vdots \\ x_{N1} & x_{N2} & \cdots & x_{N6} \end{bmatrix}_{N \times 6} \qquad C = \begin{bmatrix} \sigma_{11} & \sigma_{12} & \cdots & \sigma_{16} \\ \vdots & \vdots & \ddots & \vdots \\ \sigma_{61} & \sigma_{62} & \cdots & \sigma_{66} \end{bmatrix}_{6 \times 6}$$

式中，σ_{ii} 为所有国家在第 i 个维度上的方差；σ_{ij}（$i \neq j$）为第 i 维度和第 j 维度之间的协方差。

表 8–5 模型各变量的含义及数据来源

变量		含义	预期符号	原始数据来源
被解释变量	$share_{ij,t}$	i 币在 j 国的境外交易比例		国际清算银行
规模变量 $M_{ij,t}$	$\ln gdp_{it}$	货币发行国 i 实际人均 GDP 的对数，由其名义人均 GDP 经相应 GDP 平减指数处理	+	世界银行
	$\ln gdp_{jt}$	目标国 j 实际人均 GDP 的对数，由其名义人均 GDP 经相应 GDP 平减指数处理	+	世界银行
	$\ln invest_{ij,t}$	货币发行国 i 与目标国 j 的双边投资总额（包括境外股权和债券投资）的对数	+	IMF CPIS 数据库
	$trade_{jt}$	目标国 j 与 i 货币发行国双边贸易总额占 j 国对外贸易总额的比	+	IMF DOTS 数据库
文化变量 CD_{ij}	$culture_{ij}$	使用马氏距离法测度的 i 与 j 的国家文化距离	−	Hofsted 官方网站
	$comlang_{ij}$	语言虚拟变量，目标国与货币发行国具有共同语言取值为 1，否则为 0	+	魏尚进个人主页 http://www.nber.org/~wei/

[①] 和大部分研究类似，本书文化异质性指标的计算未考虑时间趋势的影响，即国家间的文化差异可能随着各国文化交流及一些国家文化影响力的变化而变化，因此该指标计算有待进一步完善。

续表

变量		含义	预期符号	原始数据来源
地理距离变量 GD_{ij}	$\ln dist_{ij}$	货币发行国 i 与目标国 j 之间的地理距离（两个国家首都之间的直线距离）的对数	−	魏尚进个人主页 http：//www.nber.org/~wei/
	$border_{ij}$	目标国与货币发行国为邻国取值为 1，否则为 0	+	魏尚进个人主页 http：//www.nber.org/~wei/
金融变量 $F_{j,t}$	fc_j	代表目标国金融市场发展程度的虚拟变量，具有全球性的国际金融中心的国家或地区取值为 1，否则为 0	+	Global Financial Center Index 15
	ka_open_j	由 Chinn 和 Ito 构建的代表目标金融市场开放度的指数	+	http：//web.pdx.edu/~ito/ Chinn‑Ito_website.htm
	eu_j	目标国是否为货币区虚拟变量，欧元区国家取值为 1，否则为 0	−	
政治变量 $P_{ij,t}$	$polit_{it}$	i 货币发行国的政治稳定性指数	+	www.govindicators.org
	$polit_{jt}$	目标国 j 的政治稳定性指数	−	www.govindicators.org

注：欧元区相关数据，规模变量主要为欧元区各成员国之和，文化距离、金融开放度、政治稳定性为各成员国均值，地理距离则为目标国到欧洲中央银行总部所在地（德国）距离。

3. 实证结果分析。

为避免多重共线性问题对估计结果的影响，本书从变量的方差膨胀因子和相关系数矩阵对模型进行多重共线性检验，结果显示各解释变量的方差膨胀因子均低于经验值 10；变量两两间的相关系数均低于 0.8 的标准，因此，多重共线性问题对实证结果不会产生显著影响。而 White 面板异方差和 Pesaran 截面自相关检验结果表明，本书面板数据存在异方差和截面自相关，因此，借鉴綦建红等（2012）的做法，使用面板校正标准差（PCSE）方法进行稳健性估计。本书将估计结果分为模型 1、模型 2、模型 3 和模型 4，如表 8‑6 所示。其中，模型 1 为基础模型，模型 2 在模型 1 基础上考察目标国与货币发行国是否为邻国的影响，同时考虑邻国因素对不同国际货币的影响，模型 2 又分别就包括样本五种货币、仅考虑欧元情况及剔除欧元后四种货币相关数据进行回归，结果分别对应表 8‑6 的模型 a、模型 b、模型 c[①]；模型 3 在模型 1 基础上考虑语言虚拟变量的影响，模型 4 则在模型 3 基础上引入欧元区虚拟变量，以考察目标

---

① 模型 a 至模型 c 的回归，实际上也是考虑了欧元作为超主权货币估计结果与其他货币可能存在差异后的稳健性估计。

国中欧元区国家的货币区效应。

表 8-6　　　　　主要国际货币境外交易空间分布影响因素回归结果

	模型 1	模型 2			模型 3	模型 4
		a	b	c		
$\ln gdp_{it}$	−0.0003	−0.0012	0.0258	0.0079	−0.0072	0.0064
	(0.0073)	(0.0074)	(0.0477)	(0.0080)	(0.0071)	(0.0072)
$\ln gdp_{jt}$	−0.0032	−0.0028	−0.0461	−0.0055	0.0034	−0.0259***
	(0.0087)	(0.0088)	(0.0333)	(0.0083)	(0.0088)	(0.0094)
$\ln invest_{ij,t}$	0.0133***	0.0133***	0.0186**	0.0127***	0.0127***	0.0131***
	(0.0043)	(0.0042)	(0.0084)	(0.0042)	(0.0041)	(0.0043)
$trade_{jt}$	0.0955***	0.0885***	0.4161***	0.0225	0.0649***	−0.0288*
	(0.0133)	(0.0126)	(0.1403)	(0.0139)	(0.0154)	(0.0155)
$culture_{ij}$	−0.0016***	−0.0016***	−0.0048*	−0.0018***	−0.0008***	−0.0015***
	(0.0002)	(0.0002)	(0.0026)	(0.0003)	(0.0002)	(0.0002)
$comlang_j$					0.0351***	0.0102***
					(0.0024)	(0.0021)
$\ln dist_{ij}$	0.0080***	0.0086***	0.0660***	0.0075***	0.0076***	−0.0069***
	(0.0008)	(0.0008)	(0.0230)	(0.0007)	(0.0007)	(0.0009)
$border_{ij}$		0.0060*	0.1176***	−0.0301***		
		(0.0034)	(0.0348)	(0.0038)		
fc_j	0.0635***	0.0633***	0.0740***	0.0574***	0.0598***	0.0733***
	(0.0036)	(0.0036)	(0.0253)	(0.0032)	(0.0037)	(0.0037)
ka_open_j	0.1292***	0.1279***	0.4281***	0.1173***	0.1210***	0.2141***
	(0.0201)	(0.0205)	(0.0906)	(0.0177)	(0.0203)	(0.0232)
eu_j						−0.0862***
						(0.0041)
$polit_{it}$	0.0288***	0.0283***	0.0155	0.0260***	0.0356***	0.0115**
	(0.0075)	(0.0076)	(0.0214)	(0.0078)	(0.0087)	(0.0052)
$polit_{jt}$	−0.0754***	−0.0752***	−0.1679***	−0.0636***	−0.0764***	−0.0798***
	(0.0104)	(0.0104)	(0.0371)	(0.0091)	(0.0107)	(0.0111)
$\_cons$	−0.2259**	−0.2228**	−0.8006*	−0.2656***	−0.2229**	0.0366
	(0.1009)	(0.1009)	(0.4433)	(0.1051)	(0.0976)	(0.0879)
R^2	0.3521	0.3523	0.6995	0.3187	0.3725	0.4997

注：括号中数值为标准差，***、**、*表示相关系数分别在1%、5%、10%水平下显著，以下同。

（1）传统引力模型检验。

①规模变量的影响。如表8-6所示，其他条件一定时，国际货币发行国与

目标国的双边投资总额对该货币在目标国外汇市场交易份额的影响为正，并在1%或5%的显著性水平下显著；目标国对货币发行国贸易依赖程度的影响除模型4外均为正，且除模型c外均通过了1%的显著性检验。这是因为双边投资越大，目标国对货币发行国的贸易依赖程度越高，该国际货币就可能成为目标国的计价和结算货币，从而增加了该国际货币的外汇交易需求。货币发行国实际人均GDP对其货币国际使用的影响，模型b、模型c和模型4中为正但不显著，其他模型均为负且不显著；目标国实际人均GDP的影响，在模型3中为正，其他模型均为负，除模型4外均不显著。可见，货币发行国和目标国的实际人均GDP对国际货币交易量的影响均不确定。这可能是因为：一方面，货币发行国和目标国经济规模的影响已通过贸易和投资规模渠道发挥作用；另一方面，对于国际货币发行国，由于网络外部性，其经济规模对国际货币地位的影响存在错位现象，即某种货币未实现国际化之前，即使其发行国的经济规模上升，也不一定增加其他国家对该货币的使用，而一旦某种货币成为主要国际货币，即使发行国的经济规模下降也不会减少其他国家对该货币的使用。此外，国际货币在外汇市场交易媒介职能的决定中，诸如金融市场的发展程度等变量可能更为重要。

②地理距离变量的影响。其他条件不变时，模型4中，国际货币发行国与目标国地理距离越大，该货币在目标国的使用越少，相关系数在1%的显著性水平下显著；其他模型中，地理距离系数为正，且在1%的显著性水平下显著。可见，实际地理距离对国际货币使用的影响不确定。这是因为随着信息技术的发展，由地理距离产生的信息成本不断减少甚至已经不再重要，一国只要拥有发达的与货币交易相关的基础设施，即使地理距离再远，国际货币在该国的交易量也可能很大。而目标国是否为货币发行国临界国的影响，模型c中符号为负，在模型a和欧元单独回归中为正，且通过1%显著性检验，可见，邻国因素的正向影响主要作用于欧元这种区域性国际货币的交易，而美元等非区域性国际货币更多是跨区域交易。

综上所述，传统引力模型中的大部分引力变量（规模变量）在国际货币的使用中发挥重要作用，但斥力变量（地理距离变量）的影响不确定。

（2）文化因素的影响。从模型1至模型4的估计结果看，文化距离的系数均为负，且通过了1%或10%的显著性检验。这表明文化距离（文化差异性）

是一国货币国际使用的重要影响变量，在其他条件不变的情况下，货币发行国与目标国的文化差异性越大，该货币在目标国的交易量越少。这是因为文化差异性越大，一国对其他国货币的认同感越低，同时还会增加对该货币的学习成本、信息收集成本等，从而对该货币的使用产生抑制效应。模型3和模型4的结果则表明，拥有共同语言对一国货币在目标国的交易具有促进作用，因为拥有共同语言的国家，两国的文化差异性通常也相对较小，从而进一步验证了文化距离变量的影响。

（3）金融变量的影响。估计表明，在其他条件不变的情况下，一国如果拥有全球性的国际金融中心，主要国际货币在该国的交易量就越大；金融市场的开放程度越大，该国货币的交易量越大，相关系数均通过了1%的显著性检验。这是因为拥有全球性国际金融中心且金融市场高度开放的国家对货币交易的限制较少，同时提供的金融产品和服务更为丰富，可以吸引更多的交易者参与交易，从而解释了表8-4中，主要国际货币在英国、美国、中国香港、新加坡等具有全球性国际金融中心、金融市场开放度较高的国家或地区交易占比较高的特点。对货币区效应而言，符号与预期相同，且结果在1%的显著性水平下显著，这是因为欧元区国家主要使用欧元作为计价和交易货币，从而减少了其他国际货币在欧元区的使用。

（4）政治变量的影响。表8-6结果显示，其他条件不变时，货币发行国的政治稳定性越高，其货币的国际使用越广泛，相关系数除模型b中不显著外，其他模型通过了1%或5%的显著性检验；而目标国的政治越不稳定，国际货币在该国的交易量越大，且结果均通过了1%的显著性检验。这是因为货币发行国的政治稳定性是其他国家持有该国货币信心的重要支撑，而目标国在政治不稳定的情况下越倾向于使用其他国家的货币尤其是主流的国际货币，此时目标国货币替代效应较为显著。

（三）实证模型的进一步应用：人民币境外交易空间分布影响因素分析

1. 人民币境外交易空间分布特征。近年来，在中国一系列措施推动下，人民币国际化取得了较大的进展，单从其外汇市场的交易媒介职能看，国际清算银行2016年全球外汇市场成交报告显示，人民币在外汇市场中的交易份额由2013年的2.2%上升至2016年的4%，日均交易量也从2013年的1200亿美元上升到了2020亿美元，成为全球第八大交易货币。但从空间分布上看，人民

币的境外交易也存在明显的区域失衡特征。如图 8-5 所示，人民币境外交易约
94% 的份额发生在中国香港、新加坡、英国、美国、日本、德国、瑞士等具有
全球性国际金融中心的国家或地区，其中 40% 左右则集中在中国香港，在英国
的交易比重，2013 年略高于新加坡，2016 年次于新加坡。但相对表 8-4 中主
要国际货币在英国的交易占比，人民币在英国占比仍然偏低，而其在美国、日本、
德国、瑞士的交易占比远远低于主要国际货币的分布比例。

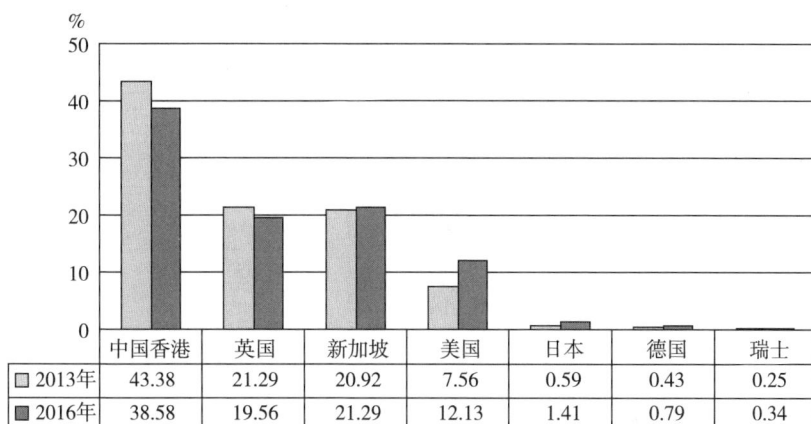

	中国香港	英国	新加坡	美国	日本	德国	瑞士
2013年	43.38	21.29	20.92	7.56	0.59	0.43	0.25
2016年	38.58	19.56	21.29	12.13	1.41	0.79	0.34

数据来源：国际清算银行。

图 8-5　2013~2016 年人民币在主要国际金融中心的境外交易占比

2. 人民币境外交易空间分布影响因素分析。为分析人民币境外交易呈现前
述空间分布特征的原因，在前述计量模型和方法基础上，使用 2013~2016 年人
民币相关数据进行实证分析[1]，结果如表 8-7 所示。

表 8-7　　　　　　　　　人民币境外交易空间分布影响因素回归结果

	模型 1	模型 2	模型 3	模型 4
$\ln gdp_{jt}$	−0.0379***	−0.0285**	−0.0408**	−0.0513***
	（0.0140）	（0.0121）	（0.0198）	（0.0193）
$\ln invest_{ij,t}$	0.0076***	0.0085***	0.0156***	0.0119***
	（0.0013）	（0.0017）	（0.0041）	（0.0046）

---

[1] 由于时间序列仅有两个，为避免共线性问题，模型不考虑中国相关变量（人均 GDP 和政治稳定性）
的影响。

	模型 1	模型 2	模型 3	模型 4
$trade_{jt}$	0.3717***	0.0926**	0.3057***	0.2668***
	（0.0123）	（0.0415）	（0.0208）	（0.0117）
$culture_{ij}$	−0.0042***	−0.0050***	−0.0012*	−0.0005
	（0.0004）	（0.0005）	（0.0007）	（0.0008）
$comlang_j$			0.1071***	0.0970***
			（0.0078）	（0.0107）
$\ln dist_{ij}$	−0.0521***	−0.0205**	−0.0064	−0.0168
	（0.0143）	（0.0091）	（0.0153）	（0.0180）
$border_{ij}$		0.2111***		
		（0.0164）		
fc_j	0.0362***	0.0187**	0.0255***	0.0449***
	（0.0009）	（0.0021）	（0.0016）	（0.0035）
ka_open_j	0.1919***	0.1296***	0.1353***	0.1621***
	（0.0230）	（0.0161）	（0.0168）	（0.0137）
eu_j				−0.0323***
				（0.0044）
$polit_{jt}$	−0.0246**	−0.0218***	0.0004	0.0014
	（0.0100）	（0.0085）	（0.0168）	（0.0178）
$\_cons$	0.6623***	0.3857***	0.2298**	0.4346***
	（0.1029）	（0.1086）	（0.1004）	（0.1091）
R^2	0.7611	0.8110	0.8127	0.8236

（1）传统引力模型因素中，中国与目标国的双边投资总额、目标国对中国的贸易依赖程度，对人民币境外交易具有促进作用，且通过了 1% 或 5% 的显著性检验；目标国经济规模对人民币境外交易的影响显著为负；地理距离变量对人民币空间分布的影响为负，在模型 1 和模型 2 中分别通过了 1%、5% 的显著性检验，而邻国的促进作用则在 1% 的显著性水平下显著。可见，除经济规模外，传统引力模型效应在人民币的境外交易中发挥了重要作用。

（2）文化因素中，文化距离的影响为负，模型 1 至模型 3 通过了 1% 或 10% 的显著性检验，同时与中国拥有共同语言的国家或地区人民币交易量越大，并通过了 1% 的显著性检验。从数值上看，这两个因素尤其是语言因素对人民币交易的影响相对主要国际货币更重要，在一定程度上解释了人民币交易主要集中在与中国具有相似文化和天然联系的中国香港及拥有共同语言的新加坡的原因。

（3）金融因素中，目标国金融市场发展程度和金融市场的开放程度对人民币在该国的交易影响为正，相关系数在 1% 或 5% 的显著性水平下显著，而欧元区效应也显著降低了人民币的交易量。其中，目标国是否为全球性国际金融中心的影响相对主要国际货币要小，在一定程度上解释了人民币在英国、美国、德国、瑞士等国交易比例远小于主要国际货币的原因。

（4）目标国的政治稳定性对人民币交易的影响在模型 1 和模型 2 中与预期相符，且在 1% 显著性水平下显著，模型 3 和模型 4 中符号和预期相反，但不显著。这主要是因为人民币还不是国际性货币，货币替代效应不明显。

（四）结论与启示

1. 结论。通过拓展的引力模型对主要国际货币和人民币境外交易空间分布的影响因素进行分析，得出主要结论如下：

一是传统引力模型中的大部分引力因素在国际货币使用中基本发挥作用，但斥力因素影响不确定。国际货币发行国与目标国的双边投资总额、目标国对货币发行国的贸易依赖程度，是决定国际货币在目标国交易量的重要引力因素，而经济规模对国际货币境外交易的影响则不确定；斥力因素即地理距离变量对国际货币空间分布的影响不确定，而其中邻国的促进作用主要体现于货币的区域化进程中。

二是文化因素是国际货币空间分布的重要决定因素。某货币发行国与目标国拥有共同的语言及以其他综合因素衡量的文化异质性越小，目标国对该货币的认可度和接受度越高，越愿意使用该货币进行交易。

三是目标国金融市场的发展程度和金融市场开放程度及是否为货币区成员国等金融因素对某种国际货币在该国的交易量具有重要影响。目标国如果拥有全球性的国际金融中心，金融开放度较高，对外汇交易的限制较少，并能够提供具有广度和深度的金融产品和服务，国际货币在该国就可能被大量进行交易；货币区效应的存在则减少了货币区成员国对其他国际货币的使用。

四是货币发行国和目标国的政治稳定性也影响国际货币的使用，通常，国际货币发行国的政治稳定性是该国际货币使用的重要支撑因素，发行国政治稳定性越高，目标国对该货币的稳定越有信心，从而越愿意进行交易；而目标国的政治稳定性越差，货币使用的替代效应越强，目标国就越可能使用主要的国际货币。

五是国际货币空间分布的大部分影响因素对人民币的空间分布也具有重要影响，但影响程度存在差异。除经济规模外的引力模型效应在人民币境外交易中发挥重要作用；相对主要国际货币，文化因素尤其是语言因素对人民币境外交易的空间分布影响更大，而金融因素尤其目标国是否为全球性国际金融中心的影响相对较小；人民币对目标国货币的替代效应较小甚至不显著。

2.启示。根据前述结论，借鉴主要国际货币的经验，对金砖国家金融合作、"一带一路"倡议的提出和实施、人民币加入 SDR 及中国金融改革深化等机遇下的人民币国际化，我们可以得到如下启示：

第一，利用引力模型效应，进一步推动人民币在邻近国家的周边化和区域化。一方面，稳步推进国内经济发展。经济发展是人民币国际化的坚实基础，保证经济稳步发展，维持宏观经济的平稳运行，优化经济结构，推进产业结构升级，有助于推进人民币国际化。另一方面，尽管地理距离因素在主要国际货币的使用中影响较小甚至方向与预期相反，但在货币的区域一体化过程中，仍然发挥作用（朱孟楠和叶芳，2012）。推动人民币在邻近国家的使用，一方面，可以降低地理距离的斥力效应；另一方面，邻近国家较小的地理距离还可以减小中国与这些国家双边贸易、投资的斥力效应，从而通过贸易规模、投资规模的引力效应，增加人民币的使用。同时，推动中国与邻近国家建立自由贸易区，推进贸易和投资的便利化、自由化，进一步增强邻近国家与中国的贸易联系程度，增加双边的资产投资规模，从而增加人民币在这些国家或地区的贸易、投资交易需求。具体而言，可继续推动人民币在与中国地理距离较近且与中国经济、贸易、双边投资联系紧密的亚洲国家的使用，尤其是东南亚经济圈，借助中国—东盟自贸区，推动人民币在东盟的区域化。

第二，推动人民币在美国、英国等具有全球性国际金融中心的国家或地区的使用。在继续推动中国香港、新加坡人民币离岸市场发展的同时，进一步推动伦敦、法兰克福和卢森堡等欧洲人民币离岸市场、纽约人民币离岸市场的发展。通过与目标国家签署双边本币互换协议、进行货币直接交易、建立人民币清算系统、授予对方人民币合格境外投资者（RQFII）额度、发行人民币离岸债券（如点心债券）、推动国内银行在国外建立分支机构以提供人民币境外流动性等措施，有利于推动人民币离岸市场的形成和发展。但人民币离岸市场可持续发展的关键还在于离岸市场流动性的管理问题，这需要中国配套利率市场化改革、汇率市场化改革（增加人民币汇率弹性）、逐步开放资本账户等一系列金融改革措施，以实现境内、境外资本市场的联通，通过境内流动性管理影响境外人民币流动性。

第三，提升文化软实力，提高中国的文化影响力，推动人民币国际化。人民币国际化需要中国强大的经济、政治、军事等方面硬实力的支撑，同时也需要软实力尤其是文化吸引力的支持。提高中国的文化影响力，推动其他国家认同中国的文化和文明，缩小中国与其他国家的文化异质性，有利于提升这些国家对人民币的认同感，从而增加对人民币的使用。借助金砖国家合作和"一带一路"倡议，积极推动中华文化"走出去"，与金砖国家及"一带一路"沿线各国建立文化交流中心，加强文化的交流、传承与创新，推动中国文化产业转型升级从而进入全球文化产业链的高端，是当前提高中国文化影响力的重要途径。当然，在多元的世界文化下，提升文化影响力，更多的是强调文化的包容性，即在相互尊重对方的价值观、宗教信仰等基础上，加强文化之间的融合。这一点对推动人民币在文化来源呈现多样化并与中国存在较大文化差异的金砖国家及"一带一路"沿线国家的国际化显得尤为重要。

三、推动人民币国际化的其他措施

除上述推进人民币国际化方面的努力外，中国还需从多方面积极探索，以全面推进人民币国际化，增强人民币国际货币权力，推进国际货币体系多元化格局的形成。

（一）深化经济金融体制市场化改革，为人民币国际化提供制度保障

受到严格管制的经济、金融体制，无法有效应对外生冲击且自我修复能力也会受到制约，因此其活力、灵活性不足。在国际货币体系和国际经济金融事务中，一国货币能否具有活力与该国经济金融活力密切相关（彭兴韵，2010）。例如，美元相对欧元、日元更具活力，这与美国、欧洲、日本的经济金融活力差异不无关系，美国的经济金融市场更具竞争性，而欧洲和日本相对美国则存在更多的管制（夏皮罗，2009）；第二次世界大战之后，美元国际货币统治地位得以确立，部分源于美国是唯一的规避资本管制的国家；而日元则

因日本资本账户过迟的开放错失了成为具有更高地位的国际货币的良机[①]。因此，通过进一步深化中国经济金融体制市场化改革，放松外汇管制和资本账户管制，增强经济金融活力，是人民币国际化的重要制度前提和保障。但需要指出的是，市场化改革必须遵循循序渐进的原则，尤其是放开人民币资本账户方面；同时，放松管制并不意味着放弃管制，为了经济金融的安全，适当的管制仍然是必要的。目前，中国在沪港通、深港通和债券通等资本市场对外开放、人民币汇率形成机制改革、利率市场化改革等实践方面取得了较大的进展，但相关制度安排仍需要优化，尤其是相关风险的防范和控制有待进一步加强。

（二）推进上海国际金融中心建设，促进人民币国际化

上海国际金融中心建设是人民币国际化战略的重要组成部分，同时人民币国际化推进也有利于促进上海国际金融中心建设（郭田勇，2012）。上海国际金融中心在上海自贸区金融开放、金融改革与创新等方面的先行先试政策推动下，取得了较大进展：上海金融市场体系逐步健全，聚集了债券、股票、票据、货币、外汇、期货等种类齐全的金融工具，成为境内外金融机构的重要聚集城市；沪港通、债券通、黄金国际板等金融开放实践不断推进，金融改革和金融创新不断深入，金融发展环境也在优化[②]，由此，上海成为（GFCI 25）排名第五且成为提供广泛而深入的金融服务的全球型国际金融中心。然而，尽管成绩斐然，但我们也要看到，由于上海金融市场的功能还不够健全，金融风险的防范和控制机制仍有待完善，金融市场对外开放和国际化程度有待提高；金融税收、法治等金融发展环境需要进一步优化等，上海国际金融中心与成熟的国际金融中心仍存在较大的距离。因此，有必要进一步推进上海国际金融中心建设，具体措施包括充分发挥上海自贸区的先行先试政策，以自由贸易港建设为突破口；借助金砖银行运行，推进上海成为人民币的全球定价、全球交易结算中心；完善金融监管和优化服务环境等方面。

1. 充分发挥上海自贸区的先行先试政策，促进国际金融中心形成。国际经

---

① 日本在 20 世纪 80 年代就已经开始推行日元国际化，但仍实行较为严格的金融管制尤其是资本账户管制，直到 1998 年才真正放开对资本账户的管制，但此时，日本已经进入了所谓"失去的十年"，从而使日元错过了获得更高货币地位的时机。

② 郑杨. 努力建设新时代的国际金融中心 [J]. 中国金融，2017（22）：47—49.

验表明，自贸区的建立对国际金融中心的形成具有重要的推动作用。而在党的十九大对自贸区建设作出新时代下的新部署，即在"赋予自贸区更大的改革自主权，探索建设自由贸易港"背景下，推动自由贸易港建设成为进一步推进上海金融改革与国际金融中心建设的突破口①。自由贸易港建设要求跨境金融活动更为便利、金融体系更加开放，这些恰好也是国际金融中心建成的必要条件。因此，有必要在自贸区建设的基础上，进一步提升跨境金融服务水平、提高贸易投资的便利化程度、推进金融服务业与金融市场的双向开放等，促进上海自贸区中的自由贸易港建设。

2. 借助金砖银行运行，促进上海国际金融中心建设。实际上，金砖银行、自贸区、上海国际金融中心三者在推动人民币国际化与金融市场发展方面，是相互促进，协同发展的（任再萍等，2012）。金砖银行总部在上海，有利于提高上海的全球知名度和影响力；金砖银行融资业务所产生的金砖各国资金及其他国际资本汇聚作用将有助于提升上海金融市场的多元化和开放性，同时在融资过程中，发行人民币计价相关金融产品，有利于巩固上海的人民币国际化枢纽地位。金砖银行的顺利运行需要开放、创新的金融市场体系与完善的金融服务环境支持，而这些也正是上海自贸区建设的重要内容，同时也是上海国际金融中心建设的目标。当然，上海国际金融中心的形成也有利于增强金砖国家抵御国际资本冲击的能力，为金砖银行投融资业务提供交易平台与服务，由此支持金砖银行的发展。因此，结合自贸区建设，借助金砖银行的运行，充分发挥相互协调效应，有利于上海国际金融中心建设目标的实现。

3. 完善金融监管和优化服务环境，支持国际金融中心建设。在自贸区建设、金砖银行运行及国际金融中心建设过程中，金融市场的开放、金融产品的创新必将伴随金融市场风险的增加，因此，有必要加强金融监管、增强金融业务和金融市场开放过程中相关金融风险的预警、防范和控制，形成有效的金融监管制度。同时，创造国际金融中心发展所需的税收、法律、会计及其他中介服务等全面的制度环境，加强国际金融人才的引进和储备工作，对上海国际金融中

---

① 金鹏辉. 推进新时代上海国际金融中心建设 [EB/OL].http: //finance.sina.com.cn/money/bank/bank_hydt/2017-12-25/doc-ifypyuva8672376.shtml.

心建设也十分重要。

（三）将对外援助和人民币国际化进程紧密联系

在美元、日元国际化过程中，对外援助均发挥了重要的作用。第二次世界大战后，美国以对方购买美国商品为条件，通过赠款、联合国善后救济总署贷款的方式，向欧洲持续输出美元流动性的"马歇尔计划"，确立了美元在欧洲乃至全球经济金融货币领域的绝对主导地位；20世纪80年代中期，日本通过政府援助和商业贷款等形式促使贸易盈余、外汇储备及国内私人资本重新流回发展中国家的"黑子还流计划"，极大地提升了日本在发展中国家的地位和形象，进一步增强了日元的国际影响力（郑之杰，2014）。借鉴美元、日元国际化的经验，中国在人民币国际化过程中也可以通过对外援助的形式，促进受援国使用人民币进行贸易结算，扩大人民币的使用范围，并促进中国商品流向受援国家。同时通过加大对这些国家的教育、农业等方面的援助力度，提升中国在受援国家的国际形象，促使这些国家认可人民币，从而促进人民币投资和储备职能的国际化。而这些受援对象可以是亚洲、非洲国家及拉丁美洲等与中国贸易关系密切的国家。同时，在援助计划实施的过程中，可通过金砖银行、亚洲基础设施投资银行直接提供人民币援助资金，也应加强与世界银行、国际货币基金组织、亚洲开发银行、非洲开发银行等国际性、区域性的金融组织合作，在这些机构向发展中国家提供援助贷款的过程中为其提供人民币资金等形式，输出人民币，从而加快人民币"走出去"的步伐。

（四）借助"一带一路"倡议契机，推动人民币国际化

"一带一路"建设的"五通"目标，实际上是加强中国与沿线国家的经济合作，形成区域深化合作的格局，因此也为人民币国际化带来了机遇。中国与"一带一路"沿线各国历史关系友好，同时中国也是这些国家的重要贸易伙伴，因此推动人民币在这些沿线国家的使用是中国的必然选择。"一带一路"贸易畅通目标的实现，有利于增强人民币在这些国家的贸易计价和结算功能，扩大人民币使用范围；在资金融通和基础设施融通方面，中国可以提供技术、资金等支持，相关项目的投融资，为人民币国际化提供了机遇。而政策沟通、民心相通也为人民币在沿线国家的使用提供了政策基础和民众基础。因此，在"一带一路"倡议的契机下，除前文所提到的加强文化交流、推动文化"走出去"、缩小中国与沿线国家文化距离外，还可在人民币已有的跨境结算系统基础上，

积极推动人民币在沿线国家贸易计价结算中的使用；充分发挥金砖银行、亚投行和丝路基金的作用，在基础设施项目的投融资活动中优先使用人民币，包括发行人民币债券或者使用人民币贷款等；除基础设施项目外，还可投资于"一带一路"国家的减缓与适应气候变化项目，参与其碳市场建设，以扩大人民币在沿线国家碳市场的影响力，同时中国在应对覆盖农业、水利、森林及建筑等各个领域的适应气候变化项目方面具有相关经验。因此，可以向沿线国家输出相应的以人民币计价的技术和服务，进一步增强人民币国际计价结算功能；发挥援外资金在"一带一路"倡议实施中的先导作用，对沿线国家的医疗、教育、农业等方面进行援助与支持，改善与提升中国在沿线国家的国际形象，提高沿线国家对人民币的认同度；通过简化金融机构海外设立分支机构的审批程序等鼓励中国金融机构参与沿线国家的人民币投融资活动，同时也鼓励中国企业等私人机构"走出去"参与沿线国家基础设施建设人民币投融资活动；通过货币互换增加人民币在沿线国家储备货币中的比例等方面的措施，全面推动人民币在沿线国家发挥计价、投资、储备职能，实现人民币国际化。

第三节　提升中国国际金融话语权

一、当前的国际金融话语权格局

在当前世界格局下，国际金融话语权的配置呈现极度不平衡特征，即以美国为首的发达国家掌握着绝对话语权，而新兴经济体、发展中国家则处于从属和弱势的地位。当前的国际金融话语权模式实际上可以总结为美国的话语霸权模式，欧盟、英国、日本等的话语追随模式，包括中国在内的新兴经济体的话语寻求模式，其他发展中国家的话语沉默模式，更弱势国家的话语丧失模式（张谊浩等，2012）。

美国的话语霸权模式则充斥于国际金融的各个领域，例如，在国际金融机构中，美国占据了世界银行、IMF 的份额和投票权的优势地位，使在重大国际经济金融问题的处理上，这些国际金融机构主要按照美国的话语意图运行，其他弱势国家没有或有很少代表权和发言权；在信用评级领域，美国的穆迪、标普、惠誉三大评级机构一直垄断着国际评级市场，从而掌握着国际信用评级话语霸权；在金融市场定价方面，凭借美元的主导地位和发达的金融市场体系，美国几乎垄断了大宗商品、重要战略资源、金融原生产品及金融衍生品的定价话语权；在金融信息领域，美国的主要信息机构如 Bloomberg（彭博）、Dow Jones Newswires（道琼斯通讯社）等几乎垄断了金融信息采集、加工、发布、传播的全过程，从而掌握着经济金融信息领域的话语霸权。而且美国的这种话语霸权地位与美元霸权地位一样在短期内难以撼动。一方面，美国的话语霸权地位得益于美国强大的硬实力和软实力的支持，尽管经济金融实力有所降低，但仍为世界综合国力最强国。另一方面，话语霸权反过来也维护和促进了美国的经济金融甚至政治等方面的国家利益，从而增强了美国的综合实力。因此，国际金融话语格局将在未来较长时期内仍为美国主导模式。

二、中国提升国际金融话语权的具体策略

在国际货币体系改革中谁拥有的话语权越大，改革就可能沿着有利于谁的方向发展。中国虽然已成为世界第二大经济体，且在国际金融格局中的地位已有较大提升，但和大部分处于相对弱势的国家一样，其所掌握的国际金融话语权与自身实力并不相符。因此，如前文所述，中国在参与国际货币体系改革的过程中，需要联合新兴经济体和其他发展中国家，积极主动地争取更多的金融话语权，以使改革朝着有利于这些国家的方向发展，而金砖国家金融合作便是这种行动的具体体现。需要指出的是，在当前美国在国际金融话语格局中处于霸权地位，且该地位短期内难以撼动的情况下，包括中国在内的新兴经济体和广大发展中国家不是反霸权，更不是争夺霸权，而是谋求与自身综合国力相匹配、竞争实力相对称的国际金融话语权。因此，中国当前的战略目标是提升国际金融话语权。

（一）积极争取国际金融会议议题和程序设置的主动权

在重大的国际金融会议上，霸权国家往往操纵了议题和程序，相对弱势国家则处于"被定位""被丑化"等被动境地。中国在国际金融事务中也常常处于被动地位，如近年来，在一些国际金融会议中，中国陷于"汇率操纵国""全球贸易失衡制造者""低质量产品的世界工厂"等非议中，而由于话语权的缺乏，面对这些非议，中国只能处于"理不屈"却"词穷"的境地（张谊浩等，2012），从而给中国的形象造成了不良影响。中国可充分利用已有的对话平台如 G20 机制、新建双边或多边的对话机制，加强与主要发达国家在议题设置和

程序方面的沟通与交流，除金砖国家外，必要时中国还可以联合其他具有共同利益的国家尤其是广大的发展中国家，主动设置一些相关议题。同时，充分利用媒体等其他话语平台，扩大话语对外传播能力和表达力度，以塑造良好的国家形象和金融形象，从而改变"被定位""被丑化"的局面。

（二）进一步推动世界银行、IMF 等国际金融机构的改革

世界银行投票权改革后及 IMF2010 年投票权改革实施后，中国在两大机构的投票权比例有所增加；中国人分别在 IMF、世界银行任职意味着中国参与了两大机构的治理，这些对中国来说是好的开始，但也仅具象征意义和示范效应，没有实现根本性的突破。其中，金砖银行和应急储备安排等金砖国家金融合作机制的建立，有利于倒逼世界银行和 IMF 的改革，但目前的推进效应仍然有限。因此，除进一步完善金砖国家金融合作机制和深化合作外，中国仍有必要联合其他国家，进一步推动两大国际金融机构不仅在份额和投票权方面进行调整，还要对决策机制、治理结构等方面进行改革，从而增强中国在两大机构的影响力和话语权。

（三）建立独立自主的信用评级体系，积极争取国际评级话语权

在美国信用评级机构几乎控制中国 2/3 的信用评级市场份额的情况下，中国建立独立自主的本土信用评级体系至关重要。这就需要制定和完善信用评级相关法律法规，加强评级机构监管，重点扶持几家本土信用评级机构，督促研究开发公平、公正、合理的信用评级技术，提升本土评级机构的竞争力。而在三大评级机构掌握国际"评级霸权"的形势下，中国在推动本国信用评级发展的同时也要积极推动其国际化，获取国际评级市场的认知，主动参与国际信用评级事务，在为本国争取国际评级话语权的同时，有利于增加国际信用评级市场的竞争程度，提高国际信用评级这种全球准公共产品[①]的有效供给，为国际信用体系安全和国际金融市场的稳定发展作贡献。

（四）增强人民币国际货币权力，提高中国国际金融话语权质量

一国国际货币权力与国际金融话语权情况决定了其能否在国际货币体系中

---

① 当前的信用评级多由发行方付费，即信用评级机构根据其对某种债务工具的风险评估，作出评级并公开结果，债务工具发行方为评级机构提供的评级付费，而投资者则可免费获得公开的信用评级信息。这种"发行方付费"的信用评级具有明显的准公共产品的性质，即兼具私人性和公共性。

发挥作用,两者相辅相成、互为条件。如果一国国际金融话语权缺乏或影响较小,其国际货币权力就无法或很难形成;反过来,一国只有拥有较强的国际货币权力,才能拥有国际金融领域的议价能力和谈判能力,从而获得真正的国际金融话语权。因此,中国国际金融话语权及其质量提升需要人民币国际货币权力的支持,如前文所述,增强人民币国际货币权力的根本途径在于推进人民币的国际化。人民币国际化的实现,有利于提高中国的金融实力和金融形象,进而提高中国在国际金融领域话语的吸引力、说服力和制约力。

（五）争取国际大宗商品、战略资源及金融资产的定价权

掌握国际大宗商品、资源或资产的定价权,既是包括金砖国家在内的新兴市场国家积极参与全球顶层分工并获取国际收益的前提条件,也是有效维护其经济金融主权的内在要求。中国需要在积极推动本国金融市场改革,建立完善、发达的金融市场体系的同时,了解国际大宗商品、战略性资源及金融资产的定价机制;另外,还可将所持有的巨额外汇储备资产投资于这些领域,在科学合理地利用和管理外汇储备的同时,也有利于中国参与大宗商品、战略性资源及金融资产的定价,从而提升中国在国际金融市场上的话语权。

（六）提升中国的硬实力和软实力

国际金融话语权的提升需要中国综合国力的不断增强,因此,有必要不断加强中国的硬实力和软实力建设。首先,在硬实力方面,除提升政治、军事能力外,还需要改变经济发展模式,进一步提高中国的经济实力。中国长期处于全球产业分工的底端,以高消耗、高增长、低效益模式支持经济的发展,中国的可持续发展因此面临重大挑战。如果这种产业结构和发展模式得不到改变,中国经济实力的保持和提升就可能受到影响,从而可能动摇国际金融话语权中的硬实力支持。因此,产业结构和经济发展模式的优化,是中国提升国际金融话语权的必经途径之一。而进一步深化供给侧结构性改革,深入实施创新驱动发展战略,实现创新推动经济高质量发展,并在开放竞争中提升产业全球竞争力,是中国产业结构和经济发展模式优化的重要策略。其次,在软实力方面,提升中国文化尤其是金融文化的影响力。在充分利用国际学术资源的基础上,结合中国本身的文化价值理念,发展具有中国特色但又考虑国际因素的金融学术规范、学术术语,形成能够表达中国自己的价值取向和政策主张的金融思想和知识体系,加强基于中国实际情况的经济金融理论体系的自主创新能力建设,从而为提升国际金融话语权提供软实力方面的支持。

本章小结

金砖国家金融合作是中国参与构建发展中国家命运共同体、推进国际货币体系改革的重要战略平台。金砖国家金融合作是金砖各国谋求和提升国际货币权力和国际金融话语权的过程，同时其深化也需要金砖各国尤其作为引领者的中国通过各种措施提升国际货币权力和国际金融话语权。

一国要形成并增强国际货币权力，必须首先推进本国货币的区域化、国际化。人民币国际化取得了较大的进展，同时国内金融深化改革、金砖国家金融合作、"一带一路"倡议等均为人民币国际化进一步发展创造了契机。使用拓展的引力模型，实证分析国际货币及人民币境外交易空间分布的决定因素，结果表明：除经济规模外的引力模型效应在人民币境外交易中发挥重要作用；相对主要国际货币，文化因素尤其是语言因素对人民币境外交易的空间分布影响更大，而金融因素尤其目标国是否为全球性国际金融中心的影响相对较小；人民币对目标国货币的替代效应较小甚至不显著，因此，推动人民国际化，可利用引力模型效应推动人民币周边化和区域化；推动金融市场发达国家或地区人民币离岸市场发展；推动中国文化"走出去"，提高中国文化影响力。全面推动人民币国际化的措施还包括继续深化经济、金融体制的市场化改革，放松管制；充分发挥上海自贸区的先行先试政策，以推动自由贸易港建设为突破口，借助金砖银行运行，完善监管制度和优化服务环境，进一步推进上海国际金融中心建设；把对外援助和人民币国际化进程紧密联系；借助"一带一路"倡议契机，推动人民币国际化。

此外，在当前美国国际金融话语霸权地位短期内难以撼动的情况下，中国需要谋求与其综合国力相匹配、竞争实力相对称的国际金融话语权。结合当前国际金融话语权格局及中国具体情况，中国提升国际金融话语的措施包括争取国际金融会议议题及程序设置的主动权，推动世界银行、IMF 等国际金融机构改革，建立独立自主信用评级体系并积极争取国际评级话语权，增强人民币的国际货币权力，争取国际大宗商品、战略资源、金融资产定价权，提升中国硬实力和软实力等。

参考文献

[1] 阿兰·弗亚.金砖国家只是一个幻想 [N]. 参考消息，2012-04-10.

[2] 奥斯曼·曼登，杨意.金砖国家与国际治理 [J]. 博鳌观察，2015（1）：28-31.

[3] 毕吉耀，唐寅.金砖开发银行的前景 [J]. 中国金融，2014（16）：53-54.

[4] 蔡春林，刘畅，黄学军.金砖国家在世界经济中的地位和作用 [J]. 经济社会体制比较，2013（1）：40-50.

[5] 陈奉先.金砖国家应急外汇储备安排：成本收益、治理缺陷与中国选择 [J]. 南方金融，2015（2）：4-13.

[6] 陈曦，于国龙.金砖国家应急储备安排解析与展望 [Z].http://stock.hexun.com/2014-08-01/167190602.html.

[7] 陈燕鸿，郑建军.金砖国家新开发银行治理结构创新性研究 [J]. 东南学术，2017（4）：121-128.

[8] 陈叶婷，周晗.国际金融体制改革下金砖国家合作战略思考 [J]. 商业时代，2012（22）：48-49.

[9] 戴金平，万志宏.APEC 的货币金融合作：经济基础与构想 [J]. 世界经济，2005（5）：12-20.

[10] 丁振辉.金砖国家开发银行及应急储备安排——成立意义与国际金融变革 [J]. 国际经济合作，2014（8）：83-88.

[11] 杜朝运，叶芳.集体行动困境下的国际货币体系变革——基于全球公共产品的视角 [J]. 国际金融研究，2010（10）：21-26.

[12] E. 科尔杜诺娃，汪隽.金砖国家在全球治理中的作用 [J]. 俄罗斯文艺，2014（1）：130-133.

[13] 樊勇明，贺平."包容性竞争"理念与金砖银行 [J]. 国际观察，2015（2）：1-14.

[14] 樊勇明.金砖国家合作与亚洲多元发展 [J]. 复旦学报（社会科学版），2013

（6）：151–157.

[15] 樊勇明. 区域性国际公共产品——解析区域合作的另一个理论视点 [J]. 世界经济与政治，2008（1）：7–13.

[16] 樊勇明. 全球治理新格局中的金砖合作 [J]. 国际展望，2014（4）：100–116.

[17] 高蓓，郑联盛，张明. 亚投行如何获得 AAA 评级——基于超主权信用评级方法的分析 [J]. 国际金融研究，2016（2）：26–35.

[18] 关雪凌，丁振辉. 金砖国家储备基金：一致应对挑战的新举措 [J]. 国际经济合作，2013（5）：87–91.

[19] 关雪凌，于鹏，赵尹铭. 金砖国家参与全球经济治理的基础与战略 [J]. 亚太经济，2017（3）：5–11.

[20] 郭红玉，任玮玮. 金砖银行：金融合作的新丝绸之路 [J]. 人民论坛·学术前沿，2014（18）：36–43.

[21] 郭树勇，史明涛. 建设新型国际关系体系的可能——从金砖国家开发银行和应急储备安排设立看世界秩序变革 [J]. 国际观察，2015（2）：15–29.

[22] 郭田勇（记者刘红）. 人民币国际化与上海国际金融中心建设相辅相成 [N]. 金融时报，2012–07–14.

[23] 郭晓琼. 中俄金融合作的最新进展及存在的问题 [J]. 欧亚经济，2017（4）：82–101.

[24] 蓝庆新. 金砖国家亟须提升大宗商品定价权 [N]. 国际商报，2017–07–27.

[25] 贺拉斯·坎贝尔（Horace G. Campbell）. 金砖银行挑战美元的过度特权［J］. 中国投资，2014（8）.

[26] 贺书锋. “金砖四国”经济周期互动与中国核心地位——基于 SVAR 的实证分析 [J]. 世界经济研究，2010（4）：80–86.

[27] 黄河. 公共产品视角下的“一带一路”[J]. 世界经济与政治，2015（6）：138–155.

[28] 黄仁伟. 金砖国家崛起与全球治理体系 [J]. 当代世界，2011（5）：24–27.

[29] 计小青，乔越. 金砖银行的平权决策机制：效率损失及其改进 [J]. 上海金融，2017（2）：37–44.

[30] 黎兵. 金砖国家推动全球经济治理从国际体系向世界体系转型 [J]. 国际关系研究，2015（2）：97–107.

[31] 李昌镛，里·萨姆隆，沙恩·瓦鲁，等. 全球及区域金融安全网：欧洲和亚洲的经验 [J]. 国际经济评论，2014（1）：164-165.

[32] 李冠杰. 试析印度的金砖国家战略 [J]. 南亚研究，2014（1）：119-142.

[33] 李娟娟，樊丽明. 金砖国家开发银行成立的经济学逻辑——基于国际公共品的视角 [J]. 中央财经大学学报，2015（5）：12-18.

[34] 李俊，张炜. 欧洲金融稳定基金的运作及其启示 [J]. 国际金融研究，2012（4）：54-60.

[35] 李俊久，姜默竹. 货币权力视角下的美国对华汇率外交研究 [J]. 社会科学，2013（5）：50-60.

[36] 李仁真，李菁. 金砖国家建立应急储备机制的政策思考 [J]. 学习与实践，2014（7）：19-27.

[37] 李巍. 国际秩序转型与现实制度主义理论的生成 [J]. 外交评论（外交学院学报），2016（1）：31-59.

[38] 李向阳. 金砖国家经济面临的共同机遇与挑战 [J]. 党政干部参考，2011（6）：40-41.

[39] 李中海. 卢布国际化战略评析——兼论中俄贸易本币结算 [J]. 俄罗斯研究，2011（4）：92-104.

[40] 林青. 多边开发银行评级方法分析 [J]. 债券，2016（8）：81-83.

[41] 林跃勤. 金砖国家本币结算研究 [J]. 学海，2012（4）：27-34.

[42] 林跃勤. 金砖国家的金融合作研究——基于本币结算视角 [J]. 全球化，2012（6）：53-59.

[43] 刘刚，袁红展，张友泽. 平权结构模式下金砖国家开发银行贷款项目申请的博弈研究 [J]. 南方金融，2017（7）：82-90.

[44] 刘光溪. 互补性竞争论：区域集团与多边贸易体制 [M]. 北京：经济日报出版社，1996.

[45] 刘航. 俄罗斯的金砖国家战略研究 [D]. 北京：外交学院硕士论文，2014.

[46] 刘洪钟，周帅. 金砖国家金融合作的定位与包容性的提升——基于国际金融公共产品的视角 [J]. 亚太经济，2017（3）：154-159.

[47] 刘军. 整体网络分析——UCINET 软件实用指南（第二版）[M]. 上海：格致出版社、上海人民出版社，2014.

[48] 陆前进 . 贸易结算货币的新选择 : 稳定的篮子货币——对 "金砖五国" 货币合作的探讨 [J]. 财经研究 , 2012 (1) : 95-103.

[49] 马兰起 . 脆弱性博弈与东亚经济合作制度建设 [J]. 世界经济与政治 , 2009 (8) : 71-80.

[50] 马景瑶 . 金砖国家参与全球经济治理的现状、问题及对策 [J]. 哈尔滨师范大学社会科学学报 , 2016 (3) : 28-31.

[51] 马岩 . 金砖国家经济发展及合作前景 [J]. 国际经济合作 , 2011 (6) : 9-14.

[52] 曼莫汉·阿加瓦尔 , 邹静娴 . 应急储备安排 : 国际货币体系的重新设计 [J]. 国际经济评论 , 2015 (4) : 162-165.

[53] 曼瑟尔·奥尔森 . 集体行动的逻辑 [M]. 陈郁 , 等 , 译 . 上海 : 上海人民出版社 , 1995.

[54] 莫旭麟 . 论相容性竞争 [J]. 广西政法管理干部学院学报 , 2000 (4) : 7-9.

[55] 倪建军 . 金砖国家 : 十年演进 [J]. 世界知识 , 2011 (3) : 13-13.

[56] 牛海彬 . 巴西的金砖战略评估 [J]. 当代世界 , 2014 (8) : 19-22.

[57] 牛海彬 . 新型全球化中金砖国家的战略选择 [J]. 国际观察 , 2014 (3) : 74-84.

[58] 欧阳峣 , 张亚斌 , 易先忠 . 中国与金砖国家外贸的 "共享式" 增长 [J]. 中国社会科学 , 2012 (10) : 67-86.

[59] 潘庆中 , 李稻葵 , 冯明 . "新开发银行" 新在何处——金砖国家开发银行成立的背景、意义与挑战 [J]. 国际经济评论 , 2015 (2) : 134-147.

[60] 潘晓明 . 金砖银行的知识功能定位与实现路径 [J]. 国际经济合作 , 2016 (7) : 23-28.

[61] 庞珣 . 国际公共产品中集体行动困境的克服 [J]. 世界经济与政治 , 2012 (7) : 24-42.

[62] 庞珣 . 金砖开发银行的 "新意" [J]. 中国投资 , 2014 (15) : 44-48.

[63] 庞殉 , 何枻焜 . 霸权与制度 : 美国如何操控地区开发银行 [J]. 世界经济与政治 , 2015 (9) : 4-30.

[64] 彭兴韵 . 国际货币体系的演进及多元化进程的中国选择——基于 "货币强权" 的国际货币体系演进分析 [J]. 金融评论 , 2010 (5) : 8-27.

[65] 权衡 , 虞坷 . 金砖国家经济增长模式转型与全球经济治理新角色 [J]. 国际展

望，2013（5）：22-38.

[66] 任再萍，张欢．国际组织运行规则比较分析及对金砖银行运作的启示 [J]. 上海金融，2015（15）：52-57.

[67] 任再萍，曹迪，徐永林．金砖银行、上海国际金融中心与自贸区联动发展研究 [J]. 中国软科学，2015（12）：154-163.

[68] 沈铭辉．亚太地区基础设施投资 PPP 合作模式：中国的角色 [J]. 国际经济合作，2015（3）：33-38.

[69] 司马岩．大宗商品金融化凸显定价权的重要作用 [N]. 中华工商时报，2012-11-29.

[70] 苏雪串．南南合作？南北合作？——发展中国家在国际区域经济一体化中的选择 [J]. 经济经纬，2006（2）：35-37.

[71] 孙丹．"去美元化"与多边货币互换——基于金砖国家应急储备安排的视角 [J]. 国际金融，2014（9）：50-56.

[72] 孙国茂，安强身．普惠金融组织与普惠金融发展研究 [M]. 北京：中国金融出版社，2017.

[73] 孙洪庆．对抗竞争·合作竞争·超越竞争 [J]. 现代经济探讨，2001（10）：31-35.

[74] 孙少岩，石洪双．中俄跨境人民币结算研究——基于人民币国际化和美欧制裁俄罗斯的双重背景分析 [J]. 东北亚论坛，2015（1）：30-41.

[75] 孙忆，李巍．国际金融安全治理中的金砖路径 [J]. 国际安全研究，2015（6）：55-80.

[76] 汤凌霄，欧阳峣，黄泽先．国际最后贷款人视角下金砖国家应急储备安排的运行模式分析 [J]. 财政研究，2016（9）：106-112.

[77] 汤凌霄，张凌芳．基于保险指数的金砖国家应急储备安排的成本收益分析 [J]. 湖南师范大学社会科学学报，2016（3）：97-106.

[78] 万志宏，黎艳．亚洲基础设施投资银行可持续发展研究 [J]. 亚太经济，2015（6）：23-28.

[79] 王飞．金砖国家金融合作：全球性公共产品的视角 [J]. 新金融，2017（1）：25-29.

[80] 王刚．公共物品供给的集体行动问题——兼论奥尔森集体行动的逻辑 [J]. 重

庆大学学报（社会科学版），2013（4）：61–66.

[81] 王浩. 全球金融治理与金砖国家合作研究 [J]. 金融监管研究，2014（2）：
76–87.

[82] 王厚双，关昊，黄金宇. 金砖国家合作机制对全球经济治理体系与机制创
新的影响 [J]. 亚太经济，2015（3）：3–8.

[83] 王凯，倪建军. 新兴经济体的金融合作：动因、障碍与方向 [J]. 国际金融，
2014（10）：60–63.

[84] 王磊. 金砖国家合作与全球治理体系变革：路径及其实践 [J]. 广东社会科学，
2017（6）：15–25.

[85] 王惟晋. 亚投行对国际发展融资体系的结构性影响——国家能力排序的变
化 [J]. 中山大学学报（社会科学版），2016（4）：166–179.

[86] 王信. 金砖国家国际金融实力提升对国际金融及治理的影响 [R]. 中国金融
40 人论坛，2011.

[87] 夏皮罗. 下一轮全球趋势 [M]. 刘纯毅，译. 北京：中信出版社，2009.

[88] 肖辉忠. 试析俄罗斯金砖国家外交中的几个问题 [J]. 俄罗斯研究，2012（4）：
21–42.

[89] 谢伟良. 相容性竞争与市场区隔 [J]. 航天工业管理，1994（12）：22–24.

[90] 邢凯旋. 金砖国家区域金融合作机制建设研究 [J]. 经济纵横，2014（10）：
101–105.

[91] 徐海杰. "金砖四国"外商直接投资政策比较研究及其对中国的启示 [D]. 合
肥：安徽大学，2011.

[92] 徐乐. 南非参与金砖合作机制的战略考量与未来选择 [J]. 当代世界，2017
（3）：60–63.

[93] 徐秀军. 新兴国家视角下的金砖国家与全球经济治理体系变革 [J]. 当代世界，
2014（8）：11–14.

[94] 徐秀军. 制度非中性与金砖国家合作 [J]. 世界经济与政治，2013（6）：77–
96.

[95] 杨海轮. 论从对抗性竞争到合作竞争 [J]. 财经科学，2002（6）：11–14.

[96] 杨鲁慧. 金砖国家：机制·特质·转型 [J]. 理论视野，2011（11）：58–61.

[97] 杨伊，苏凯荣. 国际公共品供给的集体行动博弈路径——对金砖国家开发

银行的思考 [J]. 江西社会科学，2015（10）：77-96.

[98] 叶芳. 国际货币境外交易空间分布的影响因素——基于拓展的引力模型的实证分析 [J]. 国际金融研究，2017（8）：86-96.

[99] 叶芳. 金砖银行与现有国际金融机构的关系——基于互补性竞争的视角 [J]. 亚太经济，2017（3）：169-176.

[100] 叶芳. 多边开发银行参与基础设施项目投资空间分布的影响因素——基于世界银行 PPI 数据库的实证分析 [J]. 财政研究，2017（10）：65-75.

[101] 叶芳，杜朝运. 金砖国家参与国际货币体系改革的"挤车困境"思考 [J]. 金融发展研究，2016（10）：49-54.

[102] 叶芳. 集体行动逻辑下的金砖国家金融合作机制——基于区域间国际公共产品视角 [J]. 财政研究，2018（4）：98-107.

[103] 叶芳. 集体行动困境与货币竞争下的国际货币体系改革 [M]. 厦门：厦门大学出版社，2015.

[104] 叶玉. 金砖国家应急储备安排前瞻 [J]. 世界经济研究，2014（3）：15-20.

[105] 张谊浩，裴平，方先明. 国际金融话语权及中国方略 [J]. 世界政治与经济，2012（1）：112-127.

[106] 张兵，李翠莲. "金砖国家"通货膨胀周期的协动性 [J]. 经济研究，2011（9）：29-40.

[107] 张海冰. 新开发银行的发展创新 [J]. 国际展望，2015（5）：20-31.

[108] 张汉林，袁佳. 后危机时代中美对话新机制战略研究 [J]. 世界经济与政治，2010（6）：129-141.

[109] 张恒龙，赵一帆. 多边开发银行与全球经济治理：从世界银行到金砖银行 [J]. 上海大学学报（社会科学版），2016（5）：18-30.

[110] 张嘉明. 国际货币基金组织改革与金砖国家应急储备安排 [J]. 理论探讨，2014（6）：101-104.

[111] 张建政. 国际区域金融合作的制度分析 [D]. 长春：吉林大学，2008.

[112] 张礼卿，粘书婷. 地区性金融合作以往的经验和教训：对金砖国家应急准备储安排的含义 [R].2016：5-6.http://www.sdrf.org.cn/upfile/2016/03/16/20160316140948_323.pdf.

[113] 张立. 金砖机制与中印全球经济治理合作 [J]. 南亚研究季刊，2017（1）：

58–64.

[114] 张茉楠. 推动金砖国家形成新金融循环模式 [J]. 中国投资，2012（6）：114–116.

[115] 张水波，郑晓丹. 经济发展和 PPP 制度对发展中国家基础设施 PPP 项目的影响 [J]. 软科学，2015（7）：25–29.

[116] 张晓涛，杜萌. 金砖国家深化金融合作的障碍与对策研究 [J]. 国际贸易，2014（5）：55–60.

[117] 张晓涛，修媛媛，李洁馨. 金砖国家金融合作利益研究 [J]. 宏观经济研究，2014（5）：135–143.

[118] 张晓涛. 金砖国家金融合作利益研究 [J]. 宏观经济研究，2014（5）：135–143.

[119] 张谊浩，裴平，方先明. 国际金融话语权及中国方略 [J]. 世界经济与政治，2012（1）：112–127.

[120] 张远军. 中俄间人民币跨境流通的理论与实证研究 [J]. 金融研究，2011(6)：194–206.

[121] 张志洲. 金砖机制建设与中国的国际话语权 [J]. 当代世界，2017（10）：38–41.

[122] 张忠祥. 金砖国家与非洲合作：中国的战略选择 [J]. 国际关系研究，2015（2）：26–29.

[123] 赵广成. 挤车困境与博弈过程中的身份转移问题——以转型国家与国际体系及体系内外国家的关系为例 [J]. 世界经济与政治，2009（2）：39–47.

[124] 赵继臣. 金砖银行与人民币国际化的机遇 [J]. 国际观察，2015（2）：43–53.

[125] 赵可金. 中国国际战略中的金砖国家合作 [J]. 国际观察，2014（3）：44–58.

[126] 赵振宁. 关注中俄边贸中的本币结算问题 [J]. 中国金融，2010（1）：94.

[127] 郑海青. 金融危机的区域应对——东亚外汇储备库 [J]. 世界经济研究，2009（12）：78–83.

[128] 郑慧，陈炳才. 金砖四国金融、货币合作八大方向 [N]. 中国经济时报，2010–11–08.

[129] 郑先武.区域间主义与国际公共产品供给[J].复旦国际关系评论,2009(1):85-98.

[130] 郑之杰.人民币国际化战略思考[J].中国金融,2014(6):9-12.

[131] 钟龙彪.国家社会化:国际关系的一项研究议程[J].欧洲研究,2009(2):125-137.

[132] 周洪涛.试析俄罗斯与金砖国家的关系[J].西伯利亚研究,2012(5):38-41.

[133] 朱杰进.金砖国家合作机制的转型[J].国际观察,2014(3):59-73.

[134] 朱杰进.金砖银行、竞争性多边主义与全球经济治理改革[J].国际关系研究,2016(5):101-112.

[135] 朱杰进.金砖银行的战略定位与机制设计[J].社会科学,2015(6):24-34.

[136] 朱杰进.金砖银行制度设计的智慧[N].上海证券报,2014-07-24.

[137] 朱孟楠,侯哲.金砖国家应急储备管理与潜在福利改进——基于部分风险分散和完全风险分散下的研究[J].厦门大学学报（哲学社会科学版）,2014(1):119-126.

[138] 朱孟楠,叶芳.人民币区域化的影响因素研究——基于引力模型的实证分析[J].厦门大学学报（哲学社会科学版）,2012(6):102-109.

[139] BARNES C S.The African Development Bank's Role in Promoting Regional Integration in the Economic Community of West African States[D]. Graduate Thesis of MIT, 1982.

[140] BASILIOM.The Determinants of Private Sector and Multilateral Development Agencies' Participation in Infrastructure Projects[C].Portuguese Stata Users' Group Meetings. Stata Users Group, 2010:52-64.

[141] BASÍLIO M. Infrastructure PPP Investments in Emerging Markets[R]. 2011.Available:http://www.efmaefm.org/0EFMAMEETINGS/EFMA%20ANNUAL%20MEETINGS /2011-Braga/papers/0337_update.pdf.

[142] BASÍLIO M S.The Determinants of Multilateral Development Banks' Participation in Infrastructure Projects[J]. Journal of Physical Chemistry, 2015, 6(2):83-110.

[143] BENJAMIN J.COHEN.The International Monetary System: Diffusion and Ambiguity[J].International Affairs,2008,84 (3) : 455 –470.

[144] BHATTACHARYAY B N.Infrastructure Development for ASEAN Economic Integration[J]. Asian Development Bank Institute Tokyo, 2009.

[145] CASTRO A.The Brics as a Coalition: Analysing the Cooperation of Brazil, Russia, India, China, and South Africa in the International Monetary Fund and the G–20[J/OL].July 2, 2012.Available : https: //ssrn.com/abstract=2304399.

[146] CATTANEO N, FRYER D, Biziwick M.The BRICS Contingent Reserve Arrangement and Its Position in the Emerging Global Financial Architecture. SAIIA Policy Insights, 10: 1–7[R]. 2015.Available : http: //www.saiia.org. za/policy–insights/752–policy–insights–10–the–brics–contingent–reserve–arrangement–and–its–position–in–the–emerging–global–financial–architecture/file.

[147] CHAKRABORTY C, NANDI B. Mainline Telecommunications Infrastructure, Levels of Development and Economic Growth: Evidence From a Panel of Developing Countries[J]. Telecommunications Policy, 2011, 35 (5) : 441–449.

[148] CHEN D X, MULLER P, WAGEÉH. Multilateral Development Bank Credit Rating Methodology: Overcoming the Challenges in Assessing Relative Credit Risk in Highly Rated Institutions Based on Public Data[R]. Bank of Canada Staff Discussion Paper 2017–6, 2017.

[149] COOPER A, FAROOQ A.Testing the Club Dynamics of the BRICS: The New Development Bank from Conception to Establishment[J]. International Organisations Research Journal, 2015,10 (2) : 32–44.

[150] DANIEL G. ARCE, SANDLER T.Regional Public Goods: Typologies, Provision, Financing, and Development Assistance[R].Launching seminar in Stockholm, March 6, 2002.

[151] DELMON J. Mobilizing Private Finance with IBRD/IDA Guarantees to Bridge the Infrastructure Funding Gap[R].World bank Working paper,No.70428,2007. Available : http: //documents.worldbank.org/curated/en/357321468340467708/pdf/704280WP0P09850zing0Private0Finance.pdf.

[152] DJANKOV S, MCLIESH C, SHLEIFER A. Private Credit in 129 Countries[J]. Journal of Financial Economics, 2007, 84 (2) : 299–329.

[153] DODSWORTH, JOHN R. Reserve Pooling: An Application of the Theory of Clubs [J]. Economia Internazionale, 1992,44: 209–222.

[154] EICHENGREEN B.Will the New BRICS Institutions Work?[R].World Economic Forum,Agenda,15 August 2014.Available : https: //agenda.weforum.org/2014/08/ brics-newdevelopment.

[155] FERNANDA RUIZ-NUNEZ.PPI Investments in IDA Countries, 2011 to 2015[R]. This Note is a Product of the Public-Private Partnership Group of the World Bank, and the Private Participation in Infrastructure Database (PPI Database) , Edited by Alison Buckholtz.

[156] FITCH RATINGS SERVICE. Rating Multilateral Development Banks: Revised Criteria and Scoring Framework[S].May18,2017.

[157] G20.Multilateral Development Banks Action Plan to Optimize Balance Sheets[Z]. Communique, Nov. 15–16, 2015. Antalya: G20.

[158] HAMMAMI M, RUHASHYANKIKO J F, YEHOUE E B. Determinants of Public-Private Partnerships in Infrastructure[R]. IMF Working Paper,WP/06/99,April 2006.

[159] HENISZ W J. The Institutional Environment for Infrastructure Investment[J]. Industrial and Corporate Change, 2002, 11 (2) : 355–389.

[160] HUMPHREY C. Developmental Revolution or Bretton Woods Revisited? The Prospect of the BRICS News Development Bank and the Asian Infrastructure Investment Bank[R]. Overseas Development Institute (ODI) Working Paper 418,2015.

[161] HUMPHREY C.He Who Pays the Piper Calls the Tune: Credit Rating Agencies and Multilateral Development banks[J]. Review of International Organizations, 2017, 12: 1–26.

[162] JEFFREY W. LEGRO.Rethinking the World: Great Power Strategies and International Order[M]. Ithaca and London: Cornell University Press,2005.

[163] O'NEILL J. Building Better Global Economic BRICs [R].Conference: Goldman

Sachs Global Economics, Paper No. 66，November 30, 2001.

[164] JOE THOMAS KARACKATT.BRICS Development Bank： the Way Forward[R]. Issue Brief for Indian Council of World Affairs, August 30, 2013, Available： http：//icwa.in/pdfs/IBBricsdevelopment.pdf.

[165] KEOHANE R O, NYE J S.Power and Interdependence： World Politics in Transition[M]. Boston：Little, Brown, 1977.

[166] KILBY C. DONOR Influence in Multilateral Development Banks： The Case of the Asian Development Bank[J]. Review of International Organizations, 2006, 1 (2) : 173–195.

[167] KRALIKOVA K.BRICS： Can a Marriage of Convenience Last?[J]. European View, 2014, 13 (2) : 243–250.

[168] KRUCK A.Resilient Blunderers： Credit Rating Fiascos and Rating Agencies' Institutionalized Status as Private Authorities[J]. Journal of European Public Policy, 2016, 23 (5) : 753–770.

[169] KWAK Y H, CHIH Y Y, IBBS C W. Towards a Comprehensive Understanding of Public Private Partnerships for Infrastructure Development[J]. California Management Review, 2009, 51 (2) : 51–78.

[170] LARIONOVA M, SHELEPOV A. Potential Role of the New Development Bank and Asian Infrastructure Investment Bank in the Global Financial System[J]. International Relations, 2016, 16 (4) : 700–716.

[171] MARCUS AHADZI, GRAEME BOWLES.Public–private Partnerships and Contract Negotiations： An Empirical Study[J]. Construction Management & Economics, 2004, 22 (9) : 967–978.

[172] MEDHORA R. R. MEDHORA. Reserve Pooling in the West African Monetary Union[J]. Economia Internazionale, 1992, 45 (2) : 209–222.

[173] MOODY'S INVESTORS SERVICE. Rating Methodology：Multilateral Development Banks and Other Supranational Entities[S].March 29, 2017.

[174] NARAYANA M R. Telecommunications Services and Economic Growth： Evidence from India[J]. Telecommunications Policy, 2011, 35 (2) : 115–127.

[175] OECD. Using ODA to Promote Private Investment for Development： Policy

Guidance for Donors[J]. OECD Papers, 2006, 6 (1) .

[176] PERRAUDIN W R M, POWELL A, YANG P. Multilateral Development Bank Ratings and Preferred Creditor Status[R]. IDB Working Paper No. IDB-WP-697,June 2016. Available：https：//ssrn.com/abstract=2956694.

[177] PISANIFERRY J, SAPIR A, WOLFF G B.EU-IMF Assistance to Euro Area Countries： An Early Assessment[R]. Bruegel Blueprint Series, 2013.

[178] QOBO M, SOKO M. The Rise of Emerging Powers in the Global Development Finance Architecture： The case of the BRICS and the New Development Bank[J]. South African Journal of International Affairs, 2015, 22 (3) : 1-12.

[179] RAJAN R, SIREGAR R. Centralized Reserve Pooling for the ASEAN+3 Countries[A].In Asian Development Bank (ed.) ,Monetary and Financial Integration in East Asia： the Way Ahead Vol.2, Palgrave Mac Millian, New York, 2004.

[180] REISEN H.Will the AIIB and the NDB Help Reform Multilateral Development Banking?[J]. Global Policy, 2015, 6 (3) : 297-304.

[181] ROSERO D. Essays on International Reserve Accumulation and Cooperation in Latin America[R]. Open Access Dissertations,2011.

[182] MOORE R. and KERR S. On a Highway to Help： Multilateral Development Bank Financing and Support for Infrastructure[J]. Economic Roundup，2014：21-32.

[183] SAMAR MAZIADET, et al. Internationalization of Emerging Market Currencies： A Balance between Risks and Rewards[R].IMF Staff Discussion Notes,SDN/11/17,2011.

[184] SAMIR SARAN. BRICS and Eurozone[R]. BRICS Information, 2013.

[185] SHARMA R. Broken BRICs： Why the Rest Stopped Rising[J]. Foreign Affairs, 2012, 91 (6) : 2-7.

[186] SHIGEHISA KASAHARA.The Brics New Development Bank：Its Birth & Major Implications to International Political Economy[R].Conference Paper No. 2, 2016.

[187] SINGH S, MUKAMBA C. BRICS Insights 1：India's Experience with Multilateral Financial Institutions： Insights for the BRICS New Development Bank[R]. 2015.

Available: http://www.saiia.org.za/special-publications-series/739-brics-insights-1-india-s-experience-with-multilateral-financial-institutions/file.

[188] STANDARD & POOR'S RATING SERVICE. Supranationals Special Edition 2016 [S]. Sept 30, 2016.

[189] STEPHANY GRIFFITH-JONES.A BRICS Development Bank: A Dream Coming True?[R].UNCTAD Discussion Paper, No. 215, 2014.Available: http://unctad.org/en/PublicationsLibrary/osgdp20141_en.pdf.

[190] STOBDAN N, SINGH R. The BRICS Bank and Its Prospective Place in the World[J/OL]. Social Science Electronic Publishing, 2015.Available : http://ssrn.com/abstract=2538710.

[191] SUZUKI E, NANWANI S. Responsibility of International Organizations: The Accountability Mechanisms of Multilateral Development Banks[J]. Michigan Journal of International Law,2005 (27) : 177-255.

[192] TAYLOR C. A Secular Age[M]. Harvard University Press, 2010: 187.

[193] TSERNG H P, RUSSELL J S, HSU C W, et al. Analyzing the Role of National PPP Units in Promoting PPPs: Using New Institutional Economics and a Case Study[J]. Journal of Construction Engineering & Management, 2012, 138 (2) : 242-249.

[194] VOLZ U.The Need and Scope for Strengthening Co-Operation between Regional Financing Arrangements and the IMF[R]. Discussion Paper,15/2012. Available : http://eprints.soas.ac.uk/19690/1/DP_15.2012.pdf.

[195] WATSON N, YOUNIS M, SPRATT S. What Next for the BRICS Bank?[J/OL]. Rapid Response Briefings,Institute of Development Studies,2013 (3) .Available: https://assets.publishing.service.gov.uk/media/57a08a17e5274a31e000040a/Rapid-3.pdf.

[196] VAN VOORHOUT J.C. and WETZLING T.The BRICS Development Bank: A Partner for the Post- 2015 Agenda?[J]. Policy Brief No.7,December 2013. Available : http://www.thehagueinstituteforglobaljustice.org/wp-content/uploads/2015/11/PB7-BRICS.pdf.

[197] ZOELLICK R B.Whither China: From Membership to Responsibility?[R].

Deputy Secretary of State Remarks to National Committee on U.S.–China Relations,September 21, 2005.Available : http: //www.kas.de/wf/doc/kas_7358–544–1–30.pdf.